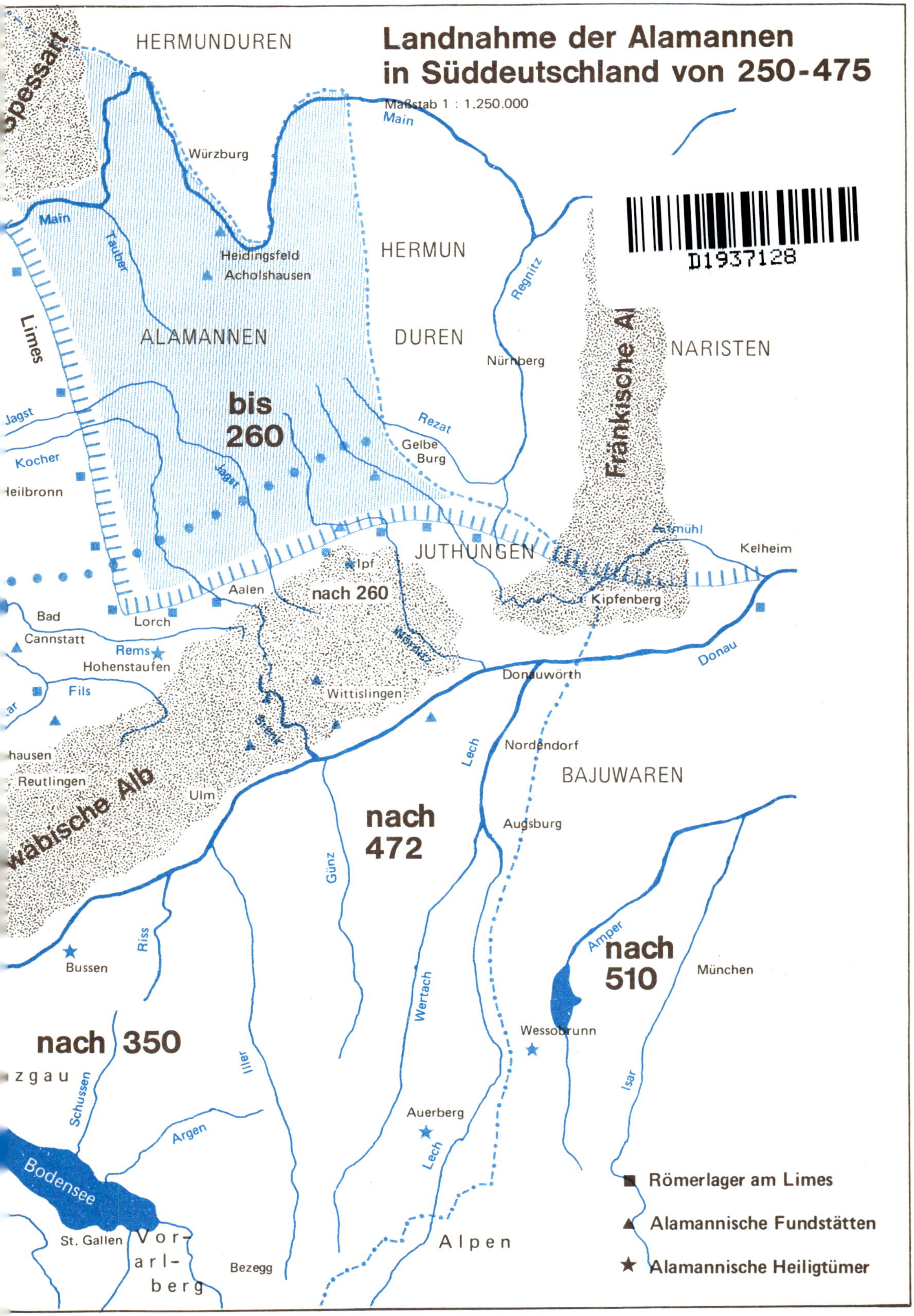
Landnahme der Alamannen in Süddeutschland von 250-475
Maßstab 1 : 1.250.000
HERMUNDUREN
Spessart
Main
Würzburg
Main
Tauber
Heidingsfeld
Acholshausen
HERMUN
DUREN
Regnitz
Nürnberg
Fränkische Al
NARISTEN
Limes
ALAMANNEN
bis 260
Jagst
Kocher
Heilbronn
Jagst
Rezat
Gelbe Burg
Altmühl
JUTHUNGEN
Kelheim
Ipf
nach 260
Aalen
Kipfenberg
Bad Cannstatt
Lorch
Rems
Hohenstaufen
Wörnitz
Donau
Donauwörth
Fils
Wittislingen
Brenz
Nordendorf
Lech
BAJUWAREN
Reutlingen
Ulm
Schwäbische Alb
nach 472
Augsburg
Günz
Riss
Bussen
Amper
nach 510
München
Wertach
Wessobrunn
nach 350
Iller
Isar
Schussen
Argen
Auerberg
Lech
Bodensee
St. Gallen
Vorarlberg
Bezegg
Alpen
Römerlager am Limes
Alamannische Fundstätten
Alamannische Heiligtümer

Hans Wilhelm Hammerbacher:
Die hohe Zeit der Sueben und Alamannen

1 Hünengrab „Sieben Steinhäuser“ in der Lüneburger Heide um 2000 v. Ztw.

HANS WILHELM HAMMERBACHER

Die hohe Zeit der Sueben und Alamannen

ORION-HEIMREITER-VERLAG

ISBN 3-87588-083-8

Herstellung: Decker & Wilhelm · Buch- und Offsetdruckerei GmbH
6056 Heusenstamm bei Offenbach am Main

1. Einleitung

Wenn wir heute durch Württemberg, Baden und Bayrisch Schwaben reisen oder die Nordschweiz, das Elsaß und das westliche Österreich besuchen, so fallen uns an den Ufern des Rheinstroms, des Neckars und streckenweise auch an der Donau langgezogene Siedlungen auf. Dazwischen dehnen sich die Hallen der Werkstätten aus. Hochhäuser überschatten die Stadtkerne und Vororte. Atommeiler wachsen entlang der Flüsse auf. Eine Stadt scheint in die andere überzugehen. Das Land lebt vom Fleiß seiner Bewohner, und Gastarbeiter müssen mithelfen, den Wohlstand zu steigern.

Beim Überfliegen des Landes mit einem Flugzeug tritt die wachsende Verstädterung der Landschaft von Südwestdeutschland und der angrenzenden Gebiete noch schärfer hervor.

Die hier ansässigen Menschen eilen mit Kraftwagen zu ihren Arbeitsplätzen und am Abend wieder zu ihren Wohnungen.

Ein Schwabe, Gottlieb Daimler und ein Badener, Karl Benz, erfanden diese Fahrzeuge, die, von Verbrennungsmotoren angetrieben, von Menschen gelenkt, mit großer Geschwindigkeit fortbewegt werden können. Ein anderer Schwabe, in der Nähe von Ulm gebürtig, Robert Bosch, gab den Kraftwagen mit der Erfindung der elektromagnetischen Zündung einen neuen Auftrieb. Von hier aus traten diese Verkehrsmittel ihren Siegeszug in die Welt an.

Schwaben wanderten in alle Erdteile aus und verbreiteten den Ruf ihrer Tüchtigkeit in ihrer neu erwählten Heimat.

Die industrielle Revolution hat das Land der Badener, Württemberger und Schwaben in Bayern genau wie die meisten Länder dieser Erde wahrlich einschneidend umgestaltet. Die beiden Weltkriege haben noch dazu tief in das Schicksal der schwäbischen-alamannischen Heimat eingegriffen. Die Bombengeschwader der Alliierten rafften im letzten Weltkrieg viele wehrlose Menschen dahin und trafen wertvolle geschichtliche Bauten. Ganze Stadtteile wurden in Trümmerhaufen verwandelt.

In einer fast atemberaubenden Geschwindigkeit haben Badener, Württemberger und Bayrische Schwaben ihre Städte wieder aufgebaut, die Werkstätten vorbildlich eingerichtet, sie wuchsen sogar über die bisherigen Stadtgrenzen weit hinaus. Heimatvertriebene aus den verlorenen Gebieten fanden auch im südwestdeutschen Raum ein neues Betätigungsfeld und konnten durch großzügige Förderungsmaßnahmen eigene Werk- und Wohnstätten errichten.

Nun haben manche Deutsche, auch in Schwaben, geglaubt, alle heimatlichen Bande sprengen zu können. Fremde Geistesrichtungen und Wirtschaftsformen wurden nun auf einmal auf unser Land übertragen. Managertum, Marketing, stoffliches und Gelddenken waren die neuen Richtlinien; auf der anderen Seite wurde der Kapitalismus bekämpft und die Kommunistische Weltrevolution zum Ziel erklärt.

Über die tiefgreifenden Änderungen der Lebensbedingungen in der Nachkriegszeit haben wir häufig die Leistungen unserer Vorfahren übersehen, die die eigentlichen Voraussetzungen für diese stürmische Entwicklung geschaffen haben, und denen wir unsere heutigen Lebensgrundlagen verdanken.

Waren unsere Vorfahren, waren die Hohenstaufen, die tüchtigen Landesväter wie Graf Eberhard im Bart und Bertold von Zähringen, waren die großen Dichter und Denker wie Kepler, Schiller und Hölderlin, Uhland, Mörike und Hauff, Schelling und Hegel zusammen mit vielen Ungenannten plötzlich vergessen, ihr Andenken ausgestorben? Und wer hatte die Heimat zuerst urbar gemacht? Wer hat die Äcker gepflügt, Obstbäume gepflanzt, Dörfer und Städte gegründet? Die Sueben und Alamannen waren es, die dieses Land am Rhein, am Neckar, an der Donau, auf den Höhen der Schwäbischen Alb und in den Tälern der Alpen einst den römischen Besatzern abjagten, es eroberten und besiedelten. Sie scheuten Kämpfe, Entbehrungen und Opfer nicht, um dieses Gebiet zu unserer Heimat zu machen.

Aber sie nahmen das Land nicht nur in Besitz wie die Römer, um es auszubeuten, sondern sie bauten es an und legten noch dazu den Grund zu einer dauernden geistigen und künstlerischen Entfaltung. Noch so geräumige Werksanlagen, noch so hohe Geschäfts- und Wohnhäuser können nicht über die unvergänglichen Werte hinwegtäuschen, die unsere Vorfahren im Laufe einer fast 2000-jährigen Vergangenheit geschaffen haben, und die wir als Erben nun zu bewahren, zu pflegen und täglich neu zu beleben haben.

Die Entwicklung der vergangenen 2000 Jahre verlief beileibe nicht gradlinig in einem immerwährenden Aufstieg, in einem heute so gepriesenen äußeren Fortschritt. Sie war von Rückschlägen, schweren Niederlagen, von Einbußen der Volkszahl mehrmals unterbrochen. Selbst ihr einst gewonnener Lebensraum ging zum Teil wieder verloren.

Verhängnisvolle Zusammenbrüche führten diese Menschen an den Rand des Abgrundes, nahe an die völlige Auslöschung ihres Volksstammes. Aber jedes Mal setzten unsere Vorfahren jenen unheilvollen Ereignissen ein trotziges Dennoch entgegen. Die Überlebenden sammelten sich, gemeinsam richteten sie die zerstörten Gehöfte wieder auf und schenkten neuen Kindern das Leben.

So nahm die frühe schwäbisch-alamannische Geschichte einen unerhört packenden Verlauf, den wir hier zu schildern uns bemühen.

Leider herrscht über die Zeit des suebisch-alamannischen Stammes ein trübes Unwissen vor. Viele Geschichtsschreiber gleiten über diese großartigen Geschehnisse mit ein paar Zeilen hinweg und fangen erst dann an, mit weitschweifigen Worten zu berichten, als die Römer das Land besetzten oder später ein anderer germanischer Volksstamm, die Franken, die Oberherrschaft über Alamannien gewann. Damit war jedoch die eigentliche reizvolle Leistung, die Gründung der Siedlungen, die Urbarmachung des Landes, die schöpferische Gestaltung der Hausformen, der Waffen, von Schmuck und Geräten schon abgeschlossen.

Dieser Zeitpunkt ist etwa um das Jahr 750 n. Ztw. gegeben.

Die Liebedienerei anderen geschichtlichen Mächten gegenüber geht so weit, daß in einigen Geschichtsbüchern jede Maßnahme, die die Römer in unserem Lande durchgeführt haben, als notwendig bezeichnet wird und bei den landsuchenden Germanenstämmen meist von »Einfällen« in das römisch besetzte Gebiet gesprochen wird. So wird z. B. in dem Buch: »Kleine Vor- und Frühgeschichte Württembergs im Gang durch das Württ. Landesmuseum«, das im Jahre 1963 herauskam, die Vorverlegung des römischen Grenzwalls vom mittleren Neckar nach Lorch, die die Mainsueben in ihren Sitzen stark einengte, kurzerhand als Folge »lokaler Erfordernisse« der Römer erklärt. Der Limes, der den germanischen Lebensraum in einer Länge von 574 km durchschnitt, wird »als das bedeutendste antike Denkmal auf deutschem Boden« gefeiert.

Bei einer derartig einseitigen Geschichtsbetrachtung würden wir uns nicht wundern, wenn in ein paar Jahrhunderten die Stacheldraht- und Minengrenze zwischen West- und Mitteldeutschland als das bedeutendste Denkmal der russischen Kultur angesehen würde.

In dieser Schrift wird jenen durchsichtigen, geschichtsverdrehenden Versuchen der Kampf angesagt. Wir bemühen uns dagegen, den Schleier, den eine willfährige und ausländischen Mächten dienende Gruppe von Geschichtsschreibern über unsere Vor- und Frügeschichte werfen will, zu durchbrechen und der Wahrheit näherzukommen.

Noch weniger als über diese Heldenzeit der Sueben und Alamannen wissen wir über ihren Ursprung und ihre Herkunft. Meist sind wir auch hierüber nur durch die Zeugnisse fremder Geschichtsschreiber, besonders der Römer, unterrichtet.

Aber selbst diese Quellen hören an einer gewissen Schwelle, etwa um das Jahr 100 v. d. Ztw., auf. Nun sind wir allein auf die Auswertung der Spatenforschung angewiesen, die Gräber, Siedlungsspuren und Gegenstände aus der Erde aufdeckt; die Sprachforschung, die Geologie und Anthropologie kamen hinzu. Sie rückten uns diese graue Vorzeit näher und belebte sie in ungeahnter Weise. Nun auf einmal entfiel das so beliebte Schlagwort von den »kulturlosen Barbaren«, mit dem man bis vor kurzem die Menschen der deutschen Vorzeit selbstgefällig abwertete.

So sind besonders in den letzten Jahrzehnten Funde zutagegetreten, die weit über die Zeitenwende nach rückwärts hinausreichen. Hervorragende Wissenschaftler wie Schwantes, Jankuhn, Montelius, Much, Kossinna, Schuchhardt, Reinerth usf. haben diese Zeugen der Vorzeit bearbeitet und ausgewertet.

Wir können hieraus vielfach Zeiten der ruhigen Entwicklung, hoher Blüte, aber auch von Unglücksfällen, Wanderungen aus diesen Forschungsergebnissen lesen, die uns ein recht anschauliches Bild jener frühen Zeit vermitteln.

Freilich sind diese Ergebnisse noch lückenhaft, manches bleibt dunkel. Viele Male hat der Zufall bei den Ausgrabungen mitgespielt. So können wir immer noch von neuen Funden überrascht werden, die das Wissen über das Leben unserer Vorfahren vertiefen. Ferner werden die Forschungshilfsmittel zur Bestimmung des Alters dieser ans Licht gekommenen Gegenstände verfeinert.

Aber immerhin können wir mindestens einen Zeitraum von weiteren 2.000 Jahren mit einiger Gewißheit zurückverfolgen, und wir nähern uns kräftig dem Ursprung des schwäbisch-alamannischen Stammes.

So umfaßt die schwäbisch-alamannische Geschichte eine Zeitspanne von etwa 4.000 Jahren. Jedoch beschränken wir uns in dieser Arbeit auf die Schilderung der Vor- und Frühgeschichte der Sueben und Alamannen und schließen die große heldische Zeit etwa mit dem Jahr 900 uns. Zeitrechnung ab. Denn nunmehr fließen die schriftlichen Quellen reichlicher, und die erhaltenen Denkmale häufen sich so sehr, daß namhafte Gelehrte sich der Erforschung dieser neueren Zeit angenommen haben.

Dagegen fehlt unseres Wissens eine zusammenfassende Darstellung der Vor- und Frühgeschichte der Sueben und Alamannen auf grund der neuesten Forschungsergebnisse mit dem gleichzeitigen Versuch des Verfassers, sich von abwertender, fremder Beeinflussung freizumachen. Dieser Versuch wird in dem vorliegenden Buch unternommen.

Aber noch einer anderen Aufgabe ist diese Schrift gewidmet. Sie will endlich aufräumen mit den Vorurteilen, die im Verhältnis der drei Grundpfeiler des schwäbischen Stammes, der württembergischen Schwaben, der bayrischen Schwaben und der Alemannen entstanden sind. Denn alle drei sind völlig gleichwertig, und nichts ist verfehlter, dem einen oder anderen Stammesteil eine Über- oder Unterlegenheit anzudichten, die nicht vorhanden ist, denn sie stammen alle aus der gleichen Wurzel und haben sich derart tapfer durch alle Fährnisse der Jahrtausende durchgeschlagen, daß man nur mit größter Hochachtung von ihnen sprechen kann. Dasselbe gilt auch von den beiden Teilstämmen der Bajuwaren und der Thüringer, die hier nicht so ausführlich behandelt werden können, wie sie es verdienten, weil es den Rahmen dieser Arbeit sprengen würde.

Leider decken sich die Stammesgrenzen keineswegs mit den heutigen Landes- und Staatsgrenzen. Sie sind, von der Geschichte her gesehen, recht zufällig und verwirrend.

Das Stammesgebiet der Schwaben und Alemannen ist gegenwärtig in fünf europäische Staaten aufgespalten. Wenn man die »DDR«, die Deutsche Demokratische Republik in Mitteldeutschland, hinzu rechnen würde, was wir jedoch nicht beabsichtigen, fiele es in sechs verschiedene Staatsgebilde. Gerade der Bodensee, der Raum um das »Schwäbische Meer«, dessen Ufer ringsherum von Alamannen besiedelt wurden, ist ein trauriges Beispiel der Zerrissenheit unseres Siedlungsraumes.

Die Republik *Österreich* umfaßt mit dem Land Vorarlberg einen Teil der alemannischen Bevölkerung. Als im Jahre 1938 der Anschluß Österreichs an das Deutsche Reich vollzogen wurde, war die Freude der Vorarlberger über die Vereinigung mit dem Schwäbischen Nachbarland tief und echt. Das *Allgäu* mit der ehemals Freien Reichsstadt Lindau gehört als Teil von Bayrisch Schwaben zum Bundesland Bayern.

Im Oberen Rheintal hat das Fürstentum *Liechtenstein* seine Selbständigkeit erhalten können. Dieses entzückende kleine Land mit seinen vielfältigen Naturschönheiten hat eine vorbildliche, durchaus moderne Verwaltung. Seine Bevölkerug ist im ganzen gesehen alemannisch.

Westlich schließt sich die *Deutsche Schweiz* an, die sich aus den drei Urkantonen Uri, Schwyz und Unterwalden entwickelte, sich als Eidgenossenschaft schon vor mehreren Jahrhunderten vom Deutschen Reich absonderte und dazu französische, italienische und romanische Bevölkerungsteile in sich aufnahm. Sie schied nach dem 30-jährigen Krieg im Jahre 1648 als selbständiger Staat aus dem Verband des Deutschen Reiches aus.

Infolge der beiden verlorenen Weltkriege konnte *Frankreich* das alemannische Elsaß auf dem linken Rheinufer seinem Staat angliedern. Es versucht mit Mitteln, die dem europäischen Gedanken zuwiderlaufen, die dortige Bevölkerung in Sprache und Kultur dem alemannischen Volkstum zu entfremden.

Das schwäbisch-alemannische Kerngebiet blieb mit den Ländern Baden-Württemberg und Bayern der *Westdeutschen Bundesrepublik* vorbehalten.

Dagegen haben sich die Länder Baden, Württemberg und Bayern im Norden über das fränkische Stammesgebiet ausgedehnt. Der französische Feldherr Napoleon hob nach seinem siegreichen Feldzug im Deutschen Reich im Jahre 1803 unter anderem die geistlichen Hochstifte Würzburg, Bamberg, Eichstätt, Augsburg auf. Da auch fast zur gleichen Zeit der letzte Kurfürst von der Rheinpfalz gestorben war, übertrug Napoleon den mit ihm für kurze Zeit verbündeten Herrschern von Baden, Württemberg und Bayern diese Landstriche nebst verschiedenen kleineren Grundherrschaften und bildete daraus das Großherzogtum Baden, die Königreiche Württemberg und Bayern. Nach dem Sturz Napoleons blieben die drei Länder in der von Napoleon verfügten Form bestehen. Im vorigen Jahrhundert wurde durch den Dichter Johann Peter Hebel die alemannische Überlieferung im badischen Teil, besonders im Süden des Landes, wieder belebt.

Nach dem unglücklichen Ausgang des 1. Weltkrieges und der Abdankung der Fürsten im Jahre 1918 behielten die Länder Baden, Württemberg-Hohenzollern und Bayern als Teile des Deutschen Reichs ihre Gestalt in der republikanischen Staatsform mit den fränkischen Landesteilen im Norden bei.

Nach dem zweiten Weltkrieg wurde das Großdeutsche Reich zerschlagen. Die Streitkräfte der Vereinigten Staaten und Frankreichs zogen in Süddeutschland ein. Ihr Bestreben war, unter Mithilfe der britischen und sowjetrussischen Besatzungsmächte, unser deutsches Volk auf die Dauer niederzuhalten und den Zusammenhang mit seiner großen Vergangenheit zu zerreißen. Der Freistaat Thüringen wurde, obwohl von den Amerikanern besetzt, der sowjetischen Besatzungsmacht überlassen. Eine der wichtigsten Maßnahmen der Nachkriegszeit im verbliebenen Restdeutschland war der Zusammenschluß der beiden südwestdeutschen Länder Baden und Württemberg-Hohenzollern zu einem Bundesland.

Im ganzen gesehen, bedeutet diese Vereinigung eine Stärkung des schwäbisch-alemannischen Stammes. Sie bietet einen willkommenen Anlaß, sich auf seine Entstehung zurückzubesinnen und aus dem jugendlichen Schwung der damaligen Zeit Kraft zu gewinnen für die Lösung der schwierigen Fragen der Gegenwart und der Zukunft.

Diese Schrift will mithelfen, den Zersetzungsbestrebungen und der Überfremdungsgefahr vom Grunde her zu begegnen und den schwäbisch-alemannischen Stamm in sich selbst zu festigen, sodaß seine kulturelle Einheit erhalten bleibt und aus ihm eine gesunde Keimzelle für das deutsche Kernvolk werden kann.

Das vorliegende Buch will auch geistige Brücken schlagen zu jenen Alemannen, die derzeit anderen Staaten angehören, aber die gemeinsame Abstammung nicht verleugnen. Eine westliche Staatsauffassung will jene sprachlichen und geistigen Bande in ihrem Teilgebiet völlig ausschalten. Darin erblicken wir eine Gefahr für die Zukunft Europas. Nach den Worten bedeutender Staatsmänner gerade im Westen von unseren Landesgrenzen soll dieser Erdteil eine freie Vereinigung der Vaterländer werden.

Durch Vertiefung der geschichtlichen Kenntnisse und das Aufzeigen der großen Gestaltungskräfte will die vorliegende Schrift die friedliche Entwicklung aller beteiligten Länder fördern. Möge nach den vielen blutigen Kriegen eine gute Nachbarschaft zwischen den Ländern mit alemannischer Bevölkerung allezeit herrschen!

2. Urzeit

Urzeit war es, Aare schrieen,
von Himmelsbergen sank heiliges Naß . . .
(Edda, Helgilied)

Als die Gletscher der jüngsten Eiszeit etwa 10 000 Jahre vor unserer Zeitrechnung nach Norden zurückgingen, da war die Ostsee noch von einem Eispanzer überzogen. Langsam schmolz dieser ab, die Ufer begrünten sich. Nach etwa weiteren 4 000 Jahren hob sich das Land, die Ostsee wurde ein großer Binnensee, darin Süßwasserschnecken lebten.

Um das Jahr 5 500 v. Ztw. muß sich das Nordland wieder gesenkt haben. Damals bildete sich ein tiefer Graben, und die skandinavische Halbinsel trennte sich von dem langgestreckten Riegel, den wir heute Jütland und Schleswig-Holstein nennen; die Nord- und Ostsee entstanden.

Schon belebten Tiere die Meere und deren Umgebung, die Flüsse und ihre Ufer, es war wärmer als heute. Sogar Menschen fanden Nahrung an Fischen, Wild und Früchten, jene lebten als Fischer, Jäger und Sammler.

Der Raum vom Nordkap in Skandinavien bis zum Harz in Mitteldeutschland gab zwei unterschiedlichen Menschenarten Lebensmöglichkeit, einem sehr bedürfnislosen, kälteunempfindlichen Menschenschlag, den Eskimos und den Lappen, dann aber einer hochgewachsenen, kämpferischen, handwerklich begabten Gruppe mit langen Schädeln und hoher Stirn. Diese Menschenart tritt in der Mittleren Steinzeit, etwa um die Jahre 8—4000 v. d. Ztw. im Abendland auf. Sie wird nach ihrem ersten Fundort Cromagnon-Rasse genannt. Diese Menschen bauten feste Hütten, bearbeiteten Steine zu Werkzeugen und Waffen. Sie fertigten aus dem spröden Stoff Beile, Hämmer, Messer, Spalter an. Ihre Frauen schmückten sich mit Muscheln, Ketten aus besonders schönen gleichmäßigen, fein geglätteten Tierzähnen oder seltenen bunten Steinen.

Auffallend ist die Sorgfalt, mit denen die Menschen der zweiten Art in der Steinzeit ihre Geräte zum Fischfang herstellten, meist aus Knochen mit Widerhaken. Sie ritzten ferner in Geweihe von erlegtem Wild Bilder ein. Auch verstanden die Menschen damals schon, den Feuerstein, der an der Küste vielerorts, z. T. sogar bergmännisch gewonnen wurde, zu herrlichen Dolchen und Messern zu verarbeiten. Sie kannten das Feuer und den Herd.

Diese harten erfindungsreichen Menschen des Nordens waren die Vorfahren der Germanen.

Schon um das Jahr 6000 v. Ztw. setzten starke Regenfälle ein. Das Klima blieb warm, und in der bisher lichten Steppenheide wuchsen Bäume auf, die das Binnenland gründlich veränderten. Bald bedeckte ein schier undurchdringlicher Wald die Tiefebenen und Berge. So bedrängte der Wald den Lebensraum der dort wohnenden Menschen.

Doch diese sannen nach Mitteln, um sich des Waldes zu erwehren. Sie mußten härtere Werkzeuge schaffen, mit denen sie Holz spalten und die Bäume fällen konnten.

3. Der 1. germanische Zusammenschluß

So kam eine neue Zeit heran um die Schwelle vom 3. zum 2. Jahrtausend vor unserer Zeitrechnung, die wir die Jüngere Steinzeit zu nennen pflegen. Die Menschen im Norden lernten harte Steine zu schleifen und zu durchbohren, sodaß scharfe Äxte entstanden. Mit Hilfe eines kunstvollen Geräts erreichten besonders Handwerker, sogar Steine zu sägen, um ihnen die gewünschte Form geben zu können.

Jetzt wurde aus dem üppig wuchernden Wald ein unermeßlicher Vorratsraum für einen brauchbaren Rohstoff, das Holz, den die damaligen Menschen zu bearbeiten verstanden. So wurde ihnen der Wald zum Freund. Sie schlugen Lichtungen in den Wald, rodeten Wurzelstöcke. Aus den dünnen, hochaufgeschossenen Nadelbäumen fällten und schälten sie Stangen. Damit bauten sie feste Häuser, die Sippen wurden seßhaft, sie wurden Ackerbauer. Die Bewohner des Landes an den Ufern der Nord- und Ostsee und weiter in den norddeutschen Tiefebenen erkannten, daß das Rechteckhaus die beste und zugleich schönste Form des Wohngebäudes, der Scheune und der Stallungen war. Es ermöglichte auch, durch aufrechte Pfosten, Firstbalken und Sparren ein steiles Dach aufzurichten. Die Oberfläche bedeckten, sie mit Schilf, Stroh oder Grassoden, sodaß der Regen ablaufen, Schnee und Eis abtauen konnten, ohne daß das Wasser ins Innere drang. Die Wände wurden mit Reisiggeflecht versteift und mit Lehm beworfen. Dieses so gestaltete Bauwerk wurde zur Grundform des germanischen Hauses bis auf den heutigen Tag. Der Giebel an der Stirnseite wurde meist auf etwa 1 Meter vorgezogen und durch einen Mittelpfosten gestützt, sodaß ein wettergeschützter Platz entstand. Dort wurde eine Holzbank aufgestellt, auf der man sitzen und Arbeiten verrichten konnte.

Mit harten Geräten bearbeiteten die Männer den Boden und bauten als Feldfrüchte hauptsächlich Dinkel und Gerste an, die sie ernteten und über den strengen Winter aufbewahren konnten. Der älteste Pflug der Welt wurde bei Walle in Ostfriesland aufgefunden und beweist, daß die damaligen Nordvölker schon den Ackerbau kannten. Er stammt auf grund der durchgeführten Pollenanalyse etwa aus dem Jahr 3500 vor unserer Zeitrechnung. Als Zugtiere dienten damals schon die Rinder, die der Bauer züchtete. Rinderherden waren der Reichtum der damaligen Hofbesitzer, aber Schweine, Hühner und Hunde gehörten als Haustiere auch schon zum Bauernhof der Jungsteinzeit.

Nun lernten die Bewohner dieser Landstriche aus Lehm mittels kunstvollen Töpferöfen Gefäße zu formen und zu brennen. Sie stellten aus jenem Werkstoff Näpfe, Schüsseln, Töpfe, Becher, Schalen und Krüge her. Aber sie begnügten sich nicht mit rohen Gebilden sondern verzierten sie mit eigenartigen Mustern. Aus diesen Tongefäßen, die sich in der Erde jahrtausendelang, wenn auch zum großen Teil in Scherben, erhielten, können wir verschiedene, sich jedoch auch wieder ähnelnde Menschengruppen unterscheiden. Im Norden Deutschlands und in dessen Mitte verzierten die Menschen ihre Töpfe mit Schnüren, die sie in die noch weiche Tonmasse eindrückten, sodaß wirkungsvolle Zeichen entstanden. Diese Bewohner fertigten auch eine besonders wohl gebildete Streitaxt an, die sie als Waffe verwandten und zusammen mit den Tongefäßen ihren Toten in Gräbern beigaben. Die Gräber waren meist langgestreckte Steinkammern, die mit großen, senkrecht aufgestellten Steinplatten seitlich eingefaßt wurden. Sie wurden innen geglättet. Die Gräber wurden mit mächtigen Decksteinen nach oben geschlossen. Im östlichen Schlußstein wurde bei einigen Gräbern ein kreisrundes Loch ausgearbeitet, vor dem ein ebenfalls mit senkrechten Steinplatten umhegter Vorraum in die Erde eingetieft worden war. Dieser war eine Art Weiheraum. Er ermöglichte den Angehörigen eine Zwiesprache mit den Toten. Daraus ergibt sich der Glaube dieser Sippen an ein Fortleben nach dem Tode.

Zeitlich an die Kultur der Schnurkeramiker und Streitaxtleute schloß sich eine Form der Tongefäße an, deren Schöpfer mittels eines harten spitzen Gegenstandes tiefe Stiche in die noch weiche Lehmform gruben und so an ihren Gefäßen schmuckvolle Muster erzielten. Diese Stilart wird nach ihrem bedeutendsten Fundort Rössen bei Weißenfels an der Saale die Rössener Kultur genannt. Eine Verwandtschaft zu den Herstellern der Schnurtongefäße ist sehr wahrscheinlich.

Weiter westlich im Küstenraum von Ost- und Nordsee, aber auch nördlich auf der schleswig-holsteinischen Halbinsel bis Dänemark war in der Jüngeren Steinzeit eine Menschengruppe ansäßig, die ihren Toten Grabkammern aus gewaltigen Granitblöcken errichtete. Diese hatten die Gletscher beim Abschmelzen zurückgelassen. Die Art, wie die Bewohner jener Gefilde diese Steine bewegten, kunstvoll zusammenfügten und als prächtige, über die Erde ragenden Steindenkmale aufrichteten, erregt noch heute unsere Bewunderung (Abb. 1).

Zunächst waren die Steingräber einfach, es waren Einzelgräber, sogenannte Dolmen, die mit Decksteinen überwölbt wurden. Allmählich wurden die Gräber länger, sie erhielten einen Gang, an dessen Seiten die Toten niedergelegt wurden. Schließlich gestalteten die Menschen dieser Zeit ihre Grabstätten zu großen, sogenannten Hünenbetten, aus, die nochmals mit senkrecht in die Erde gestellten Steinblöcken umrandet wurden, sodaß bis zu 150 Meter lange, schiffsähnliche Kunstwerke entstanden.

Sie dienten den Sippen als Gräber für lange Zeiträume. Die großartigsten Anlagen dieser Art auf deutschem Boden sind heute noch bei Wildeshausen im Oldenburger Land zu sehen. Als »Visbeker Braut« und »Bräutigam« sind sie seit Urzeiten bei der Bevölkerung bekannt und werden heute noch in hohen Ehren gehalten. Manche dieser Großsteingräber wurden leider im vergangenen Jahrhundert aus Unkenntnis oder mutwillig zerstört, heute stehen die übriggebliebenen unter Denkmalschutz.

Die Großsteingräberleute gaben herrlich verzierte Tongefäße, sogenannte Trichterbecher, ihren verstorbenen Angehörigen mit. Besonders in Schleswig-Holstein fand man diese schmuckvollen Gegenstände in zahlreichen Hünengräbern. In der Kunstauffassung sind die Trichterbecher den schnur- und tiefstichverzierten Gefäßen verwandt (Abb. 2).

Um das Jahr 2.000 vor der Zeitwende müssen die kriegerischen Wanderhirten der Streitaxtleute mit den Großsteingräberbauern zusammengestoßen sein. Nach einem kurzen Ringen sind wahrscheinlich die Häupter dieser Volksgruppen zu einem friedlichen Zusammenwohnen übereingekommen. Hierbei hat wohl eine ursprüngliche Verwandtschaft beider Menschenarten den Ausschlag gegeben. Anhand der Schädelfunde beider Verbreitungsgebiete konnten durch Vergleich die Streitaxtleute der nordischen Rasse jenen der Großsteingräber der fälischen Rasse zugeschrieben werden. Diese friedliche Tat der Vereinigung beider Stämme wurde scheinbar noch durch Heirat der führenden Geschlechter besiegelt. Daraus schließen die Vorgeschichtsforscher, daß auch die Göttersagen beider Gruppen verschmolzen und die viel später bezeugten Götter der Asen und Wanen ihren Ursprung in der Vereinigung der Großsteingräberleute mit den Streitaxtträgern haben könnten.

Damit vollzog sich jener geschichtlich so bedeutsame Vorgang der Entstehung eines Großvolkes im Raum von Norddeutschland und Südskandinavien, der Germanen. Sie unterscheiden sich wesentlich von drei anderen Völkergruppen des Abendlandes. Von diesen lebte die eine ebenfalls vom Ackerbau. Deren Angehörige wohnten in Rundhütten und erzeugten eine eigenartige Form der Tongefäße. Sie verzierten diese durch langgezogene Bänder in weichen auf- und absteigenden Linien. Sie siedelten im Südosten, drangen aber über die Donau am Main entlang vor und haben bei Köln am Rhein ihren nördlichsten Punkt erreicht. In ihren Gräbern wurden nie Waffen gefunden. Sie scheinen eine besonders friedliebende Menschenart gewesen zu sein. Nach der Verzierung ihrer Tongefäße werden die Angehörigen dieser Siedlungsgruppe die Bandkeramiker genannt.

Ein zweiter Großstamm siedelte im Nordwesten des Erdteils und zeichnete sich durch Herstellung von Tongefäßen aus, die eine Verzierung mittels Kämmen aufweisen. Danach werden die Menschen jener Kultur als Kammkeramiker bezeichnet.

Noch weiter im Westen hat eine Völkergruppe großartige Säulenreihen aufrechter Steine hervorgebracht, sogenannte Menhire. Diese siedelte hauptsächlich auf der Halbinsel Bretagne in Frankreich. Eine weitläufige Verwandtschaft zu den Großsteingräberleuten in Norddeutschland scheint zu bestehen. Den Schöpfern dieser noch heute zum großen Teil senkrechten Steindenkmale gebührt unsere höchste Achtung.

Im Südwesten Europas herrschte eine vierte Völkergemeinschaft vor, die mit den Mittelmeerländern in Verbindung stand. Ihre Hinterlassenschaft ist gekennzeichnet durch bauchige, wenig verzierte Gefäße, während die Menschen einfache Rundhütten als Behausung benutzten.

4. Das goldene Zeitalter der Germanen

Indessen war den vereinigten Nordvölkern keine lange Ruhezeit beschert. Die Herstellung der Steinäxte erforderte einen erheblichen Arbeitsaufwand, aber die Bevölkerung wuchs an. So wurde der Lebensraum knapp.

Von Süden her drang zu ihnen die Kunde von einer neuen Art des Kunsthandwerks, des Schmiedens und Gießens von Metall, das aus dem Gestein der Gebirge als Erz herausgebrochen und geschmolzen wurde.

Zuerst gewann man Kupfer, jedoch war dieses nach dem Gießen in eine Form und der Erstarrung des Inhalts zu weich und konnte gegenüber dem Urgestein auf die Dauer nicht als Fortschritt empfunden werden. Höchstens als Schmuck gab es den Handwerkern des Nordens neue Gestaltungsmöglichkeiten.

Dagegen erkannten die südlichen Nachbarn bald, daß eine Mischung des Kupfers mit einem anderen Metall, dem Zinn, dem Werkstoff eine besondere Härte verlieh, wenn es im Verhältnis von etwa 85 Teilen Kupfer zu 15 Teilen Zinn verwandt wurde. Das neu gewonnene Gut eignete sich besonders zur Herstellung von Werkzeugen. Wahrscheinlich entstand diese Werkkunst in einem Gebiet, in dem Kupfer und Zinn nebeneinander vorkamen. Dies traf auf das Erzgebirge, das sogenannte Vogtland, zu, das ja von dem vielfachen Erzvorkommen in seinen Schründen seinen Namen erhalten hat. Das beigemengte

Zinn zauberte noch dazu in das Kupfer einen goldbraunen Glanz hinein.

Die nördliche Erde war, wenn auch hohe Gebirge selten waren, nicht so ganz arm an Metallvorräten, wie man vielleicht annehmen könnte. Bei Mansfeld in Sachsen traten an den Hügeln Kupferadern hervor, sodaß das Kupfer dort bald bergmännisch gewonnen werden konnte. Auf Helgoland, dem heiligen Eiland im Nordmeer, das damals noch mit Schleswig-Holstein zusammenhing, ist außerdem das Vorkommen von Kupfer zu jener Zeit bezeugt. Zinn dagegen schmolz man auf der britannischen Insel. In Nord-Norwegen stieß man ebenfalls auf kupferhaltiges Gestein.

Bald lernten die frühen Germanen aus dem neuen Werkstoff der Bronze Geräte, Schmuck und Waffen herzustellen und erlangten darin eine hohe Fertigkeit. Schmelzöfen aus feuerfestem Ton wurden aufgestellt und Gußformen wurden angefertigt, in die die flüssige Mischung gegossen werden konnte.

Die Kenntnis von den neuen Metallen pflanzte sich von Werkstatt zu Werkstatt fort und wurde bald Gemeingut aller germanischen Länder. Sie umfaßten die ganze kimbrische Halbinsel, wie die heutigen Landschaften Jütland und Schleswig-Holstein im 2. Jahrhundert v. d. Ztw. genannt wurden, Südnorwegen, Südschweden, Ostfriesland, Norddeutschland bis zu den Mittelgebirgen an beiden Ufern der Weser, der Leine, den Nordrand des Harzes, beide Elbufer bis zur Saalemündung. Ebenso gehörte zum damaligen Gebiet der Germanen das Land zwischen Elbe und Oder.

Diese Menschenart muß aber auch schon nach Süddeutschland vorgedrungen sein, nach den zahlreichen Funden in verschiedenen Gebieten zu schließen, z. B. bei Straubing an der Donau, in Mittelfranken bei Nürnberg, in Württemberg bei Hermaringen, in Großengstingen auf der Schwäbischen Alb und vielen anderen Orten. Selbst bei den Menschen der Pfahlbauten am Bodensee und am Federsee ist in der 2. Stufe ein gewisser nordischer Einfluß zu spüren (Abb. 3).

Zwischen den Landesteilen an der Nord- und Ostsee herrschte damals ein reger Schiffsverkehr. Die Zeit der Einbäume, mit denen die Gewässer der Küsten befahren wurden, und die eine Länge bis zu 15 m aufwiesen, war damals schon vorüber. Man wagte sich auf die hohe See hinaus. Die Boote hatten einen Kern von Spanten, Bug und Kufen, der mit Fellen oder Häuten überspannt war. Sie wurden mit Rudern bewegt. Mit diesen leichten Booten, in denen 10 — 12 Mann Platz fanden, konnten die Germanen im Gleichklang der Ruder rasch das Meer durchkreuzen. Auf den Felszeichnungen bei Bohuslän in Südschweden sehen wir die Form jener Boote dargestellt. Sie haben unten zwei Schlittenkufen. Diese schonten die Boote bei der Landung und erlaubten das Heraufziehen an geschützte Ufer. Die Boote wurden manchmal weite Strecken über Land befördert. Damals wurden die Inseln Gotland und Bornholm (Burgundarholm) in der Ostsee von Schweden und Dänemark aus besiedelt. In ihnen sehen wir die Geburtsstätten der späteren Germanenstämme, der Goten und Burgunder.

Das Klima war damals warm und trocken, doch Regenfälle waren nicht so selten, als daß nicht reichliche Ernten von den germanischen Bauern eingebracht werden konnten. Die Einzelgehöfte bestanden zur Bronzezeit bereits aus mehreren Gebäuden. Wohnung, Scheune und Ställe waren getrennt.

Eine körperlich tüchtige Jungmannschaft wurde ausgebildet und bewachte die Grenzen gegenüber den Nachbarvölkern, den Illyrern im Osten und Südosten, der vorkeltischen Bevölkerung im Westen und Süden. Die Waffen der Germanen waren dergestalt, daß jene Völker keine Einfälle in germanisches Gebiet wagten. So war die Bronzezeit, soweit wir davon Kunde haben, eine lange glückliche Friedenszeit. Sie bot ferner Gelegenheit zu Fahrten über die Grenzen hinaus, sodaß ein Austausch von Waren mit anderen Völkern möglich war.

Ein begehrter Rohstoff in den nördlichen Ländern war damals der golden glänzende Bernstein, jenes in Jahrzehntausenden an den Küsten der Nord- und Ostsee gebildete harte Baumharz, das leicht zu bearbeiten war und in anderen Gebieten nicht vorkam. Ihm wurden geheime Kräfte zugeschrieben; Vertreibung von bösen Geistern und Schutz vor Unbill sollten dem Bernstein innewohnen. Dieser Glaube wurde noch dadurch gefördert, daß in dem leuchtenden Werkstoff manchmal kleine Tiere: Ameisen, Bienen, dann auch Pflanzen gleichsam versteinert waren, was ihren Wert erhöhte.

Der Handel mit diesem kostbaren Gegenstand vollzog sich auf weiten Wegen, die damals schon das Abendland durchzogen, den sogenannten Bernsteinstraßen. Sie verliefen meist in nordsüdlicher Richtung. Eine östliche Straße ging von Ostpreußen aus, führte im Odertal aufwärts und erreichte über die Mährische Pforte die Donau, von wo aus sie über das Burgenland die Richtung nach Oberitalien nahm. Eine andere Bernsteinstraße durchquerte Hessen und stieß an den Oberrhein, während weiter westlich eine solche Straße von Schleswig zum Niederrhein bog und von dort im Rheintal aufwärts verlief.

Auf dem Rückweg vom Süden kamen dann die wichtigen Erze, besonders Kupfer, ferner Gold und Silber, in die germanischen Länder. Die Handwerker, die hier die Bronzegeräte herstellten, lernten auch Gold und Silber zu verarbeiten. Sie entwickelten dabei eine Kunstfertigkeit, die den südlichen Völkern nicht nachstand, ja diese nicht selten übertraf. Die Gold-, Silber- und Bronzegeräte dieser Zeit sind in ihren Schmuckformen von ausgesprochener Schönheit und erfüllen uns heute noch mit Bewunderung.

5. Der Glaube der bronzezeitl. Germanen

Was uns Nachfahren immer wieder vor den Menschen jener Frühzeit zu hoher Achtung zwingt, sind die reinen Glaubensvorstellungen, die aus ihren Kunstwerken hervorleuchten.

Fast stets wird das Urbild des Lebens, die Sonne, in ihren Schöpfungen erkennbar. In einer überschwenglichen Fülle von Kreisen, Ringen, Spiralen, Schnecken, Flammenkreisen tritt uns das Sonnenzeichen in hundert und aberhundert Abwandlungen auf diesen Werkstücken entgegen. Es liegt nahe, daß gerade die Bronze, aber auch das Gold, diese Menschen zur Wiedergabe des Sonnenbildes anregte. Freilich kommt auch der Bernstein selbst hierbei zu seinem Recht.

Am schönsten findet dieser Lichtglaube im Sonnenwagen Ausdruck, den ein Bauer bei Trundholm in Dänemark aus der Erde herauspflügte. Dieser Wagen ist jetzt im Altertums-Museum zu Kopenhagen ausgestellt. Wahrscheinlich wurde er einst bei feierlichen Umzügen mitgeführt und soll jenes Gleichnis ausdrücken, daß die Sonne, von Rossen gezogen, über das Himmelszelt aufsteigt und wieder abgleitet, wie wir es aus den griechischen und den germanischen Göttersagen kennen. Hier wird eine tiefe geistige Verwandtschaft aller Nordvölker offenbar, die auch dann bestehen bleibt, wenn sich Teile von ihnen als Indogermanen im Süden, im Südosten Europas oder in Vorderasien niederließen.

Aber viele andere Darstellungen des gleichen Sonnenbildes sind aus der damaligen Zeit ans Tageslicht gefördert worden. Meist wurden sie aus den Grabhügeln geborgen, die von den Menschen der Bronzezeit im Raum um die Ost- und Nordsee, aber auch in Süddeutschland, für ihre verstorbenen Angehörigen aufgeschichtet wurden. Nach der Sitte der Anlage von Grabhügeln nennen wir diese Zeit die Hügelgräberzeit. Sie dauerte etwa von den Jahren 1800 bis 1000 vor der Zeitwende.

In diesen Gräbern wurden goldene Gürtelscheiben, Schalen, Gewandnadeln, Hängebecken, Arm- und Halsringe gefunden, bei denen die Verzierung mit Ringen, Kreisen und Spiralen immer wiederkehrt. Weitere Gräber enthielten lange gebogene Hörner aus Bronze, die sogenannten Luren, meist zwei beieinander, auf denen an hohen Festtagen, wahrscheinlich zweistimmig, geblasen wurde. Ihr Ton war sanft, nicht schmetternd. Ein Goldhut mit denselben Sonnenkreisen wurde bei Ezelsdorf nicht weit von Nürnberg, ein anderer bei Schifferstadt in der Pfalz aufgedeckt. Ein auffallend prächtiger Goldfund konnte im Jahr 1913 bei Eberswalde in der Mark Brandenburg mit vielfachem Schmuckgerät, halbfertigen und rohen Golddrähten und Goldbarren zutage gefördert werden. Wahrscheinlich stammt er von einem Goldschmied, der seine Kostbarkeiten in die Erde versenkte, um sie vor fremdem Zugriff zu sichern.

Ganz besonders ragen aus jener Zeit die herrlichen Bronze-Schwerter hervor, die in so kunstvoller Art wohl nie wieder hergestellt worden sind. Auch sie tragen am Knauf Sonnenspiralen, meist mehrere nebeneinander. Sie sind gewiß nordischen Ursprungs, tauchten aber bei Ausgrabungen auch in Italien, bei Mykene in Griechenland, sogar in

Ägypten auf. Sie zeugen von den großen Wanderzügen der Indogermanen nach dem Süden, wo sie bedeutende Kulturen gründeten. Die Dorische Wanderung nach Griechenland setzte um das Jahr 1100 v. d. Ztw. ein.

Diese Nordleute haben den Streitwagen entwickelt, der von Rossen gezogen, als Kampfmittel diente und ihnen bei der Eroberung der neuen Gebiete die Überlegenheit sicherte.

Vor dieser Zeit wurde das Atlantisreich an der Nordsee errichtet. Es soll seinen Hauptsitz auf Helgoland gehabt haben. Diese Insel soll damals mit dem schleswig-holsteinischen Festland verbunden gewesen sein. Jürgen Spanuth hat dieses Reich eingehend erforscht. Die Ergebnisse schildert er in seinem Buch »Atlantis« sehr gewissenhaft.

So dürfen wir von der Bronzezeit als von dem »Goldenen Zeitalter« der frühen Germanen sprechen. Damals war Germanien noch nicht in mehrere Stämme aufgespalten oder in Bruderfehden verstrickt. Keine fremde Macht hat es gewagt, dieses in sich fest gefügte Reich gleichartiger Menschen von hohem Wuchs und hellem Haar zu überfallen oder durch Missionare von ihren althergebrachten Sitten und Glaubensvorstellungen abzubringen. Keine Priesterkaste hat die Menschen der Bronzezeit unterjocht, es waren freie Bauern, Seefahrer und tüchtige Handwerker. Wenn es Könige gab, so waren sie von gleichem Blut und haben sich durch Vorbild, edle Abstammung und Leistung ausgezeichnet.

6. Die Sturmflut

Um das Jahr 1206 v. d. Ztw. brach plötzlich von der Nordsee her eine gewaltige Sturmflut über das fruchtbare Niederungsland herein und riß weite Strecken zwischen Helgoland und dem schleswig-holsteinischen Landrücken hinweg. Viele Menschen fanden dabei einen unerbittlichen Tod in den wilden Wogen.

Diese Sturmflut war der Anlaß zu einer großen Seefahrt der Atlanter ins Mittelmeer bis nach Ägypten. In den Felszeichnungen von Medinet Habu wird von einer Seeschlacht an der ägyptischen Küste berichtet, in der König Ramses III. die Flotte der nordischen Atlanter vernichtet haben soll. Die Nordmänner mit ihren Strahlenhelmen und ihren unverkennbaren Gesichtszügen sind auf diesen Felsen deutlich abgebildet.

Trotz aller Not blieb wenigstens die Landbrücke zwischen der Ost- und Nordsee erhalten, und viele von den Anwohnern, denen ihre Heimat vom Meer weggerissen worden war, werden zunächst auf dieser Halbinsel Zuflucht gefunden haben. Aber die Sturmflut war ein Schlag, der das Nordland empfindlich traf. Nun war Landnot ausgebrochen. Man mußte zusammenrücken. Vorräte waren vernichtet, Armut zog bei den Überlebenden ein. Wir vermuten, daß jene Bauern, deren Höfe nicht überschwemmt waren, den anderen notdürftige Hilfe gewährten. Immerhin, die zusammengeschrumpfte Bevölkerung griff zur Selbsthilfe, die Sturmschäden wurden ausgebessert, Deiche wurden gebaut, auch die Bronzekunst wurde weiterhin ausgeübt, wenn auch nicht in der Pracht und Fülle wie vorher. Aber dieser Landverlust mußte irgendwo wieder ausgeglichen werden. Daher brachen germanische Sippen nun nach Süden, Südwesten und Südosten auf, der Rhein wurde erreicht. Einige Trupps zogen elbaufwärts, andere siedelten in der Altmark, wieder andere in Niedersachsen. Mehrere Verbände bewegten sich in Richtung auf die Oder zu, setzten auf das andere Ufer über und stießen an der Ostsee entlang über Pommern zur Weichselmündung vor. Manche erreichten das Frische Haff, die Ostgrenze ihrer Siedlungen wurde damals das Flüßchen Passarge.

Schon vor der Wende zum 1. Jahrtausend vor der Zeitwende griff eine neue Bestattungssitte um sich. Die Toten wurden nicht mehr in Hügeln begraben sondern verbrannt. Die Asche wurde in Urnen aufbewahrt. Die Friedhöfe dehnten sich oft weit aus, sie wurden ebenerdig angelegt. Man nennt diese späte Bronzezeit die Urnenfelderkultur (Abb. 4). Indessen hat man im norddeutschen Raum auch noch Hügelgräber errichtet, in die große Urnen mit den Überresten der verbrannten Toten eingebettet wurden. Das eindrucksvollste Grab dieser Art ist wohl der Königshügel bei Seddin in der Ostprig-

2 Trichterbecher aus Neumünster-Godeland, Schleswig-Holstein, Großsteingräberzeit um 2000 v. Ztw.

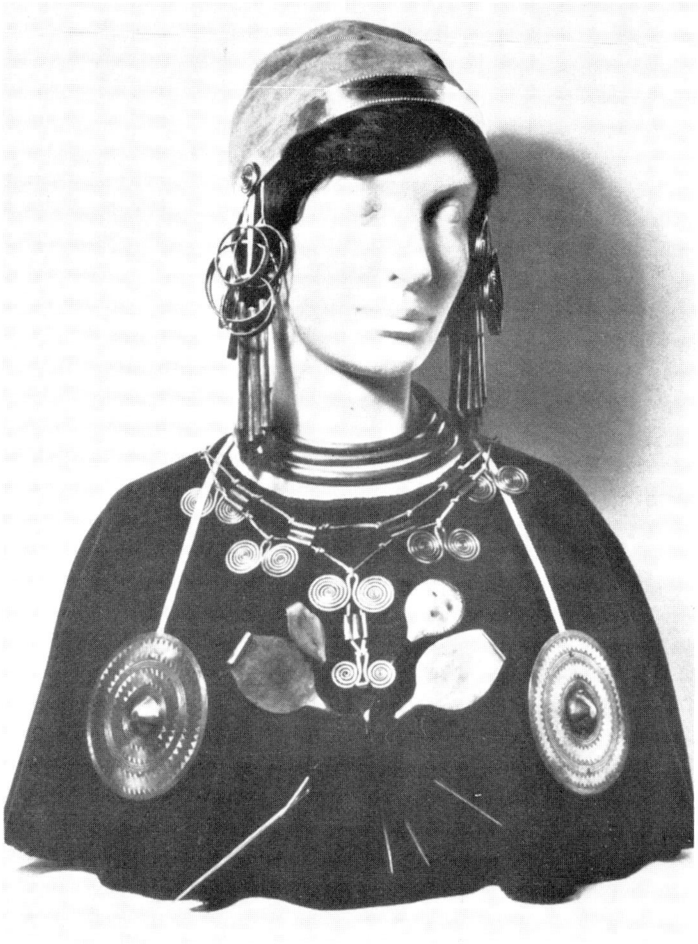

3 Schmuck der frühen Bronzezeit um 1700 v. Ztw. Frauengrab von Straubing, Niederbayern

4 Getriebene, dünnwandige Goldschalen jungbronzezeitlicher Goldschmiedekunst um 900 v. Ztw. aus Depenau, Kreis Plön, Schleswig-Holstein

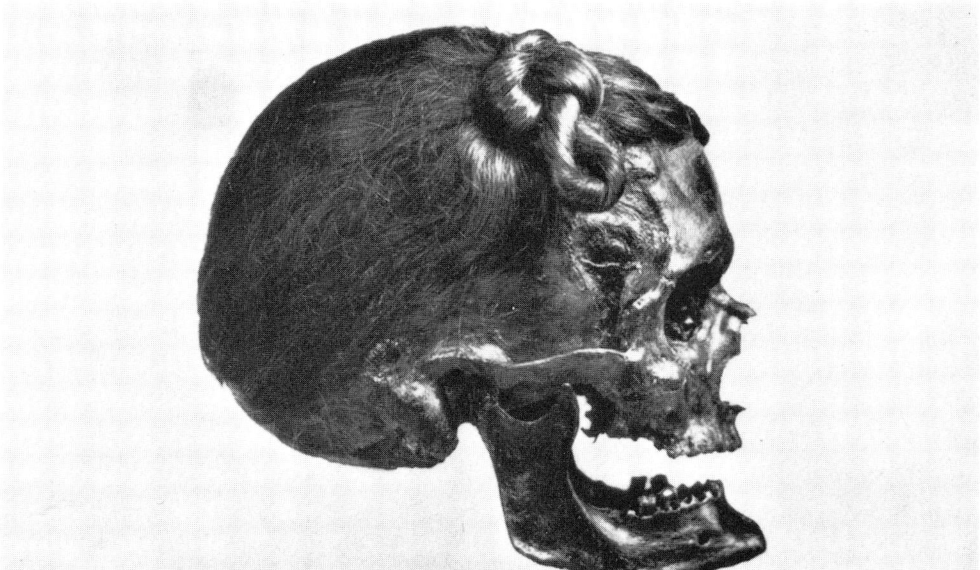

5 Kopf mit suebischem Haarknoten aus einem Moor bei Osterby, Kreis Eckernförde, Schleswig-Holstein

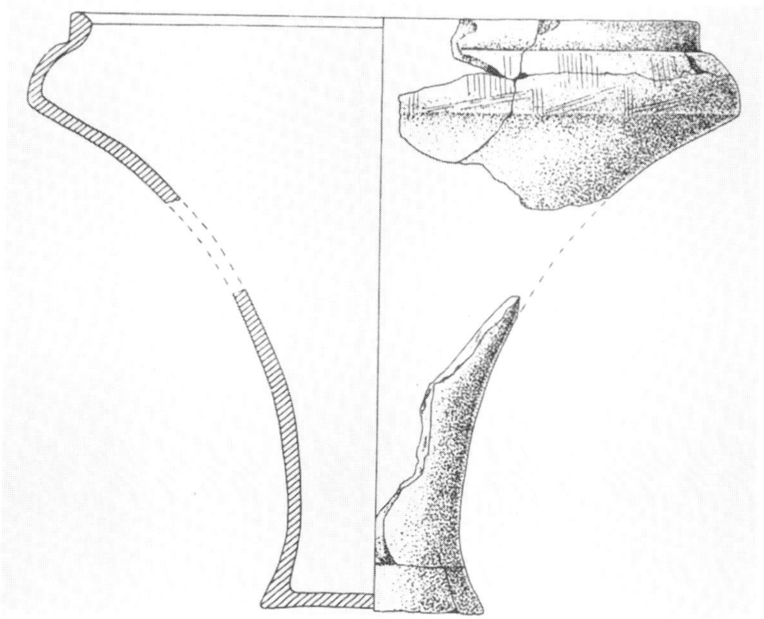

6 Frühgermanische Tonschale, wahrscheinlich vom Stamm der Hermunduren aus Acholshausen, Unterfranken um 0 unserer Zeitrechnung

7 Suebische Mäanderurne aus Badingen, Mark Brandenburg, aus den Jahren 0—200 n. Ztw.

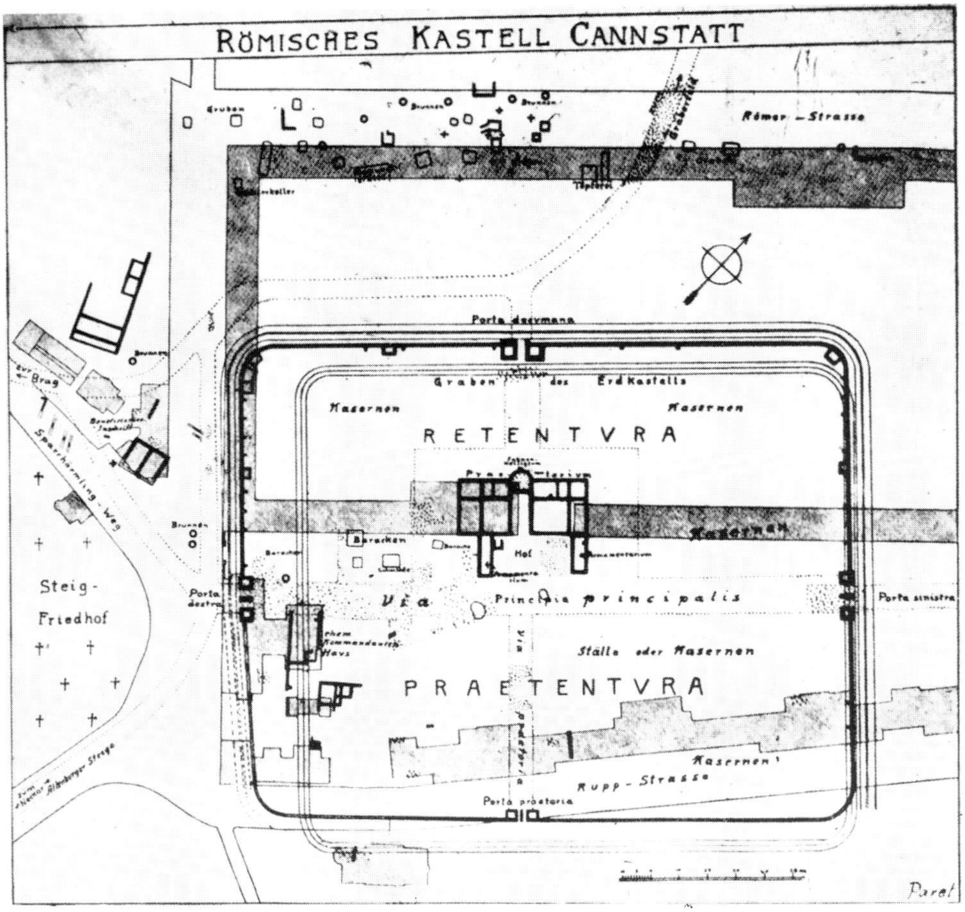

8 Römisches Reiterkastell der Ala Scubulorum in Cannstatt, 1. Jahrh. n. Ztw., Grundriß

nitz, Mark-Brandenburg. Es wurde Ende des vorigen Jahrhunderts geöffnet und brachte wundervolle Bronzegegenstände ans Tageslicht. In der neuneckigen Grabkammer war ein großes Tongefäß aufgestellt, das eine Bronzeurne mit männlichem Leichenbrand enthielt. Daneben war eine Bronzetasse, ein Bronzemesser, ein Rasiermesser und eine Axt aus dem gleichen Werkstoff eingelegt. Die fein verzierten Rasiermesser, teils mit Pferde- oder auch Vogelköpfen versehen, sind damals Gegenstände gewesen, die mit besonderer Sorgfalt hergestellt wurden. Dem Toten war noch dazu ein Bronzeschwert beigegeben, das mit der Spitze nach oben im Sande steckte. Unweit von dieser Bronzeurne fanden sich noch zwei weitere Tongefäße mit dem Leichenbrand von je einer älteren und jüngeren Frau, wahrscheinlich von Verwandten des Mannes.

Das eigenartige an diesem etwa 8 m hohen Königsgrab ist nun, daß sich durch Jahrhunderte und Jahrtausende die Sage von einem König Hinz erhielt, der in einem dreifachen Sarge hier begraben liege, und daß ein goldener Fingerring vorhanden sei, der tatsächlich gefunden wurde. Jahrtausendelang hatte man den Grabhügel unberührt gelassen, bis in jüngster Zeit das Geheimnis aufgedeckt wurde. Daraus geht hervor, daß in der Mark Brandenburg die Bevölkerung seit jener Zeit sich kaum geändert haben kann, sonst hätte sich die Sage nicht bis in unsere Tage erhalten.

In dieser Zeit kommen fein gearbeitete Kesselwagen aus Bronze auf, die wahrscheinlich der Aufnahme des Leichenbrandes hochgestellter Persönlichkeiten dienten, und mit denen dieser zur Urnengrabstätte befördert wurde. Ein solcher Kesselwagen wurde zu Pekkatel in Mecklenburg aufgefunden, ein weiterer zu Skallerup in Dänemark, dessen Gestänge in Vogelköpfen ausläuft. Das Sinnbild des Vogels, das schon zur Hügelgräberbronzezeit auftaucht, scheint die Unsterblichkeit der Dahingeschiedenen auszudrücken, auch mag der Vogel als Bote zu den himmlischen Mächten aufgefaßt worden sein (Müller-Karpe, Vorgeschichtliches Europa S. 114). Ein weiterer Kultwagen mit Vogelköpfen kam bei Burg im Spreewald zutage.

Ein sehr schön erhaltener Bronzekesselwagen mit Vogelköpfen aus der Zeit von 1100 v. Ztw. wurde kürzlich zusammen mit zwei bronzenen Sonnenscheiben in einem Steinkammergrab bei Acholshausen in Unterfranken entdeckt.

Die Beigaben der Urnengräber sind weniger reichhaltig, oft wurden sie mitverbrannt, sodaß nur Reste von Metall ermittelt werden konnten. Nun kam auch die Sitte auf, daß die Schwerter umgebogen wurden, also bei Auffinden nicht mehr gebraucht werden konnten. Auch kam es vor, daß Pferde mit verbrannt wurden. Bei dem Fürstengrab von Hart an der Alz in Oberbayern wurden Radnaben eines mitverbrannten Wagens aufgedeckt.

Eigenartig ist, daß die Zeugnisse der Urnenfelderkultur sich fast ausschließlich auf Mitteleuropa beschränken. Sie gehören zweifellos dem germanischen Kulturkreis an. Die Grenzen dieser Kultur decken sich fast genau mit der Ausdehnung des ehemaligen Großdeutschen Reiches von 1939 bis 1945.

7. Die Bildung der großen Geschlechterbünde

Diese Urnenfelderkultur endet ungefähr mit dem 8. Jahrhundert vor der Zeitwende. Etwa um diese Zeit scheinen sich innerhalb Germaniens einzelne Gruppen gebildet zu haben, die eine Sonderentwicklung einleiten. Vielleicht hängt dieser Vorgang damit zusammen, daß eine Auseinandersetzung mit anderen Volksstämmen als Folge der Landnot unausbleiblich war, und daß ein strafferer Zusammenschluß, eine wehrmäßige Gliederung unter einheitlicher Führung für kriegerische Unternehmungen geboten schien.

Scheinbar ergab sich diese Unterteilung germanischer Landschaften aus ihrer räumlichen Entfernung.

Damit kam es wahrscheinlich zur Gründung der großen Geschlechterbünde, von denen uns der römische Schriftsteller Tacitus in seiner »Germania« berichtet, den Ingwäonen, den Irminonen und den Istwäonen. Tacitus selbst schreibt, daß sich diese Germanenbünde durch mündliche Überlieferungen durch sehr lange Zeit fortentwickelt haben. Die drei königlichen Vorfahren, Ingo, Irmin und Istwo sollen

Brüder gewesen sein, die wieder von einem Stammvater, Mannus genannt, abstammen sollen. Dieser soll sich von einem erdgeborenen Gott Tuisto ableiten. Mag Mannus das Leitbild des aufrechten, tapferen nordischen Menschen sein, vielleicht aus der frühen Bronzezeit, des Goldenen Zeitalters der Germanen, so sind jedenfalls diese Stammväter als Brüder schon Einzelpersönlichkeiten, also Könige, oberste Heerführer oder bedeutende, ehrwürdige Menschen gewesen. Aber mit dieser Scheidung in drei befreundete, gleichartige Gemeinschaften war auch der Wille verbunden, Mittelpunkte der Verehrung zu schaffen, an denen der Gottheit gehuldigt wurde, und wo an bestimmten Tagen große Feste abgehalten werden konnten, die die Gemeinschaft stärkten und die Jungmannschaft als waffenfähige Männer herausstellten. Kampfspiele werden bei diesen Gelegenheiten abgehalten worden sein.

Diese Mittelpunkte sind uns zum Teil bekannt. Der eine von ihnen ist das Heiligtum des Yngwi Freyr auf den drei Hügeln von Alt-Uppsala in Schweden. Hier ist der unmittelbare Zusammenhang mit der nordischen Gottheit Freyr erkennbar, und im Namen Yngwi ist das Königsgeschlecht inbegriffen, das den Stammbund der Ingwäonen gegründet und durch Jahrhunderte geführt hat. Dieses Heiligtum ist heute noch vorhanden.

Das Hauptheiligtum der Irminonen war der Externstein im Teutoburger Wald. Irmin heißt hoch, erhaben, allumfassend. Der Stammvater des Bundes der Irminonen wird hier mit der Weltensäule, der Irminsul, in Verbindung gebracht.

Bei den Westgermanen, den Istwäonen, ist es nicht so leicht, das große Heiligtum aufzudecken. Hier waren die Mächte der Zerstörung stärker als in Mittel- und Nordgermanien. Von zwei Hauptpunkten haben wir Kenntnis. Das eine ist das Heiligtum der Tanfana der Marsen in der Gegend ostwärts des Mittelrheins, das andere ist der Upstalsboom bei Aurich in Ostfriesland.

Die ehrwürdige Stätte der Tanfana wurde im Jahre 14 n. Ztw. von Germanicus, dem römischen Feldherrn, während eines großen Festes der Marsen heimtückisch zerstört. Man weiß nicht einmal die genaue Stelle, an dem sie sich befand. Vielleicht lag sie in einem einsamen Tal des Sauerlandes. Warum es ein Hauptheiligtum gewesen sein kann, schließen wir aus dem Namen. Denn »fanum« heißt auf lateinisch Heiligtum, »fana« ist eine Mehrzahl, und die Vorsilbe »tantum« = soviel könnte auf eine umfassende Malstätte hindeuten. Gerade die gewaltsame Zerstörung durch den Feind ergibt, daß die »Tanfana« für die Westgermanen ein wichtiger Mittelpunkt war.

Der Upstalsboom in Friesland ist bis in die Gegenwart das Hauptheiligtum der Friesen und hat eine altehrwürdige Geschichte. Die einstige Gerichtsstätte befand sich an einem gewaltigen Baum, wie uns das Friesenwappen heute noch zeigt. Zwar steht der Baum nicht mehr, aber er ist noch im Mittelalter bezeugt. Vor einem Jahrhundert ist an seiner Stelle in einem Hain eine Steinpyramide zu Ehren der Gefallenen des Krieges von 1864 errichtet worden.

8. Die Elbgermanen

Eine tiefe Wandlung vollzog sich damals in der Germanenwelt. Das Goldene Zeitalter der frühen und mittleren Bronzezeit war längst vorüber, eine härtere Zeit brach an. Diese Wende fällt ungefähr zusammen mit der Verwendung eines neuen Werkstoffes, des Eisens. Die großen Bünde der Germanen gaben die sehr beliebte Metallverbindung der Bronze nicht plötzlich auf. Aber der Handel war auf die Dauer umständlich und gefährdet, sobald Spannungen mit den Nachbarn auftraten. Diese blieben schließlich nicht aus.

Die Kunde von dem neuen Werkstoff Eisen muß um das Jahr 800 v. d. Zeitwende zu den Germanen gedrungen sein, sicher von den im Süden angrenzenden Nachbarvölkern. Die Forschung berichtet uns von einem begabten Volk, das von Südosten her aus dem Alpenraum nach Süddeutschland vorstieß. Es brachte Anregungen in der Kunst vom Mittelmeergebiet mit. Diese Menschengruppe hat damals schon eine hohe Fertigkeit im Gewinnen, Schmelzen und Härten des Eisens entwickelt. Darüber hinaus hat sie auch große irdene Töpfe und Krüge mit kantigen Verzierungen hergestellt.

Nach dem ergiebigen Fundort oberhalb von Hallstatt am gleichnamigen See in Ober-Österreich wird diese Zeit des Formenguts als Hallstätter Kultur bezeichnet. Sie wird der illyrischen Völkergruppe zugerechnet.

Der nun häufiger gewonnene und verarbeitete Rohstoff Eisen hatte allerdings die ungünstige Eigenschaft des Rostens, sodaß eiserne Schmuckstücke nicht den Glanz der Bronze geschweige denn des Silbers oder des Goldes erreichten. Immerhin gelang den Künstlern der damaligen Zeit eine Verbindung der verschiedenen Metalle durch Silber- und Goldeinlagen in Beschläge und Schmuckstücke auf Eisen, wodurch eine eigenartige schöne Wirkung erzielt wurde, die sogenannte Tauschierung.

Den Germanen kam es damals weniger auf prächtige Zierformen der Geräte an, sondern die Herstellung von Waffen war das Gebot der Stunde. Die Kunstfertigkeit verlagerte sich im Siedlungsgebiet der Germanen an Elbe, Oder und Weichsel mehr auf diesen Zweig des Handwerks.

Wo aber war das harte Erz des Eisens zu finden? Auch mit ihm war Germanien nicht allzu reich gesegnet. Immerhin wurden Bodenschätze an Eisen aufgeschlossen als Raseneisenerz unter der Oberfläche von Moorgebieten und als Bonerz in kleinen Einsprengungen des Gesteins, dann aber reichlicher in den Erzgängen des Siegerlandes in Südwestfalen.

Wir können die Entwicklungsstufen der germanischen Eisenzeit recht genau ablesen aus den Funden in der Lüneburger Heide, die den Irminonen und demgemäß den Elbgermanen zuzurechnen sind. Diese Zeiten haben nach den Orten, an denen die Gegenstände ausgegraben wurden, ihre Namen erhalten. Wir unterscheiden daher:

Die Wessenstedter Kultur von etwa 800—600 v. Ztw. (Wodanstätte),
die Jastorfer Kultur von etwa 600—300 v. Ztw.,
die Ripdorfer Kultur von etwa 300—150 v. Ztw. und die
Seedorfer Kultur von etwa 150 — zur Zeitwende.

In den beiden älteren Stufen der Wessenstedter und Jastorf-Gruppe fällt eine besondere Einfachheit der bei ihnen ausgearbeiteten Schmuckformen auf, während die Ripdorfer- und Seedorfer Geräte schon wieder formschöner und verschiedenartiger sind. Es hat also Jahrhunderte gedauert, bis die Not der Vertreibung durch die Sturmflut, die Gewinnung von Neuland und die Umstellung auf den eisernen Werkstoff den Schmieden und anderen Handwerkern ein freieres Schaffen gewährte.

Nun aber sind nicht mehr die Waffen das einzige Fundgut jener Zeit, sondern die Tonware tritt mit neuen Formen und Mustern hervor. Auf diesem Gebiet waren die Funde so reichhaltig, daß wir über ihre Eigenart und ihre Verbreitung genau unterrichtet sind.

Auffallend ist bei diesen Tongefäßen eine Verzierung in gezackten, unendlichen Linien. Wir nennen sie, weil die indogermanischen Hellenen, die nach Griechenland gezogen waren, sie auch verwandten, nach dem gewundenen Fluß in Kleinasien Mäander-Gefäße. Bei diesen Urnen ist häufig auf dem Boden außen ein heiliges Zeichen, die Swastika oder das Hakenkreuz, meist linksläufig eingebrannt. Hier erkennen wir deutlich einen gemeinsamen Stil, und wir können daher diese germanische Gruppe als Elbgermanen von anderen Germanenstämmen unterscheiden. Ferner können wir daraus schließen, daß der Stammesverband der Elbgermanen sich auch in seinen Erzeugnissen als zusammengehörig empfand und darauf Wert legte, eine eigene Art zu entwickeln, also sich seiner selbst bewußt wurde (Abb. 7).

9. Die suebische Landnahme

Die Bezeichnung Elbgermanen ist nun allerdings noch recht ungenau. Denn nach den Funden dehnte sich das Stammesgebiet über die beiden Ufer der Nieder- und Mittelelbe weit hinaus, einmal nach Norden, dann aber hauptsächlich nach Osten. Freilich, der Kern der Siedlungen lag damals durchaus noch in den Niederungen dieses Stromes mit seinen Nebenflüssen.

Wie entwickelte sich aber aus den Elbgermanen der Stamm der Sueben, wie er uns später entgegentritt? Wann fand die eigentliche Gründung des Stammes mit eigenem Namen statt? Eine Aufzeichnung hierüber ist in dieser Zeit um 800—600 v. d. Ztw. nicht zu erwarten. Noch waren die Germanen in ihrer mündlichen Überlieferung so sicher und stark, und die Beschlüsse erfolgten auf einem allgemeinen Gerichtstag durch mündlichen Zuruf, so daß es einer schriftlichen Festlegung nicht bedurfte.

Wahrscheinlich fällt die Namenswahl mit einem Zuzug von Mannschaften mit ihren Familien aus Skandinavien zusammen. Ob dort Landnot herrschte oder die Sippen sich kräftig vermehrt hatten, ist nicht ausschlaggebend, jedenfalls ist eine Wanderung übers Meer nach Süden damals mehrfach erfolgt. Wie weit dieser Zuzug vorher mit den Elbgermanen abgesprochen wurde, oder ob er unvermutet geschah, ist schwer nachzuprüfen. Eins ist jedoch sicher, daß der Zusammenhang zwischen den Ingwäonen und den Irminonen damals noch so eng war, daß die Gruppen der neu ankommenden Sippen nicht als Fremdlinge betrachtet wurden, und sie sich mit den ansässigen Elbgermanen verständigen konnten. Die Neusiedler kamen nicht als Flüchtlinge, sondern sie wollten sich eingliedern und mit den Alteinwohnern neuen Lebensraum gewinnen, also dadurch als gleichberechtigt anerkannt werden.

Professor Schwantes, der bedeutende Forscher auf dem Gebiet der deutschen Vorgeschichte, bezeichnet diese Zuwanderung vom Norden als die eigentliche suebische Landnahme. Sie soll um das Jahr 600 v. Ztw. erfolgt sein, also etwa mit Beginn der Jastorf-Zeit.

Hier wird zum ersten Mal der Name der Sueben verwandt. Kann man jedoch den Zeitpunkt der Bildung dieses Stammes schon um die Wende vom 7. bis 6. Jahrhundert ansetzen? Dies ist nicht einfach zu beantworten, weil mehrere Landungen neuer Südwanderergruppen aufeinander folgten. Immerhin ist die Verwandtschaft des Namens der Schweden und der Sueben auffallend.

Wir werden annähernd das richtige treffen, wenn wir die Zeit der Jastorf- und Ripdorf-Kultur mit der altsuebischen Zeit der Elbgermanen gleichsetzen, weil wir hier schon eine ununterbrochene Entwicklung gleichbleibender Kunstformen beobachten.

Etwa um das Jahr 300 v. Ztw. hörte der Zustrom von Menschen der Ingwäonengruppe aus Skandinavien auf. Es ist daher anzunehmen, daß nun die Eingliederung der Neuankömmlinge in den Hauptstamm abgeschlossen ist. So werden wir ab etwa 300 v. Ztw. von einem einheitlichen Suebenstamm sprechen können.

Als Ursprungsgebiet des suebischen Stammes kann mit ziemlicher Sicherheit Schleswig-Holstein angenommen werden, und zwar an der Eidermündung und nördlich davon, weil von dieser Gegend die angelsächsische Überlieferung als Heimat der Sueben noch spät berichtet, und weil die Bewohner von Schwabstedt, nördlich von Husum, Swebing und dem Swawagau sich noch heute von den Sueben ableiten. Dann aber gehörte schon sehr früh die Lüneburger Heide, das östliche Niedersachsen, Süd-Mecklenburg, die Altmark und ein breiter Streifen auf beiden Ufern der Elbe bis zur Saalemündung dazu. Dieses war sozusagen die altsuebische Kernlandschaft. Aus den Funden geht dies deutlich hervor. Hier kehren die gleichbleibenden Kunstformen der Rädchen-Mäander-Gefäße immer wieder. Demgegenüber haben die noch weiter ostwärts siedelnden Ostgermanen eine andere Art ihrer künstlerischen Darstellung ausgeprägt. Sie schufen für den Leichenbrand ihrer Toten die sehr eindrucksvollen Gesichts-Urnen. Mit den in den Ton eingebrannten Abbildungen eines Gesichts sollte wohl die Heiligkeit der Gefäße, die nur für die Asche der Verstorbenen benutzt werden durften, bildlichen Ausdruck finden.

10. Der Wandel in den Glaubensanschauungen

Während sich der germanische Stamm der Sueben bildete und festigte, vollzog sich auch ein Wandel in der Glaubensanschauung. Die schwedischen Zuwanderer scheinen aus ihrer Heimat ihr Heilszeichen, die Swastika, mitgebracht zu haben. Das häufige Auftreten dieses Sinnbildes auf Gefäßen, Urnen, Speerspitzen und anderen Geräten kann mit der Stammbildung zusammenhängen. Das Wort Swastika enthält als erste Silbe die Buchstaben »Swa«, die den Schweden und den Sueben etwa gemeinsam ist.

Aber bei der Wahl dieses Sinnzeichens blieb es nicht. Fühlten die

Germanen sich vordem mit der Sonne als Licht- und Lebensspenderin innig verbunden, so war man nach der Sturmflut nicht mehr allein von deren Segen überzeugt. Es gab auch Widermächte, die der Sonne das Lebensrecht streitig machten. Der Winter war im Norden doch so streng und langdauernd, und der Sturm oft so heftig, daß die Germanen im Kampf der Lichtmächte mit den dunklen Gewalten den Sinn des Lebens erkannten. So glaubten die Elbgermanen, aus denen sich die Sueben entwickelten, in einem Sinnbild der Tapferkeit einen Halt zu finden. Sie fühlten sich dazu berufen, die Mitstreiter einer Gottheit zu sein, die die Widermächte bekämpft. Hierfür fanden sie in den Naturgewalten Gleichnisse. Daher gaben sie diesen die Namen von Göttern und deuteten das Weltgeschehen und den Ursprung der Erde, des Meeres, des Sturmes, des Lebens und der Menschen in großartigen Bildern, in Göttersagen, denen die Menschen hilfreich zur Seite standen. So wurde auch das kämpferische Leben in den Götterhimmel übertragen. Denn es schien unseren Vorfahren undenkbar, daß dort nur Ruhe und Genuß herrschen konnten. Die Sueben glaubten daher, wie die Germanen überhaupt, wenn sie tapfer auf Erden kämpften, daß sie nach ihrem Heldentod in den Götterhimmel aufgenommen würden. So wurde der Lichtgott im Kampf gegen die Finsternis zugleich mit dem Lenker der Schlachten Ziu genannt. Er war nach der Göttersage jene tapfere Gestalt, die dem gierigen Fenriswolf, dem Verkörperer der Unterwelt, seine rechte Hand in den Rachen steckte, um den Schwur der Götter zu bekräftigen. Die Sturmflut wurde als Midgardschlange gedeutet.

Die Fruchtbarkeit der Felder, deren man dringend bedurfte, wurde dem herrlichen, blitzeschleudernden Gott Donar zugeschrieben, der im grollenden Donner seine Stimme vernehmen läßt, aber doch den Segen der Ernte stiftet.

Diese himmlischen Gestalten wurden jedoch nicht als Personen gedacht sondern als überirdische Schicksalsmächte, von denen sich die Menschen nach der Schöpfungssage her ableiteten. Auch eine weibliche Gottheit kannten die Sueben als Hüterin und Bewahrerin des Lebens.

Die Bildung der göttlichen Gewalten und ihre Namen waren nicht

Alleingut des Suebenstammes. Sie prägten sich in allen indogermanischen Völkern aus. Bei den Griechen hieß der oberste Gott Zeus, bei den Römern Jupiter (Deus pater), im Nordland Tyr usf. Die Erinnerung an den Suebengott Ziu lebt noch im 3. Wochentag bis in unsere Zeit als Dienstag oder in der Alemannischen Mundart als »Zieschdig« fort.

Die Wortwurzel Ziu ähnelt jener der Sueben in der ersten Silbe durchaus. Selbst wenn man eine Ableitung des Namens der Sueben aus dem Namen des Schwertgottes Ziu nicht gelten lassen will, so werden Eigennamen, die den Wortstamm Ziu enthalten, in Schwaben gerne gewählt, wie z. B. Suitbert, (Schwieberdingen bei Stuttgart!), Swigger und andere.

Sicher ist die Hinwendung zum Schwertgott Ziu bei den Sueben ein Zeichen kriegerischer Auseinandersetzungen mit anderen Völkern, wobei jedoch ein Kampf mit germanischen Nachbarstämmen in dieser Frühzeit als ausgeschlossen gelten kann. Die Ausbreitung der Elbgermanen nach Süden und Osten auf Kosten der angrenzenden Illyrer ist in der Eisenzeit etwa seit dem Jahre 700 v. d. Ztw. aus den Funden durchaus abzulesen.

Als Zeichen der Sonderung der Sueben als Stamm ist auch ihre Haartracht anzusehen. Wir sind von ihr durch Tacitus unterrichtet, der im 1. Jahrhundert nach der Zeitwende lebte. Der Haarknoten, an der rechten Schläfe zusammengebunden, war damals das Kennzeichen der Sueben. Es ist aber anzunehmen, daß dieser Brauch schon längere Zeit vorher bei den Sueben bestand. Dies geht auch aus einem aufsehenerregenden Fund hervor, der in unserem Jahrhundert bekannt wurde. Aus einem Moor bei Osterby im Kreis Eckernförde wurde die Leiche eines Mannes geborgen, an dem der Haarknoten deutlich zu sehen war. Der Schädel mit dem Knoten im Haar wird heute, gegen weiteren Verderb fein geschützt, im Schleswig-Holsteinischen Landesmuseum von Schloß Gottorf bei Schleswig aufbewahrt. Er stammt wohl aus dem letzten Jahrhundert vor der Zeitwende. Aus diesem Fund geht deutlich hervor, daß die Sueben damals auch in Holstein gelebt haben und sich schon vor dem Zusammentreffen mit den Römern als Stamm von anderen Germanenbünden

abgehoben hatten. Wahrscheinlich war der Suebe wegen eines Vergehens gegen die Stammessitten im Moor versenkt worden (Abb. 5).
Ein weiteres Zeichen der Stammesbildung der Sueben ist die Wahl eines neuen Heiligtums. Wenn das gemeinsame Heiligtum der Irminonen der Externstein im Lipperland gewesen ist, so ist dieser wegen der Verlagerung des Schwergewichts des Suebenstammes gegen die Elbe und über sie hinaus nicht mehr als allgemein gültig angesehen worden. Der heilige Mittelpunkt wurde ins neue Kerngebiet der Sueben nach Osten verlegt. Genauere Einzelheiten hierüber sind im Kapitel 26 enthalten.

11. Was bedeutet der Name Sueben?

Wenn wir die Bildung des Suebischen Stammes genau ergründen wollen, so müssen wir auch versuchen, den Wortsinn seines Namens zu erklären. Mangels schriftlicher Belege aus dieser Frühzeit ist dies nicht ganz einfach.
Rudolf Much, der bekannte Germanenforscher, will den Namen der Sueben als »Leute vom eigenen Volk« deuten. Er geht dabei von den Lautgesetzen aus. Er meint, daß gegenüber dem lateinischen Wort »Suebi« oder »Suevi« dieses in der germanischen Sprache »Sweboz« geheißen haben wird, was sich dann im Althochdeutschen in »Swawa« oder »Suaba« gewandelt haben müsse.
Damit ist aber über den Sinn und die Bedeutung dieses Namens nichts entscheidendes gesagt. Wenn »Swe« oder »Swa« auf Hochdeutsch »Leute vom eigenen Stamm« bedeuten soll, dann könnte dieses jeder andere Germanenstamm von sich sagen, ohne diesen Namen zu tragen, und die Unterscheidung wäre nicht geschehen. Auch trauen wir den Sueben eine größere Fähigkeit der Wortschöpfung zu, als daß sie für ihren Namen einen solchen hohlen Begriff geprägt hätten.
Wir können uns mit der Much'schen Deutung deshalb nicht zufrieden geben, weil sie über das Wesen des suebischen Stammes nichts

aussagt und nur einen Zustand ausdrückt, während sogar das lateinische Wort »Suebi« auf eine Bewegung hinweist.

Prüfen wir einmal die uns geläufigen Worte mit ähnlichem Klang: Schweben, Schweifen, Schwingen, Schwirren, Schwimmen, Schwert, Schwan, Schwalbe, Schwall.

Allen diesen Worten ist eine schwingende Bewegung gemeinsam. Nun vergleichen wir die Erklärung des Ethymologischen Wörterbuchs von Kluge, Berlin, 1967 mit einem dieser Worte der heutigen deutschen Sprache:

»Schweben« Mittelhochdeutsch »Sweben«, althochdeutsch »swebēn« = sich in oder auf dem Wasser oder in der Luft hin und her bewegen, altangelsächsisch: »Glück und Erfolg haben«, ostfriesisch: »sich schwingend bewegen«.

Wenn wir uns in die germanischen Götter- und Heldensagen der Edda vertiefen, finden sich auch in diesen manche Anklänge an die Silben »Swa« oder »Swe«. So begegnen wir dort z. B. der Walküre Swafa aus Swafaland! König Swafnir herrschte in der Heimat von Sigrun, von dem uns die ergreifende Sage von Helgi und Sigrun berichtet. Auch eine Walküre Swanhild tritt dort hervor.

Wir erkennen hieraus deutlich die Herkunft der Sueben aus der nordischen Urheimat.

Aber noch etwas anderes geht aus der Verwandtschaft der Worte »Sueben« und »schweben« hervor. Die Stammbildung der Sueben war ja auch eine Folge jenes Zuzugs von Schiffsbesatzungen aus den Nordländern, die über das Wasser herkamen, sich über dem Wasser bewegten. Man kann aber auch noch weitere Wortbedeutungen aus dem Namen der Sueben ableiten, nämlich »die das Schwert Schwingenden« und jene, die »Glück und Heil« haben, wie die angelsächsische Überlieferung uns verrät. Die Namensbedeutung verlieh den Sueben demnach eine gewisse Siegeszuversicht bei ihren Unternehmungen, eine Sicherheit und Überlegenheit im Kampfe mit anderen Völkern. Sogar die Verwandtschaft des Wortes »Schwan« mit dem Begriff »Sueben« ist offensichtlich. Dieser königliche und heilige Wasservogel mit seinem hellen Gefieder mag als Urbild des Schwebens und Schwingens, des seligen »Über das Wasser gleiten« bei den

Sueben in der Namenswahl mitgewirkt haben. Wer je ein Schwanenpaar im Hochzeitsflug beobachten konnte, wie es über das Wasser eines Sees mit ausgebreiteten Flügeln gleitet, wird den Eindruck des Schwingens und Schwebens bestätigt finden, der die »Sueben« damals zur Wahl ihres Namens anregte.
Dazu kommt noch die Ähnlichkeit mit dem germanischen Stamm der Schweden, mit denen die Sueben bei der Stammesbildung eng verbunden waren.
So mag der Sinn des Namens der Sueben etwa mit »Aus dem Norden kommend« und »Sich über dem Wasser bewegen« oder »Sich schwingend bewegen«, schließlich »Glück und Erfolg haben« umschrieben werden, alles Deutungen, die einen erhabenen, heiligen Sinn in sich bergen und über die Erklärung der Sueben als »Leute vom eigenen Stamm« weit hinausgehen.
Damit vereint sich in herrlicher Weise die Bedeutung der Stammesgemeinschaft der Sueben von gleicher Herkunft als Kampfverband mit jener gleicher Glaubensanschauung und einem gemeinsamen Heiligtum in der Mitte ihres Siedlungsgebietes.

12. Die größte Ausbreitung des Suebenstammes

Zur Zeit der Vollentwicklung des Suebenstammes von etwa 200 — 100 v. Ztw. war das Suebenland außerordentlich umfangreich. Es dehnte sich immer noch an den Küsten der Nord- und Ostsee entlang. Die Ostsee hieß zur Zeit des Tacitus das »Suebische Meer«. Das Suebengebiet erstreckte sich jedenfalls über fast die ganze norddeutsche Tiefebene bis zu den Mittelgebirgen, zum Nordostabhang des Harzes und zur Hainleite. Doch die Oder im Osten war für sie keine Grenze. Die Stadt Schwedt an der Oder mag mit ihrem Namen ein Zeichen für die einstige suebische Besiedlung in dieser Gegend sein, ebenso noch weiter im Osten die Städte Schwetz an der Weichsel und Schwetzkau in der westlichen Provinz Posen. Nicht ausgeschlossen ist, daß die Stadt Schwerin in Mecklenburg auf eine suebische Gründung zurückgeht, selbst wenn später die Obotriten diesen Raum einnahmen. Dafür spricht auch die Stadt Schwerin an der Warthe im einstigen suebischen Siedlungsgebiet außerhalb des Sitzes der Obotriten. Die Stadt Schwiebus in der östlichen Mark Brandenburg, einst Swebissen genannt, war ein Hauptsitz des suebischen Stammes.

In der Chronik des Geschlechtes der Schlichtinge, deren Bestehen in der Provinz Posen seit über einem Jahrtausend feststeht, soll einer ihrer frühesten Vorfahren ein Mann mit dem Namen Suebski gewesen sein, was auf eine äußerste Grenze der Sueben nach Osten — zusammen mit dem Städtchen Schwetzkau — schließen läßt.

Das andere äußere Ende der Suebensiedlungen läßt sich mit dem heute noch bestehenden Ort Schwabstedt bei Husum im Westen von Schleswig-Holstein bestimmen, der eine sehr alte Überlieferung aus der Suebenzeit bis heute bewahrt hat. In seiner Nähe auf dem Galliberg befindet sich ein Großsteingrab, das allerdings teilweise zerstört ist. Der Glockenturm der Kirche von Schwabstedt steht auf einem 7 m hohen vorzeitlichen Grabhügel, dem höchsten der weiten Umgebung, die Kirche selbst soll auf einer vorchristlichen Dingstätte errichtet worden sein. Der Gerichtsplatz soll nach einer Sage mit einer golddurchwirkten Dingschnur umrandet gewesen sein. Der Glockenturm von Schwabstedt ist mit dem Steinzeitgrab auf dem Galliberg so geortet, daß am Sommersonnwendtag die Sonne genau über dem Grab auf dem Galliberg aufgeht.

Gerade hier scheint die alte Suebenzeit bis zum heutigen Tag durchzuleuchten.

13. Die Kelten

Während wir an den Küsten der Nord- und Ostsee bis über die Elbe und Oder die Bildung des Suebenstammes verfolgen konnten, vollzog sich in Süddeutschland eine andere Völkerbewegung. Die Kelten, ursprünglich wohl in Ost-Gallien beheimatet, unternahmen mehrere

Wanderzüge nach Osten und Nordosten und breiteten sich über ganz Süddeutschland aus. Ihre Wohnsitze befestigten sie meist mit starken Wällen und Gräben. Vom Oberrhein aus bevölkerten sie Teile von Hessen und Thüringen. In Böhmen ließ sich der Keltenstamm der Bojer nieder.

Die Kelten brachten Formengut aus den Mittelmeerländern mit. Griechische und römische Vorbilder sind unverkennbar. Häufig verzierten sie ihre Geräte und ihren Schmuck mit Masken und Tierköpfen. Als Schmuck waren besonders die Halsringe beliebt, teils aus wertvollem Metall hergestellt und verziert.

Die Kelten kannten das Eisen. Im Schmieden und Härten erreichten sie eine hohe Fertigkeit, vielfach konnten ihre Schmelzöfen ermittelt werden.

Im Gegensatz zu den Germanen nahmen bei den Kelten einzelne Fürsten eine bevorzugte Stellung ein. Diese ließen befestigte Plätze auf hohen Bergen oder auf Inseln und Halbinseln anlegen. Ihre Häuser waren fester und größer gebaut als jene der übrigen Einwohner, die meist in armseligen Hütten, an die Innenmauer angelehnt, untergebracht wurden. Häufig erhielten die Keltensiedlungen den Umfang regelrechter Städte, so besonders in Manching bei Ingolstadt an der Donau und in Tarodumum bei Zarten in Südbaden. Auf den Höhensiedlungen war oft Platz für die Zuflucht von Bauern und Vieh aus der Umgebung vorgesehen.

Im Neuenburger See in der Westschweiz wurden aus der Zeit von etwa 400 — 150 v. d. Ztw. auf einer Landzunge bei La Tène reichhaltige Funde aufgedeckt, die dieser Keltenzeit den Namen der La-Tène-Kultur aufprägten. Bei Hundersingen an der Donau in Süd-Württemberg war ein besonders hervorragender keltischer Fürstensitz. Seine Mauern bestanden z. T. aus Lehmziegeln, einem Baustoff, der sonst nur in Mittelmeerländern verwandt wurde. Ein riesenhafter Grabhügel, von den später dort ansässigen Alamannen »Hohmichele« genannt, wurde in der Nähe aufgeschichtet. Auch auf dem Klein-Aspergle bei Ludwigsburg befand sich ein solcher Fürstensitz. Viele Viereckschanzen, teils in Wäldern versteckt, wurden von den Kelten in Süddeutschland angelegt. Noch ist sich die Forschung nicht darüber einig, ob diese Umwallungen lediglich der Zuflucht für Menschen und Vieh dienen sollten oder ein Heiligtum umschlossen. Bei den Kelten hatten außer den Fürsten die Priester, Druiden genannt, einen erheblichen Einfluß. Sie bildeten einen besonderen Stand. Ehe ein angehender Druide in ihre Reihen aufgenommen wurde, mußte er sich einer langen und gründlichen Ausbildung unterziehen.

Von schweren Kämpfen zwischen Kelten und Germanen liegen aus der frühen Keltenzeit keine Nachrichten vor, eher von gelegentlichen Bündnissen zwischen diesen Völkern zu gemeinsamen Feldzügen gegen die Römer. Im Jahre 386 wurde sogar Rom von den Kelten unter Brennus hart bedrängt. Eine Zusammenfassung der Keltenstämme unter einheitlicher Führung zu einem eigenen Staat scheint zu keiner Zeit versucht worden zu sein. In dieser Hinsicht wurden ihnen die Römer sehr bald überlegen.

14. Die ersten Suebenzüge

Schon bald nach der Festigung des Suebenstammes im 4. und 3. Jahrhundert v. d. Ztw. bildeten sich innerhalb des ausgedehnten Suebenreiches Kampfgemeinschaften, die Betätigung außerhalb der Heimat suchten und sich zu Feldzügen und Wanderfahrten in ferne Länder rüsteten. Ihr Auszug erfolgte nicht nur als wehrhafte Jungmannschaft, sondern die waffenfähigen Männer nahmen ihre Frauen und Kinder mit und luden ihre bewegliche Habe auf Wagen auf. Reiter bildeten die Vor- und Nachhut. Der Zug selbst wurde von der Kerntruppe geschützt, die teilweise beritten war.

Diese frühen Suebenzüge des 4. und 3. Jahrhunderts v. d. Ztw. ergeben sich aus der Namensforschung. Vier verschiedene Gruppen erschienen damals im Bereich des südlichen Abendlandes, deren germanische Namen uns überliefert sind: Die Gaesaten, die Daliternen, die Kalukonen und Tulinger. Sie haben den Alpenraum erreicht und überschritten. An seinem Südabhang ließen sie sich zeitweise nieder. In dieser Zeit traten die suebischen Vortrupps als Bundesgenossen der Kelten auf, die den Römern damals schwer zu schaffen machten. Der germanische Anteil an den Eroberungen der Kelten im 4. und 3. Jahrhundert vor d. Ztw. ist in der Geschichtsschreibung viel zu wenig beachtet worden.

Die frühen Germanen im Alpengebiet haben sogar sehr eigenartige steinerne Zeugen hinterlassen, unter anderen die großartigen Felszeichnungen des Val Camonica in etwa 2000 m Höhe, am Südabhang der Alpen. Hier fällt die Darstellung eines kunstvollen Gebildes auf, das als Sonnensinnbild gedeutet werden kann, ein durchaus germanisches Zeichen. Von manchen Forschern wurde dieses als Muttergottheit angesehen, weil die Strahlen am unteren Teil des Felsbildes wie ein Rock auseinanderstreben. Aber dieses würde einem strahlenden, sonnenartigen Wesen nicht widersprechen. In jenem Hochtal sind noch über hundert andere, z. B. Darstellungen von Hirschen und schwerer deutbare Zeichnungen zu betrachten. Wir möchten es als heiligen Bezirk germanischer Frühzeit ansehen.

Möglicherweise sind die Tüllinger Höhen bei Lörrach am Oberrhein gegenüber von Basel ein Überbleibsel des Stammes der Tulinger.

Auch von westgermanischen Stämmen, den Cempsen und den Poemanen, wird berichtet, als sie im 3. Jahrhundert v. d. Ztw. in Spanien auftauchten. Die Cempsen zogen als Mitstreiter der keltischen Galater gegen Osten bis nach Kleinasien. Von ihnen erfahren wir später durch den Brief des Apostels Paulus, der an die Galater gerichtet war. Die frühere Heimat der Cempsen und Poemanen war die Nordseeküste. Es ist daher nicht ausgeschlossen, daß sie zum Stammesverband der Sueben gehörten. Zumindest haben sie in deren Nachbarschaft gesessen und haben mit ihnen Fühlung gehabt.

Die frühen Wanderzüge von Angehörigen des Suebenstammes weisen darauf hin, daß allmählich die Sueben insgesamt in Bewegung gerieten. Möglicherweise wurden die vier genannten Gruppen der Gaesaten, Daliternen, Kalukonen und Tulinger als Kundschafter von den Suebischen Stammesältesten nach Süden vorausgeschickt, um die Aussichten eines erfolgreichen Heerzuges für den Gesamtstamm zu erforschen. Inwieweit diese Vorboten dann Berichte in ihre alte Heimat gesandt haben ist nicht mehr festzustellen, aber durchaus denkbar.

15. Der Aufbruch der Ostgermanen

Abseits von den Sueben haben sich schon im 3. Jahrhundert v. d. Ztw. die weiter ostwärts siedelnden Germanenstämme der Skiren und der Bastarnen entwickelt. Während die Skiren im Sinne ihres Namens als die »Reinen« gedeutet werden, sollen sich die Bastarnen mit anderen Bevölkerungsgruppen vermischt oder zusammengetan haben. Wir sind jedoch solchen Mutmaßungen der Gelehrten gegenüber sehr vorsichtig. Denn es ist kaum anzunehmen, daß sich die Bastarnen aus dem Bastard — uneheliches Kind oder Mischling — ihren Stammesnamen gegeben haben, wobei es nicht sicher ist, ob das Wort Bastard eine germanische Wurzel hat, da es auch im altfranzösischen, und zwar sehr viel später, vorkommt.

Das Urwort »Bast« ist freilich germanischen Ursprungs und bedeutet Strick, Bund, Rute, aus Weidenruten gewonnene, biegsame Streifen, die zur Herstellung von Körben dienten. Die Kunst des Korbflechtens kannten die Germanen und ist bei Korbflechtern und Bauern heute noch nicht ausgestorben. Wenn man diese Wortbedeutung zugrundelegt, kann der Stamm der Bastarnen als Bund gleichgearteter Kampfgenossen verstanden werden, der sich durch ein gemeinsames Gelübde verschworen hatte. Die Skiren und die Bastarnen zeichneten sich durch besondere Tapferkeit und Verwegenheit aus.

In ihrer ostgermanischen Heimat haben die Skiren und Bastarnen ein anderes Formengut als die Sueben hervorgebracht. Sie haben für die Bestattung ihrer Toten, wie schon kurz erwähnt, Gesichts- und Hausurnen, aus Ton gebrannt, angefertigt, während die Sueben die Urnen mittels Rädchen an der Oberfläche mit eckigen Bändern, sog. Mäandern verzierten.

Schon im letzten Viertel des 3. Jahrhunderts brachen die Skiren und Bastarnen aus ihren Sitzen ostwärts der Oder auf, um sich mit den südlichen Völkern im Kampf zu messen. Sie haben die Illyrer, jenes begabte Volk der Lausitzer Kultur, verdrängt und teilweise durchstoßen.

Die Skiren erschienen um das Jahr 200 v. d. Ztw. vor dem Hafen

Olbia am Schwarzen Meer. Bezeichnend ist für die Art der Herrscher jener südlichen Länder, die vielleicht auch Abkömmlinge früherer Züge von Indogermanen waren, mit welchen Mitteln sie die neuen germanischen Landsucher von ihrem Reich ablenken wollten. So wird von König Philipp IV von Mazedonien auf der Balkan-Halbinsel aus dem Jahr 184 v. d. Ztw. berichtet, daß er Gesandte, vielleicht mit Geschenken, zu den Bastarnen geschickt habe, die sie zum Einfall nach Italien reizen sollten. Damals hätte dies den reinen Selbstmord bedeutet, denn die Römer waren als kampfgewohntes Volk auf ihrer Halbinsel nach dem Sieg über Hannibal schon im steten Vormarsch.

In weiser Voraussicht lehnten die Bastarnen dieses Ansinnen ab und blieben im Raum nördlich von Mazedonien, waren aber als Hilfstruppen des Parther-Königs Mithridates teils gegen die Daker im heutigen Rumänien, teils gegen die Römer in mehreren Schlachten siegreich. Die Skiren und Bastarnen blieben jahrhundertelang in ihrem Siedlungsraum nördlich der Mittleren und Unteren Donau.

16. Die zweite Sturmflut, der Zug der Kimbern und Teutonen

Im 2. Jahrhundert vor der Zeitwende überflutete die stürmische Nordsee erneut die Küsten Schleswig Holsteins, der damaligen Kimbrischen Halbinsel. Hier wohnten die germanischen Stämme der Kimbern, der Teutonen und Ambronen. Die einstigen Sitze der Kimbern sind heute noch, allerdings seit dieser neuen Sturmflut sehr geschmälert, in der dänischen Landschaft Himmerland, die der Teutonen im Thyland nachweisbar, während das Land der Ambronen südlicher um die heutige Insel Amrum in Schleswig zu suchen ist. Es wird sich über eine weite Strecke an den nordfriesischen Inseln ausgedehnt haben.

Wahrscheinlich konnten sich die meisten Anwohner dieser an die Nordsee angrenzenden Gebiete vor der Springflut retten. Aber nachdem ihre fruchtbaren Marschwiesen überschwemmt waren, griff der Gedanke bei ihnen um sich, eine neue Heimat im Süden zu suchen.

Ein allgemeines Thing wurde einberufen, vielleicht am Thorsberg bei Süderbrarup, wo ein altes Heiligtum bestand. Die Stämme entschieden sich für die Wanderung nach Süden. Die Kimbern wählten einen Herzog für diesen Kriegszug. Sein Name ist uns überliefert, er hieß Bojo. Zum Herzog der Teutonen wurde Teutobod ausersehen.

Alle drei Stämme waren Nordgermanen, also wohl keine Sueben. Da sie durch das Land der Sueben ziehen mußten, werden sie mit diesen vorher das Durchzugsrecht vereinbart haben.

Ihre Wanderungen und Kriegszüge sind aufgrund römischer Geschichtsquellen hinreichend bekannt, sodaß sie hier nicht im einzelnen geschildert werden müssen. Wesentlich ist für die spätere Geschichte der Sueben, daß hier drei germanische Stämme von beträchtlicher Volkszahl — man rechnet mit etwa 30.000 Kriegern — es wagten, mit ihren Frauen und Kindern auszuziehen und sich mit dem kriegsgewohnten Volk der Römer zu messen. Diese Germanen brachten den Römern verlustreiche Niederlagen bei, zunächst im Jahr 114 bei Neumarkt (Noreja) in der Steiermark, dann wohl die schwerste bei Arausio (Orange) in Südfrankreich. Ihre Bitte an die Römer, man möchte ihnen Land zur Siedlung einräumen, wurde hohnvoll zurückgewiesen. Die siegreichen Germanen fielen nicht, wie dies andere Völker tun, über die reiche Beute her, die die Römer zurücklassen mußten, sondern verbrannten sie und weihten sie den Göttern.

Bei dem Zug der Kimbern über die Alpen ließen sie sich auf ihren Schilden über die Schneefelder abwärts gleiten, sodaß sie schneller, als die Römer erwartet hatten, die Oberitalienische Ebene erreichten. Als die Römer versuchten, die Kimbern am Übergang über die Etsch aufzuhalten, trugen diese Bäume, Wurzeln und Felsstücke in den Fluß, um ihn zu stauen, wie dies Riesen taten. Da bekamen die Römer heillose Angst und ergriffen die Flucht.

Es gelang jedoch der Feldherrnkunst des Römers Marius, die Kimbern und die Teutonen in zwei getrennten Schlachten zu schlagen. Als ihre Frauen sahen, wie die Männer von den Römern reihenweise niedergehauen wurden, zogen sie sich schwarze Gewänder an und standen auf ihren Wagen, während die Greise und Kinder sich mit Ketten aneinanderbanden, die sie durch ihre Leibgurte gezogen hatten.

Immerhin haben sich Reste der Kimbern, Teutonen und Ambronen, teilweise mit ihren Wagen, wieder nordwärts durch die Alpen durchgeschlagen und sich am Unteren Main bei Miltenberg niedergelassen. An sie erinnert der Teutonenstein im Schloßhof zu Miltenberg und das Denkmal im Museum derselben Mainstadt, das dem Mercurius Cimbrianus geweiht ist. Diese Steine wurden zur Zeit der Römerbesatzung etwa um 100 n. d. Ztw. errichtet. Tacitus bezeugt in seiner »Germania« ausdrücklich das Vorhandensein dieser Germanenstämme in der Maingegend.

17. Ariovist

Die Nachricht vom Scheitern des Kimbern- und Teutonenzuges verbreitete sich wie ein Lauffeuer bei den übrigen Germanenstämmen, auch bei den Sueben, und erfüllte sie mit Trauer. Sicher wurden den Sueben von Boten Einzelheiten über den Verlauf der Feldzüge gemeldet. Anstatt, daß diese Niederlagen die Sueben abgeschreckt hätten, bewirkten sie das Gegenteil. Die Sueben planten unmittelbar nach diesen Ereignissen nun ihrerseits einen Vorstoß nach Süden. Hierbei war der Gedanke, neues Land zum Siedeln zu gewinnen, ausschlaggebend. Allerdings mußten, wenn das Unternehmen der Sueben zum Erfolg führen sollte, noch umfangreiche Vorbereitungen und Rüstungen getroffen werden. Zunächst muß Hochbetrieb in den Waffenschmieden und bei den Wagnern geherrscht haben, die Pferde mußten gezüchtet, eingeritten, mit frischem Sattel- und Zaumzeug versehen werden. Schließlich wurde ein Landtag einberufen. Wenn die Sueben diesen Feldzug wagen wollten, mußten sie einen Heerführer wählen, der über eine besondere Begabung verfügte. Er mußte aus edlem Geschlecht sein und sich bereits im Kampf bewährt haben. Dennoch mußte er soviel jugendlichen Schwung besitzen, um seine Mannen zu harten Anstrengungen und kühnen Taten durch mehrere Jahre anzuspornen. Selbst Niederlagen mußten in den Kauf genommen werden. Zunächst mußten die Keltenfestungen eingenommen und ihre waffenfähigen Mannschaften niedergerungen werden. Die Lage der Höhenburgen war sicher bereits erkundet. Von diesen ragten hervor: Die große Gleichenburg der Volsker bei Römhild in Südthüringen, die Kesterburg bei Marburg an der Lahn in Hessen, die Milseburg in der Rhön, der weiträumige Ringwall Goldgrube bei Oberursel am Taunus, die riesigen Fliehburgen bei Finsterlohr an der Tauber und bei Kelheim an der Donau.

Der römische Feldherr Gaius Julius Caesar berichtet in seinem Buch über den Gallischen Krieg manches über diesen Suebenzug. Vor allem erfahren wir erstmals den Namen der Sueben und ihres Führers Ariovist. Schon dessen Name ist uns wichtig. Sein Wortstamm Ario deutet auf einen hohen Adel. Auch der königliche Vogel, der Aar, oder der Adler, hat die gleiche Wurzel. Die Nachsilbe -vist bezieht sich auf das Wort »weise«, wie sie in Germanien häufig bei der Namensbildung gebraucht wird, besonders bei Walküren wie Alwis, Swan-wis und ähnlichen. Also werden wir in Ariovist nach dem Wortsinn einen »weisen Fürsten« sehen dürfen. Sein Name läßt seine vornehme Abstammung aus germanischem suebischen Adel ohne weiteres erkennen. Aber er mußte sich auch schon in der Heimat der Sueben eine hohe Achtung seiner Gefolgsleute errungen haben.

Sicher hat Ariovist auf einer Ratsversammlung, die nach dem Untergang der Kimbern und Teutonen etwa im Jahr 85 v. d. Ztw. im Suebenland einberufen wurde, diesen Feldzugsplan vorgetragen und die Zustimmung der wehrfähigen Sueben erhalten.

Wie Ariovist mit seinen Mannen die einzelnen Keltenfestungen überwand, verschweigt uns Cäsar, jedoch deuten Brandspuren auf einigen dieser Höhenburgen darauf hin, daß die Sueben sie eingenommen hatten. Aus Cäsars Schilderung geht immerhin eindeutig hervor, daß die Sueben unter Ariovist die am Main ansässigen keltischen Helvetier unablässig nach Süden drängten und ihr Land besetzten. Also müssen die Keltenburgen schon überrannt und von ihrer Besatzung geräumt worden sein.

Im Jahr 72 v. d. Ztw. überschritt Ariovist mit etwa 15 000 Sueben den Rhein. Sein Feldzugsplan war, im Südwesten, also jenseits des Rheins, Land zu gewinnen und dort zu siedeln. Diesem Unternehmen schlossen sich einige suebische Teilstämme an: die Wangionen, die

Nemeter und die Triboker, deren Name zu jener Zeit auch zum ersten Mal erscheint. Sie sind mit Frauen und Kindern Ariovist und seinem Heer nachgefolgt, was die Gesamtzahl der nach Südwesten vorstoßenden Sueben um ein mehrfaches erhöhte. Diese drei Suebenstämme haben sich nach Zurückdrängung der keltischen Anwohner bereits auf dem linken Rheinufer angesiedelt. Dazu kamen noch die Haruden, die aus Norwegen stammten. Soweit war also in ganz Germanien die Kunde von dem Unternehmen Ariovists gedrungen.

Die Wangionen nahmen die Gegend um Worms, die Nemeter das Land um Speyer und Bad Dürkheim, die Triboker das nördliche Elsaß in Besitz. Ariovist scheint in dieser Zeit noch eine zweite Ehe mit der Tochter eines keltischen Fürsten in der Steiermark, dem damals noch von Rom unabhängigen Land Noricum, eingegangen zu sein. Ariovist muß damals schon sehr weitgesteckte Ziele, die Errichtung eines Groß-reichs in Süddeutschland, gehabt haben.

Die Abdrängung der Helvetier nach Süden gefiel dem römischen Befehlshaber Cäsar in Gallien nicht. Er schlug sie zurück. Schließlich fand dieser keltische Volksstamm in den westlichen Alpentälern eine einigermaßen gesicherte Heimstatt.

Inzwischen aber riefen die Sequaner, ein keltisch-gallischer Volksstamm, Ariovist um Hilfe gegen deren Nachbarstamm, die Häduer, an mit dem Versprechen, nach deren Überwindung den Sueben Land zu überlassen. Die Häduer aber hatten ihre Sitze südlich von der Burgundischen Pforte, im Oberen Saône- und im Rhônetal. Wenn es den Sueben gelang, im Oberen Rhônetal Fuß zu fassen, dann mußte Cäsar damit rechnen, daß die Sueben der Rhône entlang weitermarschierten. Dann schien die Gefahr, die den Römern bei dem Erscheinen der Kimbern und Teutonen an der Unteren Rhône gedroht hatte, sich zu wiederholen.

Da Cäsar sich das Ziel gesetzt hatte, ganz Gallien zu unterwerfen, war ihm das Auftreten von Ariovist im Oberen Rheintal höchst unwillkommen. Er mußte alles daran setzen, die Sueben so aufs Haupt zu schlagen, daß ihnen ein weiteres Eindringen in Gallien verwehrt wurde.

Die Einzelheiten des Waffengangs zwischen den Sueben und den

Römern sind bekannt. Vorher fand eine Begegnung zwischen Ariovist und Cäsar statt. Sie hat Cäsar eine gewaltige Achtung vor seinem Gegner eingeflößt. Cäsar war dem Suebenheer mit kampfstarken römischen Verbänden und deren Hilfstruppen zahlenmäßig überlegen. Eine suebische Seherin warnte Ariovist, vor Neumond zur Schlacht anzutreten, aber Cäsar zwang durch Vorverlegung seines Lagers seinen Gegner zum vorzeitigen Eingreifen. Dadurch errang Cäsar bei Mühlhausen im Oberelsaß den entscheidenden Sieg über Ariovist, bei dem dieser sein Leben verlor und die Hauptmacht der Sueben vernichtet wurde. Dies geschah im Jahre 58 v. d. Ztw.

Cäsar wird seine Angaben über die Vollständigkeit seines Sieges übertrieben haben, denn sonst wäre es unmöglich, daß die Stämme der Triboker, der Nemeter und Wangionen sich auf dem linken Rheinufer gehalten hätten und sich sogar nach Lothringen ausdehnten, was unbestrittene Tatsache ist. Also wurde das linke Rheinufer bereits um das Jahr 70 v. d. Ztw. germanisch besiedelt. Allerdings kamen diese Stämme zunächst unter römische Herrschaft. Darüber hinaus sind nach der Niederlage die stark angeschlagenen suebischen Verbände über den Rhein entkommen und haben sich am Unteren Neckar, am Unteren Main und bei Groß-Gerau in Südhessen niedergelassen. Auch sie mußten die römische Herrschaft anerkennen.

Zwar waren die Sueben nicht so stark aufgerieben wie vorher die Kimbern und Teutonen, aber das erste Unternehmen der Landnahme der Sueben im großen Stil im bisher keltischen Gebiet des heutigen Südwestdeutschland war fehlgeschlagen. Zumindest konnten sin in Gallien nicht Fuß fassen.

Man kann den verlustreichen Feldzug der Sueben bedauern, aber ein moralischer Erfolg war gewiß eingetreten. Die Achtung vor der Kampfkraft der Germanen war außerordentlich gestiegen. Andererseits wurde der Stamm der Sueben vor einem zu weiten Ausgreifen in fremde Länder bewahrt, in denen sich die Sueben wahrscheinlich mit den dort ansässigen Bewohnern vermischt hätten, was bei den nachfolgenden Germanenzügen leider allzuhäufig geschehen ist.

18. Die Bildung der suebischen Teilstämme

Im Heimatgebiet der Sueben wurde der Tod Ariovists und vieler seiner Mitstreiter mit tiefer Trauer aufgenommen, aber von einem Ausgreifen über ihre Grenzen hinaus für alle Zeiten wurden sie keinesfalls abgeschreckt. Im Gegenteil, wir beobachten in den Jahren bis zur Zeitwende die Bildung von mehreren Teilstämmen, die alle eine waffenfähige Streitmacht stellen konnten. Wir müssen daher annehmen, daß die Sueben damals ein sehr volkreicher Stamm waren, und daß die Geburtenfreudigkeit der Sueben unvermindert anhielt.

Jetzt erklangen die Namen der Markomannen, der Markmänner, wohl des südlichen Grenzstamms der Sueben, der Quaden als der »Streitbaren«, der Hermunduren, deren Name an ihre Zugehörigkeit zu den Irminonen erinnert und der Langobarden, der Langbärte. Ihre Stammessage, die Jakob Grimm im vorigen Jahrhundert wieder entdeckte, läßt sie mit den germanischen Winnilern, wohl Wandalen, kämpfen, und der Schlachtengott Wodan verlieh ihnen den Sieg. Die Heimat der Langobarden war das Gebiet der Niederelbe bei Bardowiek unweit von Lüneburg und ist durch Funde nachgewiesen.

Der Hauptstamm der Sueben blieb jedoch in der Mitte, nämlich an der Elbe und Havel in seinen Sitzen. Diese Germanen nannten sich nun Semnonen und betonten ihre älteste Überlieferung unter den Suebenstämmen.

Die Teilstämme, die sich seit der Niederlage Ariovists gebildet hatten, blieben untereinander verbunden und behielten ihr Wissen um die gemeinsame Abstammung und ihren Glauben bei. Auch ihr festlicher Mittelpunkt im Semnonenland ließ sie an bestimmten Tagen dort vollzählig zusammenkommen.

19. Die oberrheinischen Sueben

Die Niederlage des Ariovist und seines suebischen Heeres im Jahr 58 v. d. Ztw. hatte zwar eine Vorverlegung des römischen Machtbereichs bis an den Oberrhein zur Folge, aber es war den Römern nicht gelungen, die Suebenstämme der Wangionen, der Nemeter und Triboker vom linken Rheinufer zu verdrängen. Ihre Volkszahl stieg nach dem Rückschlag wieder kräftig an. Der Hauptort der Triboker war Brumath im Unterelsaß, jener der Nemeter war Speyer geblieben, während die Wangionen zwischen Worms und dem Donnersberg siedelten. Diesen weihten sie dem Gott Donar.

Die Gauburg der Nemeter bei Bad Dürkheim, ehemals eine Keltenfestung am sogenannten Brunnholdisstuhl ist heute noch zu erkennen. Germanische Zeichen sind in einem Steinbruch aus der Römerzeit unterhalb des Ringwalls tatsächlich noch deutlich zu sehen. Ein Sonnenzeichen, ein Pferdekopf und eine Queste, d. i. ein Radkreuz, sind dort in den hellen Felsen eingemeißelt. Die Queste erweist ihren Ursprung aus der alten Suebenheimat an der Elbe und Saale. Noch heute wird in der Stadt Dürkheim im Frühling ein Brot gebacken in Form eines Radkreuzes, das die Kinder auf Stecken aufspießen und fröhlich vor sich hertragen.

Die Triboker nahmen eine Keltenfestung westlich von Straßburg bei Oberehnheim in Besitz und bauten sie aus. Riesige Wälle, als Heidenmauer bezeichnet, sind heute noch vorhanden. Der hochragende Odilienberg wurde seitdem das Hauptheiligtum der Triboker. Unterhalb des Gipfels springt ein klarer Quell aus dem Sandsteinfelsen hervor. Auch auf dem nördlichen Eckpfeiler des Wasgenwaldes, dem Donon, der eine Höhe von über 1.000 m erreicht, ist ein Ringwall vorhanden, der den Tribokern zugeschrieben wird. Dieser Berg hieß früher die »Hohe Donne«. Unter dem heutigen französisierten Namen verbirgt sich ein Heiligtum zu Ehren des germanischen Gottes Donar, eine Tatsache, die nur wenigen bekannt ist.

Ostwärts vom Rhein hatten die suebischen Triboker ebenfalls ihre Niederlassungen. Unterhalb von Kehl in Baden bei Diersheim wurde ein Urnenfriedhof entdeckt, dessen Grabbeigaben durchaus die Eigenart des suebischen Volkstums zeigen.

20. Die Neckarsueben

Die Reste des suebischen Heeres nach der Niederlage bei Mühlhausen gingen nicht ganz verloren. Diese Männer erreichten auf dem rechten Rheinufer die Wagenburgen ihrer Angehörigen. So zogen die Suebensippen rheinabwärts bis zur Neckarmündung und ließen sich nördlich des Neckar in der Gegend zwischen Heidelberg und Mannheim nieder. Die Römer duldeten die Ansiedlung der Sueben unter ihrer Oberherrschaft. Sie nannten diese Suebi Nicretes. Die Neckarsueben errichteten ihr Hauptheiligtum auf dem Heiligenberg bei Heidelberg. Sie verehrten wahrscheinlich dort den Gott Wodan, was daraus hervorgeht, daß zu christlicher Zeit dort ein Kloster zu Ehren des Hl. Michael errichtet wurde. Dieser trat häufig die Nachfolge des Germanengottes an, der die gefallenen Krieger in seine Burg Walhall aufnehmen soll. Vielleicht erfolgte die Weihe im Andenken an die gefallenen Angehörigen der verlorenen Schlacht (Abb. 10).

Der neue Suebengau am Neckar umfaßte hauptsächlich das Gebiet um das heutige Städtchen Ladenburg. Eine stattliche Anzahl von Suebenfriedhöfen wurden in seiner Umgebung während der letzten Jahrzehnte aufgedeckt. Die Männergräber zeigen untrüglich, daß die Sueben ihre Waffen behalten konnten. Die Neckarsueben bewahrten trotz der gallo-römischen Bevölkerung in der Nachbarschaft ihre Eigenart und gingen in fremdem Volkstum nicht auf.

Die Sueben mußten Hilfstruppen stellen, auf die die Römer stets sehr erpicht waren. Dafür wurden den Germanen bestimmte Freiheiten gewährt. Das bezeugen verschiedene lateinische Inschriften, die dort aufgedeckt wurden. Bei Heidelberg wurde eine schöne, sogenannte Jupiter-Gigantensäule gefunden, die einen reitenden Gott über einem Untier darstellt. Bei diesen Säulen ist stets ein germanischer Gestaltungswille erkennbar.

Aus einem Weihestein von Durham in Lancaster, England, geht hervor, daß die Neckarsueben eine Göttin Garmangabis verehrten. Der erste Teil des Wortes soll zweifellos ausdrücken, daß sie eine germanische Gottheit war. Das Beiwort — »gabis« wird als Spenderin, Geberin zu deuten sein. Garmangabis wurde bei den Neckarsueben mit der Bitte um Fruchtbarkeit für ihre Ernten und ihren Stamm angerufen. Vielleicht ist diese Gottheit mit der Göttin Nerthus oder Njärd gleichzusetzen, die die Nordsueben in ihrer alten Heimat verehrten. Diese mütterliche Gottheit tritt bei den Neckarsueben auch in der Mehrzahl als »matribus Suebis« (= den suebischen Müttern) auf. Ein Zeichen dafür, wie rasch sich die Sueben von ihrer Niederlage erholten, ist der Einfall einer suebischen Einheit vom Main aus in Gallien des Jahres 29 v. d. Ztw., der allerdings den Römern keinen allzu großen Schaden zufügte. Wahrscheinlich sind diese Sueben nach dem Ende ihres Streifzuges wieder in ihre Ausgangsorte zurückgekehrt.

21. Der Vorstoß der Römer über die Alpen

In den Jahren kurz vor und nach der Zeitwende spielten sich in Germanien und an seinen Grenzen folgenschwere Ereignisse ab. Von Süden her überquerten die römischen Feldherrn Drusus und Tiberius auf den Befehl des Kaisers Augustus mit je einem Heer im Jahr 15 v. d. Ztw. die Alpen und besetzten die Gebiete der Räter, der keltischen Rauraker und Vindeliker im nördlichen Alpenvorland bis zur Donau ohne nennenswerten Widerstand.

Nur von einer »Seeschlacht« der Römer mit den Vindelikern auf dem Bodensee wird berichtet, wobei mehrere Kähne der Vindeliker versenkt wurden. Eine beherzte rätische Jungmannschaft hatte im Obersten Rheintal eine Schanze errichtet und sich dort verteidigt. Sie wurde von den Römern überwältigt und gefangen.

Damals erwog Kaiser Augustus den Plan, sein Reich bis zur Elbe vorzuschieben. Tatsächlich unternahm Drusus daraufhin einen Zug vom Rhein aus zur Elbe mitten in das Gebiet der Sueben, ohne daß germanische Stämme auf dem Wege dorthin ihm feindlich entgegentraten. Aber eine suebische Seherin, »ein Weib von übermenschlicher Größe«, rief ihm unerschrocken zu: »Wohin in aller Welt willst Du, unersättlicher Drusus? Es ist Dir nicht beschieden, alles hier zu schauen. Kehr um! Denn das Ende Deiner Taten und Deines

Lebens ist da!« Auf dem Rückweg, noch in Germanien, stürzte Drusus vom Pferd und starb. Die Weissagung hatte sich erfüllt. In ihrer ritterlichen Haltung gewährten die Germanen ihrem Feinde Frieden, bis der Zug das linke Rheinufer erreicht hatte, das die Römer besetzt hielten.

Trotz dieser Ausdehnungsbestrebungen der Römer dauerte der Zuzug neuer suebischer Krieger aus ihrer alten Heimat nach Süden unvermindert fort. Am unteren Main sammelten sie sich und ließen sich mit ihren Familien ostwärts vom Stammesgebiet der germanischen Chatten nieder. An diesem neuen Vormarsch waren die Markomannen und Quaden vorzüglich beteiligt. Diese müssen Jahrzehnte dort geblieben sein. Von der längeren Anwesenheit der suebischen Stämme berichtet uns der große Urnenfriedhof von Bad Nauheim, der den Quaden zugeschrieben wird. Er zeigt deutlich, daß hier die gleichen Begräbnissitten, dieselben Waffenbeigaben und Tongefäße vorherrschten wie bei den Sueben im Elbgebiet.

22. Neuland in Böhmen und Mähren

Kurz vor der Zeitwende war Marbod der Herzog der Markomannen. In der Wetterau, dem Landstrich nördlich des Mains zwischen Vogelsberg und Taunus, war der Lebensraum für die Suebenstämme der Markomannen und Quaden zu eng geworden. Im Westen siedelten die Chatten, die späteren Hessen, jenseits des Rheins und südwärts vom Main hatten schon die Römer ihre Herrschaft angetreten, die eine weitere Ausdehnung nach Süden versperrten. Es hätte eines erbitterten Waffengangs mit den Römern bedurft, um deren Herrschaft dort zu brechen.

Da entschloß sich Marbod, nach Osten zu marschieren und dort für seine Stämme Neuland zu gewinnen. Auf einem Großthing des Jahres 7. v. d. Ztw. erhielt er die Zustimmung seiner Männer für diesen Heerzug. Das Ziel war Böhmen, das die keltischen Bojer bewohnten. Marbod führte seine Markomannen und Quaden durch das

Obere Maintal aufwärts, überschritt das dicht bewaldete Fichtelgebirge und drang in Böhmen ein. Durch diesen Großeinsatz germanischer Kampfverbände wurden die keltischen Bojer entscheidend besiegt. Sie verließen Böhmen in südöstlicher Richtung und wandten sich dem Balkan zu (Abb. 12).

Nun errichtete Marbod in Böhmen ein mächtiges Reich. Hier wurde ein echtes Neuland für die germanischen Siedler gewonnen. Marbod nahm die Königswürde an und hielt einen glänzenden Hof in seiner Burg Marobudum (Marboding?). Eine Kunstwerkstätte blühte auf und schuf wertvolle Schmuckgegenstände im germanischen Stil. Den Quaden wurden weiter östlich in Mähren Sitze angewiesen, die sie, besonders zwischen March und Thaja, ausbauten und sicherten.

Mit der Einnahme Böhmens durch die suebischen Germanen waren die Römer jedoch nicht einverstanden. Sie erkannten klar, daß Böhmen eine Schlüsselstellung in bezug auf die Beherrschung Germaniens war. Der römische Feldherr Tiberius rüstete daher im Jahre 4 n. Ztw. zu einem Feldzug gegen Marbod. Er rückte von zwei Seiten aus gegen Marbod vor. Sein Feldherr Saturninus wurde vom Mittleren Rhein nach Böhmen vorgeschickt. Er sollte die Grenzpässe am Böhmerwald öffnen. Tiberius selbst setzte von Carnuntum aus, dem römischen Stützpunkt, über die Mittlere Donau und wollte Marbod und seine Streitmacht von Süden her in die Zange nehmen. Doch kurz vor einem Zusammentreffen beider Heere brach ein ausgedehnter Aufstand in Pannonien (Ungarn) aus. Tiberius blies daher den Feldzug ab und zog es vor, mit Marbod über eine Waffenruhe zu verhandeln. So war die unmittelbare Gefahr für das Markomannen- und Quadenreich in Böhmen und Mähren abgewandt.

23. Armin, der Cherusker

Während Marbod mit dem Ausbau seiner Stellung in Böhmen und Mähren beschäftigt war, fand weit im Norden jene denkwürdige Schlacht im Teutoburger Wald statt, in der der Cheruskerfürst mit seinen Getreuen und den mit ihm verbündeten Chatten drei römische Legionen unter ihrem Feldherrn Varus gänzlich vernichtete. Zum ersten Mal seit Jahrhunderten war ein Römerheer, diesmal im germanischen Kernland, völlig aufgerieben worden. Kaiser Augustus soll beim Empfang dieser Schreckensnachricht ausgerufen haben: »Varus, Varus, gib mir meine Legionen wieder!«

Dieser Sieg eines kleinen germanischen Stammes im Jahr 9 unserer Zeitrechnung unter einem überlegenen Führer, gab allen germanischen Stämmen einen unerhörten Auftrieb und erschütterte den Ruf der Unbesiegbarkeit der Römer auf das Ernsteste, so daß es auch in den nachfolgenden Jahrzehnten, trotz der aufwendigen Feldzüge von Drusus dem Jüngeren, genannt Germanicus, diesem nicht gelang, Armin in die Knie zu zwingen. Schließlich wurden die Verluste der Römer so groß, daß Tiberius, der Nachfolger von Augustus auf dem Kaiserthron, die Feldzüge gegen Armin einstellen ließ. So blieb Innergermanien von römischer Besatzung frei, was in späteren Jahrhunderten unsere Entwicklung zum Deutschtum sehr förderte. Heute lernen wir angesichts der immer noch andauernden Besetzung durch unsere ehemaligen Gegner und infolge der Teilung Deutschlands diese Tat erst recht wieder zu würdigen.

Dagegen berührt es uns schmerzlich, daß es zwischen Armin und Marbod zu Meinungsverschiedenheiten kam. Als das Ansehen Armins nach seinem Sieg bei den germanischen Stämmen gewachsen war und viele Stämme sich ihm anschlossen, fürchtete Marbod, Armin könnte zu mächtig werden, und wandte sich gegen ihn. So stellten sich beide Heerführer mit ihren Gefolgsmännern zur Schlacht. Den Ort dieser Begegnung werden wir im böhmischen Grenzland zwischen Saale und Elbe suchen müssen. Sie verlief unentschieden; Marbod zog sich am Abend auf die schützenden Höhen zurück und wagte keinen weiteren Angriff. So ist der Bruderkampf zweier germanischer Herrscher ohne schwere Blutverluste ausgegangen. Armin vermied es, seinen Gegner durch weitere Verfolgung zu demütigen. Das Schicksal der beiden angesehenen germanischen Kriegshelden nahm einen sehr verschiedenen Verlauf. Armin wurde im Jahre 19 n. Ztw. heimtückisch von einem Verwandten ermordet,

angeblich weil er in seinem Machtstreben die Freiheit der Stammgenossen eingeschränkt habe, wahrscheinlich auf Betreiben Roms.
Marbod dagegen hatte den Unwillen seiner Untergebenen durch Anmaßung, Gewalttätigkeit, aber auch durch üppigen Lebenswandel erregt. Einer seiner adeligen Gefolgsleute, Catualda mit Namen, war, wohl infolge einer Kränkung, zu den Goten an die Untere Weichsel geritten und dort in Ehren aufgenommen worden.
Nach der Schlacht zwischen Armin und Marbod liefen jedoch viele von Marbods Mannen zu Armin über. Daher wandte sich Marbod an den Römer Tiberius mit der Bitte um Beistand, der jedoch seine Gesandten schroff abwies. Diese Lage nutzte Catualda zu einem Schlag gegen Marbod aus. Er rückte im Jahre 17 n. Ztw. mit einem Heer der Goten in Böhmen ein, gewann mehrere Männer von Marbods Umgebung für sich und erstürmte den Königssitz Marbods. Dieser flüchtete nach Süden und bat den römischen Kaiser Tiberius um Aufnahme in seinem Reich. Tiberius bewilligte dies und wies ihm einen Alterssitz in Ravenna an, wo er ruhmlos starb.
Doch auch Catualda scheint sich nicht allzu lange bei den Markomannen großer Beliebtheit erfreut zu haben. Die benachbarten Hermunduren, ein suebischer Teilstamm, stellten ein Heer auf, drangen in Böhmen ein und bezwangen die Streitmacht des Catualda. Dieser flüchtete wie Marbod über die Donau und begab sich in den Schutz der Römer.
Aus dieser Zeit erfahren wir durch die Schilderung von Tacitus in seinen Annalen erstmals den Namen eines quadischen Fürsten. Er hieß Vannius, wahrscheinlich in suebischer Sprache Wannio. Er regierte über beide Stämme, die Quaden und Markomannen, scheinbar im Einverständnis mit den Römern. Immerhin blieben Böhmen und Mähren seit der Einnahme durch Marbod im Jahre 7 v. d. Ztw. frei von römischer Herrschaft.
Man mag Marbod nach seinem unrühmlichen Ende nicht sehr günstig beurteilen. Es ist aber verfehlt, seine Leistungen zu verschweigen. Denn er hat Böhmen der suebisch-germanischen Siedlung erschlossen und konnte das Land gegen die Römer behaupten. Noch ist nicht restlos geklärt, ob Marbod die Pannonier zum Aufstand

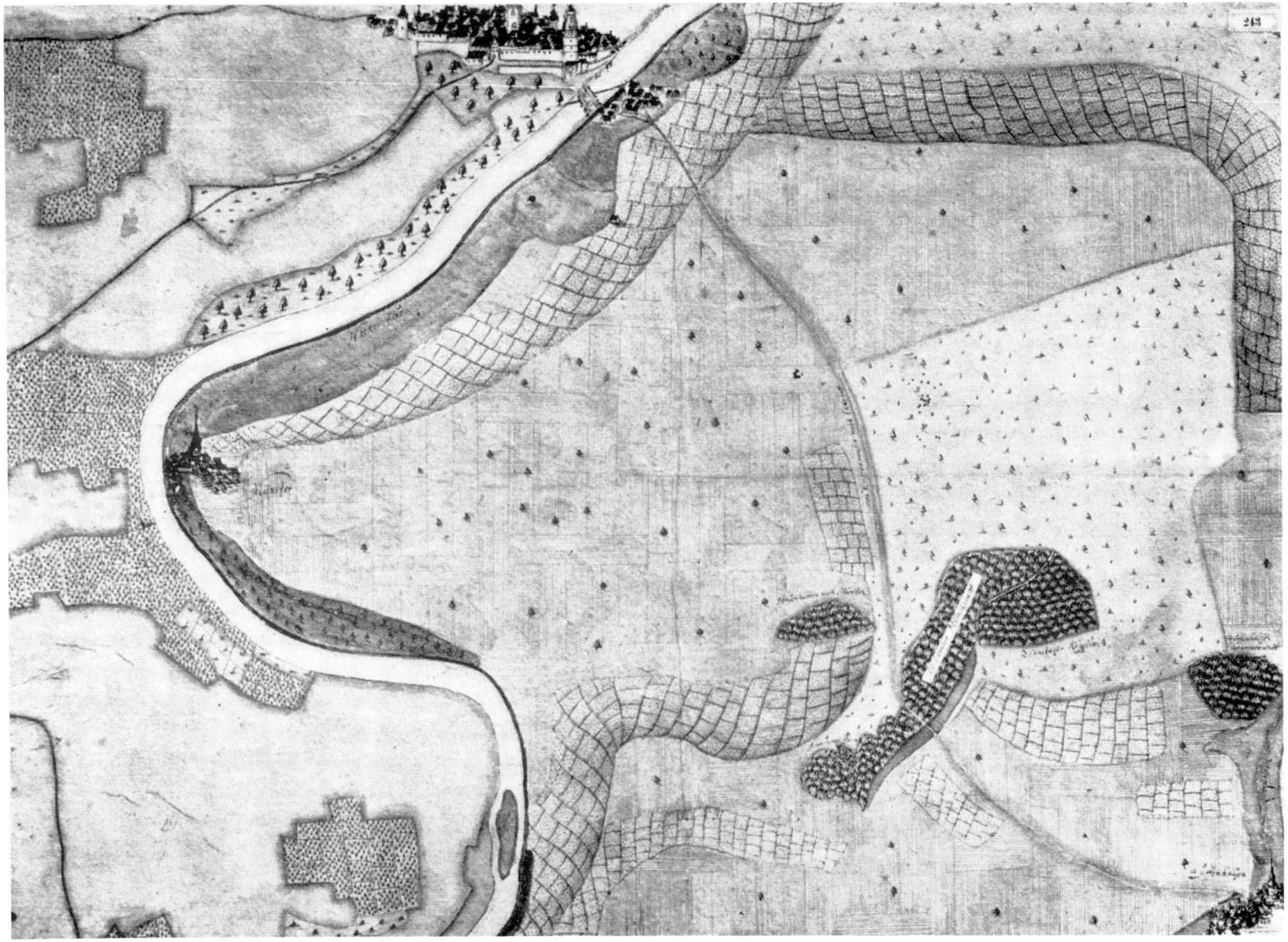

9 Stelle des Römerlagers an der Steig bei Cannstatt, gegen den Neckar vorgeschoben. Oben: Cannstatt, rechts unten Zuffenhausen. Wieser'sche Forstkarte Nr. 243 (Süden ist oben)

10 Heiligenberg bei Heidelberg, Haupttheiligtum der Neckarsueben von 60 vor bis 250 n. Ztw.

11 Hainhaus im Odenwald. Altgermanische Richtstätte, wahrscheinlich der Mainsueben, vor 250 n. Ztw.

12 Hochstein am Dreisesselberg, 1337 m, Bayrischer Wald, Blick ins ehemalige Markomannenland Böhmen

13 Staffelstein, 541 m, Oberfranken. Heiliger Berg der suebischen Hermunduren von etwa 50 — 700 n. Ztw.

14 Heldenkampf der germanischen Nibelungen (Burgunder) gegen die Hunnen
5. Jh. n. Ztw. Zeichnung von Julius Schnorr von Carolsfeld

gegen die Römer im entscheidenden Augenblick reizen konnte, als er in Gefahr schwebte, von den Heeren des Tiberius überwältigt zu werden, oder ob die Pannonier erkannt hatten, daß durch den Heerzug der Römer ihr Land nur schwach von römischen Truppen besetzt war. Jedenfalls war das Land Böhmen vom Erzgebirge und dem Böhmerwald bis zur Donau fest im Besitz der suebischen Stämme germanischer Herkunft, lange bevor jemals volksfremde Stämme aus dem Osten hier einwanderten.

Außerdem muß auch der Kunstsinn Marbods gewürdigt werden. Denn nach den Feststellungen des schwedischen Forschers Almgren war das Markomannenreich für die Entwicklung des germanischen Kunsthandwerks der damaligen Zeit von ausschlaggebender Bedeutung. Besonders die Gewandspangen haben hier eine neue Ausprägung erfahren. Die Funde aus den Gräberfeldern des 1. Jahrhunderts unserer Zeitrechnung sind unzweideutig den Markomannen zuzuschreiben. Der suebische Stil hat sich sogar ins Innere des freien Germanien bis nach Dänemark, Schweden und Norwegen verbreitet. So wird im Nationalmuseum zu Kopenhagen eine Silberspange mit Golddrahtverzierung und zweilappiger Rollenkappe als Beispiel des »Markomannischen Stils« gezeigt.

An der Kultur der elbsuebischen Stämme und der Ausgestaltung ihres Formenguts blieben die Markomannen und Quaden führend beteiligt. Die Leitformen des 1. Jahrhunderts nach der Zeitwende bilden in den Grabbeigaben der Friedhöfe die sehr eigenwilligen Schalenurnen, von der Wissenschaft »Situlen« genannt, die die Sueben, nicht nur in Böhmen, mit ebenmäßigen Mustern verzierten. Außer ihnen blieb der Suebische Topf Allgemeingut aller Suebenstämme.

Während in den langen Zeiträumen der Entfaltung der Germanen vor der Zeitwende nie von einem Kampf untereinander die Rede ist, hören wir durch Tacitus erstmals, daß ein Germanenstamm einem anderen mit Waffen entgegentrat. Besonders schmerzlich empfinden wir, daß in den einzelnen Stämmen Zwietracht aufkommt und sich Parteien bilden, die sich einander bekämpfen. Selten aber durchschauen wir die Berichte der römischen Schriftsteller. Denn die Ursache der Zwietracht war ja das Erscheinen der Römer an Germaniens Grenzen. Sie verstanden es mit Geschick, mit Geldmitteln und Geschenken, eine römerfreundliche Partei bei verschiedenen germanischen Stämmen zu bilden, die dann den Stammesgenossen in den Rücken fiel. Dies hatte die fürchterlichsten Folgen gerade beim Stamm der Cherusker, der den berühmtesten Freiheitskämpfer Armin hervorgebracht hatte. Armins Schwiegervater Segest war von den Römern bestochen und übte in schändlichster Weise Verrat an der Sache der freiheitsliebenden Germanen. Ebenso erschütternd ist die Rolle des Sohnes von Armin, Flavus, der von den Römern mit seiner Mutter Thusnelda gefangen wurde. Flavus wurde ganz im römischen Sinn aufgezogen. Noch mehr geriet dessen Sohn, den wir nur unter dem Namen Italicus kennen lernen, in die Abhängigkeit von Rom. Nach Germanien zurückgekehrt und von Kaiser Claudius bestochen, hat er derart verheerend in seinem Lande gewirkt, daß durch gegenseitige Parteienkämpfe der Stamm der Cherusker zermürbt wurde und an inneren Wirren fast zugrundeging.

Dieselben Mittel wandte Kaiser Tiberius gegenüber den suebischen Markomannen an. Als ihm der Aufstand der Pannonier gemeldet wurde, hat er den raschen Frieden mit Marbod durch diplomatisches Geschick und entsprechende Geldsummen erkauft und so ihn zum Römerfreund gemacht. Dann mußte Unzufriedenheit in den eigenen Reihen aufgetreten sein, die schließlich zu seiner Absetzung führte. Aber immerhin war der Stamm der Markomannen und der Quaden stark genug, um sich von den Römern nicht durch unfruchtbare innere Streitigkeiten zersetzen zu lassen, sodaß er seine Freiheit behielt und sogar den Römern im Laufe der Jahrhunderte äußerst gefährlich wurde. Jedenfalls dürfen wir daraus die Erkenntnis gewinnen, daß die Zwietracht nicht einen Wesenszug der Germanen bildet, sondern daß sie künstlich durch äußere Feinde mit listigen Mitteln hineingetragen wurde und noch wird.

24. Die Südhermunduren

Ein weiterer suebischer Stamm war kurz vor der Zeitwende von der alten Heimat in Mitteldeutschland nach Süden aufgebrochen, die Hermunduren. Sie suchten Land im Oberen Maingebiet, wo die Kelten ihre Wohnsitze zum großen Teil verlassen hatten, zogen aber weiter nach Süden bis nahe an die Donau. Dort trafen sie auf eine römische Abteilung unter dem Befehl des Feldherrn L. Domitius Ahenobarbus. Da sie selbst noch nicht genügend gefestigt waren, unterstellten sie sich der römischen Oberherrschaft, behielten aber die Freiheit ihrer eigenen Entwicklung.

Die Römer buchten dies als einen Erfolg ihrer Ausdehnungsbestrebungen in der Nachbarschaft der Provinz Rätien südlich der Donau. Sie lobten die Hermunduren als gefügiges Volk und erlaubten ihnen den Handel in dem kurz vorher besetzten Gebiet der keltischen Vindeliker südlich der Donau zwischen Iller und Lech. Selbst in dem römischen Hauptlager Augusta Vindelicorum, dem heutigen Augsburg, wurden die Hermunduren als Besucher geduldet.

Jedoch haben sich die Hermunduren nördlich der Donau als Stamm kräftig entwickelt. Sie konnten unabhängig von Rom ihren Siedlungsraum von Mainfranken nach Osten, dem heutigen Oberfranken, und im Gebiet der Altmühl des heutigen Mittelfranken ausweiten. Den Zusammenhang mit ihrem suebischen Mutterland nördlich des Thüringer Waldes verloren sie indessen nicht.

Professor Pescheck, Würzburg, konnte auf grund von Grabfunden um die Zeitwende den Wechsel der Bevölkerung im Maingebiet feststellen. Bei Acholshausen, Landkreis Ochsenfurt, hat er nur 4 m von keltischen Siedlungsfunden entfernt aus gleicher Zeit stammende suebische Tonurnen aufgedeckt, die wohl von den Hermunduren stammen (Abb. 6).

In Oberfranken wurde eine Reihe von hermundurischen Siedlungen ermittelt. Ihre Namen enden meist mit der Silbe -stadt wie z. B. Gaustadt und Hallstadt bei Bamberg, ferner Amlingstadt, Trunstadt und viele andere. Eine weitere hermundurische Siedlung bestand am Fuße des Staffelsteins, wo sich heute noch die uralte Gerichtslinde befindet. Der Staffelstein war ein Heiligtum der Hermunduren zur damaligen Zeit. In seiner Nähe erhielten die Dorfnamen die Endung auf -ing wie z. B. Seußling, Itzling usw., was auf suebischen Ursprung schließen läßt (Abb. 13).

In Unterfranken dagegen entstanden viele Dörfer mit der Endung -leben. wie z. B. Eßleben, Unsleben und andere. Diese Namen haben ihre Entsprechung im alten Suebenland nördlich des Thüringer Waldes.

Im Jahre 69 n. Ztw. entbrannte zwischen den Hermunduren und den westlich benachbarten Chatten ein Streit um die Salzquellen, wahrscheinlich bei dem Ort Salz neben der Stadt Neustadt an der fränkischen Saale gelegen. Nach dem Glauben der Germanen waren Salzquellen heilige Orte, und die Gottheit habe ihnen diese seltenen Schätze gespendet. Darum haben die Hermunduren die Quellen mit Waffengewalt verteidigt. Sie gingen als Sieger aus dem Gefecht hervor.

25. Die Naristen

Ostwärts von den Sitzen der Hermunduren faßten die suebischen Naristen Fuß. Sie wohnten im 1. Jahrhundert nach der Zeitwende im Naabtal der heutigen Oberpfalz. Ihre Ansiedlung wurde dort durch Funde nachgewiesen. Besonders ergiebig waren diese im Chamer Becken, jener fruchtbaren Talniederung am oberen Regen, ferner südlich gegen Stallwang zu. Damals hieß dieser Naristengau »Stadewanga« und hat sich jahrhundertelang erhalten. Die Namen der Orte Stallwang und Arnschwang sollen auf naristische Gründungen zurückgehen. Auf dem Darstein soll vor dem Bau der mittelalterlichen Burg ein Donarheiligtum der Naristen vorhanden gewesen sein.

Als König Bisino von Thüringen im 4. und 5. Jahrhundert sein Reich nach Süden bis Regensburg ausdehnte, werden die Naristen in seinem Reich aufgegangen sein, da ja ohnehin eine suebische Ver-

wandtschaft bestand. Vielleicht ist der Stammesname der Naristen auf die suebische Göttin Nerthus zurückzuführen, wovon später noch zu berichten sein wird.
So ergaben sich im 1. Jahrhundert n. Ztw. allenthalben als Grenzen zwischen dem Römerreich und den Germanenstämmen die großen Ströme des Rheins und der Donau. Die Kelten hielten sich, soweit wir davon Kunde haben, fast nur noch im Raum des Oberen Neckar und des rechten oberen Rheinufers. Nicht ausgeschlossen ist es, daß sich einzelne keltische Anwohner noch nördlich der Donau unter der Herrschaft der Hermunduren und Naristen aufhielten, jedoch werden sie nie wieder in schriftlichen Quellen erwähnt.

26. Die Semnonen und ihr Heiligtum

Die Sueben in ihrer alten Heimat blieben nach wie vor der Blutsquell für alle Sonderstämme und hielten an ihren Sitten und Bräuchen zäh fest.
Von der Eigenart und den Glaubensvorstellungen der Sueben gibt uns der Römer Tacitus in seiner »Germania« eine eindringliche Schilderung. Offenbar hatte er anläßlich eines Freundschaftsbesuches des Semnonenfürsten Masios und der Seherin Ganna bei Kaiser Domitian in Rom im Jahre 91 n. Ztw. hierüber Nachrichten erhalten. Sie erregten mit ihrem Gefolge in der Hauptstadt erhebliches Aufsehen. Tacitus schildert die Heiligtümer der Semnonen in allen Einzelheiten, obwohl er selbst dort nie gewesen sein kann.
Nach seiner Beschreibung seien die Semnonen der älteste und edelste Stamm der Sueben. Von ihrer Vornehmheit hatte der römische Geschichtsschreiber anscheinend gerade vorher einen tiefen Eindruck gewonnen.
Der Name der Semnonen erscheint hier zum ersten Mal. Wir deuten ihn in der Weise, daß sie jenen Kern des großen suebischen Stammes darstellten, der sich von jeder Abspaltung und jedem unsicheren Kriegszug nach Süden hütete, dagegen die Suebenheimat mit

ihrer ehrwürdigen Überlieferung aufrechterhielt und verteidigte. Denn Gefahren drohten auch dem alten Suebenland, besonders von Osten her, vornehmlich, seit die ostgermanischen Stämme der Skiren und Bastarnen abgezogen waren.

Alle blutsverwandten Stämme trafen sich nach den Angaben des Tacitus in einem heiligen Hain. Dort sollte ein großes Opferfest stattfinden. In den Hain durfte jeder Suebe nur gefesselt eintreten, um so seine Ehrfurcht vor der darin wohnenden Gottheit sinnfällig darzutun. Ein Semnone, der in dem Hain strauchelte, durfte sich nicht erheben, sondern mußte sich aus ihm auf dem Boden hinauswälzen. Von diesem Fesselhain berichtet, allerdings sehr viel später, auch die germanische Götter- und Heldendichtung der Edda. Dort heißt er Fjötlundr. Sewafjöll heißt die Heimat der Walküre Sigrun. Diesen Namen deutet der Forscher Rudolf Much als Sueben- bzw. Semnonengefilde. Dies wäre ein Beweis dafür, wie sehr auch in der nordischen Urheimat die Semnonen und ihr Heiligtum geschätzt und beachtet wurden.

Wie wir weiter von Tacitus erfahren, verehrten die Semnonen als höchste Göttin Nerthus, gleichsam die Mutter Erde. In einem heiligen Hain auf einer Ostseeinsel — also im Suebischen Meer — stehe ein geheiligter Wagen, der mit einem Tuche zugedeckt sei, und den allein ein Gode berühren dürfe. Er merke es, wenn die Göttin in ihrem Heiligtum anwesend sei, und er gebe ihr in tiefer Verehrung das Geleit, wenn sie in diesem Wagen, von Kühen gezogen, durch das Land führe. Festlich geschmückt seien alle Stätten, bei denen die Göttin einkehre. Alle Bewohner feierten dann mit, und die Waffen würden abgelegt. Schließlich kehre der Wagen mit der Göttin wieder in den Hain zurück. An einem einsamen See werde dann die Göttin und der Wagen gewaschen. Jeder Sklave, der dazu ausersehen werde, müsse danach den Tod in den Fluten erleiden.

Mag Tacitus diesen Bericht von dem Semnonenheiligtum zum Lesen für die Römer schaurig ausgeschmückt haben, immerhin erfahren wir von dieser Erdmutter Nerthus, (Njärd = Gattin des Njörd der nordischen Göttersage?) die von den Semnonen verehrt wurde. Wahrscheinlich handelt es sich bei der Schilderung um das große Erntedankfest des suebischen Stammes. Dieser Göttin waren die Alamannen, der spätere suebisch-semnonische Kampfbund, bei der Gewinnung ihrer neuen Heimat im heutigen Schwabenland noch so tief verbunden, daß sie einige ihrer neuen Dörfer nach ihr benannten, so daß dadurch bis heute die Erinnerung an jene hehre Gottheit wachgehalten wird. Wir denken dabei an Neresheim und Nerenstetten auf der Schwäbischen Alb und an Nördlingen im Ries. Diese Stadt heißt in der Mundart immer noch »Närling«.

Nach dem Wortlaut der Schilderung von Tacitus kann dieses Semnonenheiligtum nur auf der Insel Rügen im Suebischen Meer gelegen haben. Die Forscher haben daher schon seit über einem Jahrhundert den einsamen Herthasee auf Rügen als jenen geheimnisvollen Ort angesehen, an dem der Wagen der Göttin gewaschen wurde. Dieser Standort des Nerthus-Heiligtums auf Rügen bietet sich auch deshalb an, weil der Name Nerthus (Njärd, Hertha, nordische Form Hjerta) den Zusammenhang mit der suebischen Urheimat und dem Gott Njörd in Schweden erkennen läßt. Die Nennung des Fesselhains in der nordischen Sage als Sewafjöll bekräftigt ebenfalls die Annahme des Nerthusheiligtums auf Rügen.

Indessen glaubt Obermaier in seinem Buch: »Die deutschen Stämme« das Heiligtum der Semnonen an der Havel bei den Pichelsbergen unweit von Spandau suchen zu müssen, dort, wo später die Wenden ihr Heiligtum errichtet haben. Dieser Ort heißt heute Schildhorn. Daß die Wenden ein Heiligtum der Semnonen weiterhin gepflegt haben, ist schon deshalb nicht ausgeschlossen, weil semnonische Familien wahrscheinlich im Havelland zurückgeblieben und nicht nach Süden abgewandert sind. Vielleicht war dort ein Gauheiligtum der Semnonen.

Dagegen hält Wilhelm Kusserow als genauer Kenner der Mark Brandenburg die Gegend um Freienwalde für die Stätte des alten Semnonenheiligtums. Nicht weit davon liegt der Teufelssee, der sicher vormals einer germanischen Gottheit geweiht war, und der Baa-See inmitten herrlicher Waldungen soll einst Baldersee geheißen haben. Danach soll Freya und Nerthus schon damals eine und dieselbe Göttergestalt gewesen sein, wofür der Name Freienwalde spricht. Die landschaftliche Schönheit dieses Gebiets der Mark Brandenburg mag ebenfalls dazu beitragen, den Ort des Nerthusheiligtums dorthin zu verlegen.

Gegen den Standort auf Rügen spricht die weite Entfernung vom Kerngebiet des suebischen Stammes, sodaß die Zusammenkunft aller Suebenstämme dort sehr lange Anmarschwege erfordert hätte.

Durch Funde wurde jedenfalls keiner dieser drei Standorte sicher als das ehemalige Nerthus-Heiligtum bestätigt. So muß die Frage des Standorts dieser ehrwürdigen Stätte noch offen bleiben.

In der Semnonenheimat an der Havel wurden vor Jahren die Grundrisse eines Dorfes aus der Zeit von etwa 205 n. d. Ztw. aufgedeckt, und zwar auf dem Bärhorst bei Nauen. Die Wohnhäuser der Einzelhöfe maßen in der Regel im Grundriß 9x7 Meter. Im Innern war eine Zwischenwand hochgezogen. Der größere Raum war mit einem Herd ausgestattet. Der Boden war mit Brettern gedielt. Um jedes Wohnhaus waren 5 — 6 kleinere Gebäude aufgestellt, die als Ställe oder Schuppen dienten. Abseits wurde eine auffallend große Scheune von 12x3 m Umfang ermittelt, ferner ein Hallenhaus ohne Unterteilung von 11x3 Meter, das an der Langseite eine nochmals gut 2 Meter tiefe Vorhalle besaß. Über ihr erstreckte sich ein Vordach zum Giebel hinauf. Auf der anderen Seite der Halle war ein Eingang unter einem einfachen Vordach. Wahrscheinlich diente diese Halle gemeinschaftlichen Zusammenkünften, während deren der Dorfälteste den Hochsitz einnahm. Dieses Dorf zeigt die Wohnkultur der Semnonen in einer vornehmen Weiträumigkeit, wie sie bei Gebäuden der Nichtgermanen im Osten und Westen nicht angetroffen wird.

Das Semnonenland zwischen Elbe und Oder wurde auch Mauringenland genannt. Mit diesem Namen sollte wohl die gemeinsame Heimat der Sueben gegenüber den verschiedenen Abspaltungen betont werden. Anklänge an diesen Namen sind in Thüringen und Südsachsen bei mehreren Siedlungen heute noch vorhanden, z. B. Moringen bei Göttingen.

27. Der Bataveraufstand

Wie unsicher die Stellung der Römer selbst auf dem linken Rheinufer war, beleuchtet schlagartig der große Bataveraufstand der Jahre 69/70 n. Ztw. Dort wohnten angesehene Germanenstämme, bevor die Römer ihre Herrschaft am Rhein antraten. Am Oberrhein gehörten sie ja dem suebischen Stammesverband an. Diese Landschaft nannten die Römer Germania Superior, während von Mainz abwärts bis zur Nordsee die Provinz Germania Inferior hieß. An ihrem äußersten Ende, den Mündungsinseln im Rhein, wohnten die Bataver. Ihre führende Kraft war damals der Bataverfürst Claudius Civilis, welcher Name vielleicht mit Ziubilo oder Sibilo in die germanischse Sprache zu übersetzen ist. Dieser hatte im römischen Heer als Offizier gedient.

Als nun in Rom nach Neros Tod der Bürgerkrieg ausbrach, schlug der Bataver mit seinem Heer los. Die Seele des Aufstandes aber war Weleda, eine der größten Frauengestalten Germaniens. Sie rief die Germanen aller Stämme zum Heiligen Krieg auf. Viele von ihnen schlossen sich an. Sogar Verbündete aus Gallien kamen herzu, so groß war die Erbitterung über die Römerherrschaft. Der helle Aufruhr herrschte rheinauf, rheinab. Selbst der Hauptsitz der römischen Verwaltung, Mainz, damals Moguntiacum genannt, wurde mit Hilfe der rechtsrheinischen Mattiaker oder Mattunger belagert. Am Oberrhein beteiligten sich die suebischen Völker der Wangionen und Triboker am Aufstand.

Schon schien sich das Waffenglück auf die Seite der Germanen zu neigen, da gelang es den Römern, nach Beendigung des Bürgerkriegs durch Vespasian, ein starkes Heer aufzubieten, dem schließlich die germanischen Verbände nicht gewachsen waren. So mußte einer nach dem andern den Widerstand aufgeben. Immerhin konnte Civilis einen verhältnismäßig günstigen Frieden mit den Römern schließen, weil die Römer gegenüber diesem seetüchtigen Stamm im Nachteil waren. Die Wangionen und Triboker wurden bestraft. Die Nemeter, die sich vom Aufstand ferngehalten hatten, wurden von Kaiser Vespasian mit der ungeheuren Ehre belohnt, den Beinamen »Flavae«

nach dem Geschlecht des Kaisers zu führen, was auf die Nemeter aber wahrscheinlich keinen tiefen Eindruck gemacht hat.

28. Germanische Seherinnen und Runenweisheit

Bei dem Bataveraufstand trat die in ihrer Bedeutung wohl einmalige Frauengestalt, Weleda, ins grelle Licht gemeingermanischer Geschichte. Sie ist kaum eine Suebin gewesen, eher wird sie einem Stamm an Ruhr, Lippe oder Weser zuzurechnen sein. Sie soll am Externstein von einer Steinkanzel herab an die dort versammelten Germanen eine zündende Rede gerichtet haben, um sie für die Beteiligung am Aufstand zu gewinnen.

Daß die Frauen bei den Germanen in hoher Achtung standen, bestätigt Tacitus in seiner »Germania« in sehr feinen Worten. Er stellt sie sogar über die Römerinnen. Aber Seherinnen hatten bei den Stämmen innerhalb des germanischen Stammesgebiets darüber hinaus eine hervorragende Stellung. Jeder Stamm war darauf bedacht, Seherinnen auszubilden und ihnen hohe Weisheit aus alter Überlieferung zu vermitteln. Nach dem Ende ihrer Vorbereitungszeit wurden ihnen entsprechende Weihen zuteil. Sie mußten stabkundig, d. h. nach heute allgemeiner Auffassung runenkundig sein. Die Seherin mußte also Runen, d. s. die geheimnisvollen germanischen Schriftzeichen, ritzen, werfen und deuten können, woraus dann auf die Zukunft geschlossen wurde. Sicher wurden vor einem Waffengang bei jedem germanischen Stamm auch die Vorzeichen, die eine Seherin in hoher Verantwortung auslegte, sehr genau geprüft und beachtet. Sie mußte den Stabreim, die germanische Gedichtform, kennen und anwenden. Sie mußte den Vogelflug und das Verhalten geweihter Pferde beobachten. Sie mußte wetterkundig sein.

Manches an den Runen ist noch rätselhaft. Über ihre Herkunft und ihr Alter sind verschiedene Meinungen der Gelehrten vorhanden. Gewisse Wissenschaftler wollen den Runen einen fremden, von Süden her kommenden Ursprung zuweisen. Jedoch haben die Runen einen Sinngehalt, der außerhalb des germanischen Volksraums kaum begreifbar ist. Uns ist die Sage in der Edda bekannt, wonach Wodan, der höchste Gott der Germanen, neun Nächte lang am windkalten Baum hing, dabei die Runen im tiefsten Ringen um Weisheit fand und aufhob. Später vertraute er sie einigen auserwählten, treuen Germanen und Germaninnen an. So schwebt um die Runen in Germanien ein heiliger Zauber, und es ist nicht einfach, sie zu enträtseln. Die Runen drücken Begriffe aus, die für die Volksordnung wichtig sind, weniger sind sie als Buchstaben gedacht. Jedoch gibt es auch Runeninschriften mit solchen Einzelbuchstaben. Die Runen sollen Leitbilder für das gemeinsame Leben aller Germanenstämme sein. Glücklicherweise sind in vielen deutschen Gauen Gegenstände mit Runenzeichen aufgefunden worden, auch in Schwaben.

Die Kunst und Macht der Seherinnen war den Römern unfaßbar und erregte ihr Mißtrauen. Eine suebische Seherin hatte dem römischen Feldherrn Drusus seinen baldigen Tod vorausgesagt.

Eine weitere suebische Seherin war Ganna, eine Semnonin. Sie war die Begleiterin des Fürsten Masios auf dessen Reise nach Rom. Unbehelligt traten sie die Rückreise ins Suebenland an. Andere Seherinnen und Frauen traf ein hartes Schicksal. Wir denken dabei besonders an Thusnelda, die tapfere Frau Armins des Cheruskers, die von ihrem Vater Segest den Römern in die Hände gespielt und beim Triumphzug des römischen Feldherrn Germanicus in Rom als Gefangene gefesselt mitgeführt wurde.

Im 2. Jahrhundert unserer Zeitrechnung lebte eine Seherin Waluburg, die Stabkundige. Sie wurde von Germanien bis nach Ägypten verschleppt, wo sie als Dienstmagd des römischen Statthalters in Elephantine bei Assuan erwähnt wird und dort in der Ferne einen schrecklichen Tod gefunden haben soll.

29. Die kampflose Besetzung des Neckarlandes durch die Römer

Zwischen den Jahren 85 und 90 n. Ztw. tauchten zum 1. Mal auf dem rechten Rheinufer im Keltengebiet römische berittene Vorhuten auf. Sie bewegten sich von Kaiseraugst (Augusta Rauracorum), dem Römerlager südlich vom Rheinknie bei Basel, durchs Wiesental aufwärts, erreichten etwa bei Donaueschingen die Donau und besetzten im Oberen Neckartal einen steil aufragenden Bergsporn, der sich für ein Lager vorzüglich eignete. Die Römer nannten ihn Arae Flaviae. Später ist dort die Freie Reichsstadt Rottweil entstanden.

Diese Strecke war damals von den Kelten nur schwach besiedelt, da sie hoch gelegen und wenig fruchtbar war. Jedenfalls leisteten die keltischen Anwohner den Römern keinen Widerstand. So ritt der Vortrupp unbehelligt weiter etwa über die nachmaligen Städte Horb, Rottenburg, Tübingen bis zum Mittleren Neckar. In Rottenburg errichteten sie ein festes Lager und nannten es Sumelocenna. Bei Cannstatt legten die Römer ein Reiterlager an. Hier schob sich am heutigen Burgholzhof ein Höhenzug wie ein Keil zum Neckar vor, der steil zum Fluß abfiel und einen guten Überblick über das breite Tal am anderen Ufer gestattete. Ähnlich wie in Augsburg an der Mündung der Wertach in den Lech war auch in Cannstatt die Stoßrichtung des römischen Vormarsches und die Sicherung des von den Römern besetzten Hinterlandes klar zu erkennen (Abb. 8 und 9).

Der römische Führer dieser Schwadron meldete eilig die kampflose Besetzung dieses Gebietes und erbat weiteren Nachschub, da mit einem bewaffneten Eingreifen germanischer Verbände zu rechnen sei. Die Verstärkung traf auch bald ein, diesmal wohl von Westen her nördlich am Schwarzwald vorbei und von Straßburg aus (Argentoratum) durch das Kinzigtal über die Höhe des Schwarzwalds beim Hof Brandsteig.

In Cannstatt fand die römische Reiterschwadron Ala Scubulorum Unterkunft. Wahrscheinlich waren die Skubuler zu jener Zeit die keltischen Bewohner des Neckartals in der Cannstatter Umgebung. Jedoch kommt ihr Name in keiner späteren Urkunde in anderer als militärischer Bedeutung bei den Römern vor. Weitere Lager wurden neckaraufwärts bei Köngen an der Einmündung der Fils, neckarabwärts bei Benningen, Walheim, Böckingen nahe von Heilbronn und bei Wimpfen (Wimpina) errichtet.

Nun wurden Straßen für den Nachschub gebaut. Gutshöfe erstanden zur Versorgung der Truppe mit Lebensmitteln. Ihre Grundmauern wurden in den vergangenen 100 Jahren zum großen Teil wieder entdeckt. Keltische Anwohner und Sklaven wurden als Arbeitskräfte auf den römischen Gutshöfen beschäftigt. Eine keltische Handwerkersiedlung südlich des Römerlagers von Cannstatt ist durch Ausgrabungen nachgewiesen.

Die Römer zogen weitere gallische Abenteurer, Krämer und Handwerker über den Rhein von Westen her in dieses Gebiet nach, denn die Gallier waren schon seit Cäsar an die römische Herrschaft gewöhnt. Nun wurde das Keltenland ostwärts vom Rhein »Agri decumates« genannt, das Zehntland, weil die Bewohner den zehnten Teil ihrer Erträge an die römische Besatzungsmacht abliefern mußten. Dieser Name sagt nichts aus über die dort eingesessenen Keltenstämme im Gegensatz zu anderen von den Römern besetzten Gebieten. So hieß das Land südlich der Donau nach ihren Bewohnern die Provinz Rätien, anschließend nach Osten die Unterprovinz Vindelicia nach den keltischen Vindelikern, die in der Gegend um Augsburg an der Iller, der Wertach und dem Lech saßen. Die Steiermark wurde nach ihren Bewohnern, den Norikern, Noricum genannt.

Tacitus äußert sich über die keltische Bevölkerung im Dekumatland recht abfällig. Er nennt sie »das schlimmste gallische Gesindel, das seine Not verwegen gemacht habe.« Dieses habe seit dem Abzug der geschlagenen Sueben nach der Niederlage von Ariovist den herrenlos gewordenen Boden in Besitz genommen. Derselbe Schriftsteller weist es weit von sich, daß hier dauernd Germanen gewohnt hätten, denn er stellt diese niemals auf eine Stufe mit den Kelten.

Dennoch werden die Germanen am Main und nördlich der Donau das Vordringen der Römer mit Unwillen vermerkt haben, galt doch die Rhein-Donau-Grenze zwischen Römern und Germanen seit etwa 100 Jahren als feststehend. Insofern betrachteten die angrenzenden Suebenstämme jene Besetzung als Bruch der Abmachungen und

Störungen an den Grenzen ihres Siedlungsraumes. Die Sueben am Main und die Hermunduren an der Altmühl werden ihre Sitze gegen Einfälle der Römer gesichert und ihre Hundertschaften in Alarmstufe versetzt haben. Wahrscheinlich kamen auch Grenzzwischenfälle im Norden und Osten des neuen Herrschaftsgebiets der Römer vor. Den Römern dagegen ging es bei der Besetzung des Neckarlandes um rein strategische Ziele. Sie suchten eine Verkürzung ihrer Nachschubwege zu erreichen. Natürlich waren sie darüber hinaus bestrebt, aus der neu gewonnenen Provinz so viel als möglich an Abgaben und Nahrungsmitteln herauszuholen und die Bevölkerung in ihre Dienste einzuspannen.

30. Der Limes

Zur Zeit des Kaisers Antoninus Pius um das Jahr 150 n. Ztw. legten die Römer ihre Stellungen nochmals etwa 50 km nach Osten und Norden vor. Hierbei haben sie wohl an manchen Stellen germanische Siedlungen berührt wenn nicht gar überrumpelt. Nicht überall war damals Wald sondern teilweise fruchtbarer Ackerboden, z. B. bei Öhringen im Hohenloher Land. Diese nochmalige Ausdehnung des römischen Machtbereichs hat die dort wohnenden Sueben außerordentlich erbittert, denn nun wurde ihr Lebensraum schon erheblich eingeengt.

Das haben die Römer wohl gewußt, denn sonst hätten sie nicht mit hohem Arbeitsaufwand und erheblichen Kosten jenen doppelten Grenzwall an dieser Strecke angelegt und einen abgeholzten Streifen davor, um freien Überblick und weites Schußfeld zu haben. Der über 2 Meter hohe Wall, Limes genannt, wurde in Sichtweite mit Wachttürmen versehen, die mit römischen, aber mehr noch mit Posten aus den von ihnen unterdrückten Völkern besetzt waren.

Dahinter wurden weitere Truppenlager eingerichtet, deren Namen uns wohl bekannt sind. Es sind dies die »Ala Scubulorum« am gefährlichen Eck bei Schorndorf im Remstal, dann die »Cohors Ligurorum et Hispanorum« bei Lorch, in der Mitte die »Cohors voluntarium Civium Romanorum« der freiwilligen Römer bei Murrhardt, die »Cohors Asturum« bei Mainhardt, die »Cohors Septimia Belganorum« bei Öhringen, die »Cohors Germanorum«, wahrscheinlich aus linksrheinischen Stämmen, bei Jagsthausen und die »Cohors Brittonum et Aquitanorum« bei Osterburken.

Das Lager bei Cannstatt dagegen wurde aufgelassen.

Von Lorch aus begann gegen Osten der Obergermanische Limes, der an Schwäbisch Gmünd, Aalen, Buch, Pfahlheim, Halheim, Wilburgstetten, Ruffenhofen, Dambach, Ehingen am Hesselberg, Theilenhofen, Weißenburg vorbeiführte und bei Eining kurz vor Kelheim die Donau erreichte. Die Grundmauern des befestigten Lagers von Eining sind heute noch deutlich zu sehen.

Gegen Norden führte der Wall von Lorch aus nach Pfahlbronn und von dort über Welzheim in schnurgerader Richtung bis nach Mainhardt, schließlich über Öhringen, Osterburken, Walldürn nach Miltenberg am Main, wo der Grenzwall eine Strecke den Main als sogenannten »Nassen Limes« benutzte, um bei Stockheim den Main nach Norden zu überschreiten. Die ganze fruchtbare Wetterau, die den germanischen Chatten gehörte, wurde vom Limes umgürtet. Am Übergang zum Gebirge des Taunus bei Homburg v. d. Höhe legten die Römer das stärkste Lager, die Saalburg, an. Sie befand sich am weitesten im germanischen Gebiet und war ein Eckpfeiler dieses Befestigungswerks. Die Saalburg wurde auf Veranlassung von Kaiser Wilhelm II in den Jahren um 1908 wiederhergestellt. Von dort verlief der Limes über den Taunuskamm, etwa 50 km vom Rhein entfernt, durch den Westerwald, bis er bei Andernach an den Rhein stieß. Wohlweislich unterließen es die Römer, eingedenk der Schlacht im Teutoburger Wald, den Limes noch weiter nach Norden durch germanisches Gebiet zu führen, denn das hätten sich die dort wohnenden Germanenstämme gewiß nicht bieten lassen. Den Pfahlgraben überhöhten die Römer noch mit Dornenreisern. Davor errichteten sie einen Zaun aus spitzen Holzbohlen.

Aus den Ortsnamen erkennen wir noch teilweise ihre Lage am römischen Grenzwall, wie z. B. bei Pfahlheim, Pfahlbronn und Walldürn. Durch den Limes am meisten geschädigt waren die Chatten in der Wetterau und die ostwärts angrenzenden Mainsueben, dann aber an der Mittleren Donau die Quaden. Hier versuchten die Römer, nördlich von der Donau im Quadengebiet Brückenköpfe anzulegen. Der Obergermanische Limes von Lorch bis Kelheim wurde später durch eine etwa 2,50 Meter hohe Steinmauer verstärkt.

Die Erbitterung der Germanen wuchs gegen diese aufgezwungene, vielfach durch ihr Land führende, stark befestigte Grenze so sehr, daß sie mehrmals versuchten, sie zu durchbrechen. Besonders am Unteren Main stürmten die Chatten in sorgfältig vorbereiteten Unternehmungen in kurzen Zeitabständen über den Limes hinweg und hofften, die Wetterau wieder gewinnen zu können. Erst durch herangeholte Verstärkungen konnten die Römer die Lücken im Grenzwall wieder schließen. Die Römer hatten gerade vor diesem tapferen Volksstamm eine besondere Achtung.

31. Die Markomannen- und Quadenkriege

Die Markomannen in Böhmen und die Quaden in Mähren waren inzwischen so erstarkt, daß sie den Römern gefährlich wurden. Um die Quaden zu befrieden, ließ Kaiser Claudius um das Jahr 50 n. Ztw. Quaden südlich der Donau in der Gegend von Wien, Wiener-Neustadt bis zum Leithagebirge ansiedeln.

Im Jahr 86 führte der römische Kaiser Domitian gegen die Daker im heutigen Rumänien Krieg. Er bat die Markomannen und Quaden um Heerfolge, die sie aber verweigerten. Daraufhin ließ Domitian die Gesandten der Quaden töten. Darüber empört, verbündeten sich die Quaden mit dem östlichen Volksstamm der Jazygen und leisteten den Dakern gegen die Römer Waffenhilfe. Sie konnten einen Sieg über die Römer erfechten. Die Hauptschlappe erlitten die Römer durch die Daker selbst.

Die Quaden hatten nördlich der Donau auf dem Oberleiserberg eine Volksburg errichtet, die schon vorher von den Bojern befestigt worden war. Nun aber fiel es den Römern ein, nördlich der Donau Stützpunkte aufzubauen, wobei sie es auch auf den Oberleiserberg abgesehen hatten. Diesen konnten sie tatsächlich besetzen. Jedoch schon im Jahre 140 n. Ztw. vertrieben die Quaden die Römer aus ihrem Gebiet und erlangten ihre volle Selbständigkeit wieder.

Nun aber holten die Markomannen und Quaden zu einem heftigen Schlag gegen das Römerreich aus. Im Verein mit den Sueben an der Elbe, den Hermunduren, denen sich Langobarden und Bastarnen, sogar die nichtgermanischen Sarmaten anschlossen, überquerten diese Heeresverbände im Jahr 166 die Mittlere Donau, überwältigten die römischen Besatzungen am Südufer und im Binnenland und rückten bis in die Oberitalienische Tiefebene vor. Schon tauchten sie vor Aquileja, dem heutigen Udine, auf und nahmen Opiternum, das heutige Oderzo, ein. Die Römer erfaßte eine entsetzliche Angst, denn sie sahen die Germanen schon in Richtung auf ihre Hauptstadt vorstoßen. Als Heerführer in diesem Feldzug wirkten der Markomannenkönig Ballomar und der Quadenfürst Ariogais.

Mit Mühe und großen Versprechungen gelang es dem römischen Kaiser Marc Aurel, ein Heer aus Gladiatoren, Sklaven und Räubern zusammenzutrommeln und die Germanen zurückzudrängen. Als er den Markomannen und Quaden aus dem stark befestigten Lager Carnuntum gegenüber der Marchmündung über die Donau nachsetzen wollte, starb er plötzlich. Sein Sohn und Nachfolger Commodus schloß mit den Germanen Frieden.

Dennoch blieb die Grenze an der Mittleren Donau auf die Dauer gegenüber dem Römerreich nicht ruhig. Im Jahre 215 ließ Kaiser Caracalla den Quadenkönig Gajobomar ermorden. Daraufhin fielen die Quaden wieder in die römische Provinz Pannonien ein. In einer späteren Zeit herrschten im Quadenland die Fürsten Arahari, Witrodor, Widuhari und Agilmund. Im Jahre 357 schlossen sie Frieden mit Kaiser Konstantius. Aber sein Nachfolger wollte wieder Grenzfestungen im Quadengebiet errichten. Als der Quadenkönig Gabin dagegen Einspruch erhob, wurde er hinterrücks ermordet. Solche Grausamkeiten erlaubten sich die Römer an Germanenfürsten in dieser Zeit an fast allen Fronten.

Doch diese Greueltaten bekräftigten nur den Entschluß der Germanen, der Römerherrschaft in ihren Landen ein baldiges Ende zu bereiten.

32. Die Mainsueben

Nun wanderten weitere suebische Scharen mit Frauen und Kindern aus ihrer nördlichen Heimat, dem Elb- und Havelland, dem Süden zu, meist Angehörige des Semnonenstammes. Wir erfahren dies aus dem Bericht eines zeitgenössischen Schriftstellers, aus dem hervorgeht, daß im Jahre 178 unserer Zeitrechnung bei den Semnonen Land frei wurde. Tatsächlich staute sich kurz danach am Main in den suebischen Siedlungen wieder die Menge der wohnhaften Bevölkerung und der Neuankömmlinge (Abb. 11).

Diese Bewegung scheint nicht planlos vor sich gegangen zu sein. Wahrscheinlich wurden die Schwärme der Semnonen von den Mainsueben gerufen. Freilich war damit auch die Gefahr verbunden, daß in der alten Heimat die Verteidigung schwächer wurde, und das Land gegen den Einbruch fremder Stämme aus dem Osten schutzlos war. Anscheinend wurden diese Fragen auf einer Ratsversammlung vor dem Aufbruch gegeneinander abgewogen. Der Entschluß des Aufbruchs nach dem Süden setzte sich durch.

Die nachteiligen Folgen dieses Entschlusses lagen jedoch auf der Hand. Das große Semnonenheiligtum an der Ostsee oder in der Mark Brandenburg verlor nach und nach seine Aufgabe als Glaubensmittelpunkt aller Sueben. Zudem wurde die Verbindung zu den nordgermanischen Stämmen jenseits der Ostsee so schwach, daß eine gewisse Entfremdung eintrat. Sie sollte sich für das Gesamtschicksal der Germanen verhängnisvoll auswirken.

Im Süden aber bereitete sich eine Entscheidung vor, die nicht minder folgenschwer für die Entwicklung Germaniens wurde.

33. Die Gründung des Kampfverbandes der Alamannen

In den Jahren um 200 unserer Zeitrechnung wurde im Unteren Maingebiet der Kampfverband der Alamannen gegründet. Die Notwendigkeit einer solchen straffen Zusammenfassung der Suebenstämme ergab sich immer mehr aus der Gesamtentwicklung des Verhältnisses zwischen Germanen und Römern.

Hauptsächlich sprachen 5 Gründe dafür:

1. Die Kampfkraft der römischen Legionen unter der Führung der Soldatenkaiser war noch ungebrochen. Der Grenzwall des Limes konnte auf die Dauer nur von einer starken, geistig und willensmäßig zusammengeschweißten Streitmacht überwunden werden.
2. Der Stammesverband der Sueben war schon so aufgesplittert, daß ein gemeinsames Eingreifen aller Suebenverbände nicht mehr zu erzielen war.
3. Dieser neue Kerntrupp sollte dafür jene Teile der Sueben, die unter die Römerherrschaft geraten waren und ihnen sogar Hilfstruppen stellen mußten, wie die Neckarsueben, wieder an sich binden. Bei einem Sturm auf den Limes war zu hoffen, daß diese zu den Alamannen überliefen.
4. Wesentlich war für einen erfolgreichen Angriff, daß er auf breiter Front geführt wurde. Der Kampfbund mußte daher auch jene Stämme als Verbündete gewinnen, die zwar in Freiheit lebten, aber noch nicht endgültig mit den Römern gebrochen hatten. Dies traf besonders auf die Süd-Hermunduren zu. Eine Untergruppe der Hermunduren, die Juthungen, die die Gegend zwischen Gunzenhausen und Weißenburg in Mittelfranken bevölkerten, mußte in diesen Plan mit einbezogen werden.
5. Es genügte nicht, einen Wehrverband zu gründen, sondern die Beteiligten wollten Siedlungsland gewinnen. Hierzu war eine Bindung an eine gemeinsame sittliche Rechtsordnung, ein Gottglauben in der Väterart ein unbedingtes Gebot.

Für den neuen Kampfbund wurde das Wort »Alamannen« gewählt. Schon in den frühesten Berichten über diesen Stammesverband erschien die Schreibweise mit den zwei A = Ala. Eine oberflächliche Betrachtung setzt ihn mit »alle Männer« gleich, also mit der Gesamtzahl der ausrückenden Bewaffneten. Diese Deutung wird dem Wortsinn jedoch nicht gerecht. »Ala«, oder »Ahal« sind Silben, die im

Germanischen soviel wie »heilig«, »vom Heil beseelt« oder »geweiht« ausdrücken. Das neuhochdeutsche Wort Ahnen hat noch diesen Sinn. Ähnliche Wortbildungen finden wir z. B. bei dem frühen schwäbischen Adelsgeschlecht der Ahalolfinger, aber auch in der nordischen Welt bei der Walküre »Alruna«.

Diese Bezogenheit des Kämpfers auf einen heiligen Auftrag, durch Schwur oder Handschlag bekräftigt, ließ ihn als »zum Kampf geweiht«, zum Träger eines heiligen Schicksals werden.

Den Kern dieser neuen Kampfgemeinschaft bildeten die Semnonen. Sie waren zum großen Teil aus ihrer alten Suebenheimat an der Elbe und Ostsee aufgebrochen. Sie wurden vom hohen Adel geführt und trafen sich mit den Mainsueben. Diese waren schon früher in der Gegend am Unteren Main, ostwärts vom »Nassen Limes«, im heutigen Unterfranken, im Taubergrund, an Kocher und Jagst im derzeitigen Nordbaden und Nordwürttemberg seßhaft. Ihnen schlossen sich die Südhermunduren um Würzburg und die Juthungen in Mittelfranken an.

Wo traten die vereinigten Semnonen und Sueben zu ihrem feierlichen »Rütlischwur« zusammen, um sich dem neuen Kampf zu weihen? Die Römer haben uns dies nicht überliefert. Sie konnten es beim besten Willen nicht, denn die beteiligten Männer hielten sich an das Gesetz des Schweigens, das ihnen ihre Bindung an die Gottheit auferlegte.

Freilich ist die Zahl der möglichen Stätten für diese Weihehandlung recht groß. Nach unserer Kenntnis ist diese Frage von der Wissenschaft überhaupt noch nicht aufgeworfen worden. Liegt die Stätte in Hessen, in Baden, in Franken oder in Württemberg?

Sie muß an einem sehr geschützten Ort gelegen gewesen sein, für die Versammelten muß sie genügend Platz geboten haben und darf nicht durch Kelten oder Römer bereits entweiht gewesen sein. Erst recht durfte die Stelle nicht von ihnen beobachtet werden können, muß also weit genug vom Limes entfernt gewesen sein.

Solche Voraussetzungen treffen zu:

in Hessen auf die Glauburg am Rande des Vogelsberges, auf die nie-

mals ein Römer seinen Fuß gesetzt hat. Sie war noch im 4. Jahrhundert der Sitz eines alamannischen Fürsten,
in Mainfranken auf die Würzburg und die Homburg bei Gemünden,
in Baden auf den Boxberg (Bukko's Berg) bei Königshofen,
in Württemberg auf die Waldenburg bei Künzelau,
in Mittelfranken auf das Gelände der ehemaligen Burg Rothenburg hoch über dem Taubertal.

An allen diesen Stellen war reichlich Platz für eine starke Mannschaft, sie waren Heilige Berge zur Germanenzeit. Dennoch kann die Frage der genauen Ortsbestimmung für die Gründung des Alamannenbundes bei dem jetzigen Stand der Forschung noch nicht endgültig entschieden werden.

34. Erste Zusammenstöße der Alamannen mit den Römern

Diese entschlossenen Kämpfer durchbrachen im Jahre 213 n. Ztw. den Limes an mehreren Stellen. Nach Süden drangen sie bis Rätien vor. Fast gleichzeitig setzten sie mit einem größeren Aufgebot etwa bei Worms über den Rhein. Im Maingau erlitten sie durch die Streitmacht des Kaisers Caracalla eine Niederlage. Dabei benahm sich Caracalla den Alamannen gegenüber äußerst grausam. Er befahl die alamannische Jungmannschaft zur Heerschau, ließ sie aber dann umzingeln und heimtückisch niedermachen. Mehrere tausend Alamannen, der heilige Frühling dieses Kampfbundes, mußten ihr junges Leben lassen. Leider sollten sich Morde an den Alamannen im Laufe der Geschichte noch mehrmals wiederholen.

Aus Anlaß dieser Schlacht ließ Kaiser Caracalla eine Steintafel anfertigen. Diese Tafel wurde bei Meimsheim im Kreise Heilbronn aufgefunden. Die Inschrift lautet:

> »Imp. (eratori) Caes (ari) M (arco) A (urelio) A (ntonino) Pio Fel (ici) Aug (usto) Par (thico) B (r) it (annico) Germ (anico) Pont (ifici) maximo et Juliae Aug (ustae) matri castrorum ob victoriam Germanicam«,

zu deutsch:

> Dem Kaiser Marcus Aurelius Antoninus Pius Felix Augustus, dem Parthischen und Germanischen Obersten Priester, und der Julia Augusta, der Lagermutter (der Mutter Caracallas) wegen des Sieges über die Germanen.«

Der römische Geschichtsschreiber Aurelius Victor hält diesen Sieg des Kaisers Caracallas in Abschnitt 21,2, folgendermaßen fest:

> »Antoninus . . ., genannt Caracalla, besiegte die Alamannen, einen volkreichen Stamm, der bewundernswert zu Pferde kämpft, in der Gegend des Maines.«

Er vermerkt auch die Jahrzahl 213 und den Mord der alamannischen Jungmannschaft. In der Tafel selbst ist hiervon allerdings nicht die Rede. Bedeutsam ist jedoch das Lob der alamannischen Reiter.

Trotzdem flammten schon in den Jahren 230—33 die Kämpfe an der Limes-Grenze wieder auf. Die Alamannen setzten über den Rhein und die Donau. Sie drangen weit vor, bis nach Gallien hinein. Aber Maximinus Thrax, selbst ein Germane, ein Hüne von Gestalt, trieb als römischer Feldherr die Alamannen zurück und sicherte noch einmal die Grenzen des Römerreichs.

Nun hatte sich der Kampfbund der Alamannen so weit gefestigt, daß er einen durchschlagenden Angriff gegen das Römerreich wagen konnte. Das Aufmarschgebiet im Gelände vor dem Limes wurde durch weitere Mannschaften verstärkt, die Bewachung des Grenzwalls, seine Beschaffenheit, die Waffen der Verteidiger erkundet. Die Lager hinter dem Wall wurden genau beobachtet, es wurde festgestellt, welche Einheiten dort lagen, ob Reiterschwadronen oder Fußtruppen, ob Römer oder Angehörige anderer Volksstämme. Wie gewöhnlich, stellten die Römer nur den geringsten Teil der Besatzung. Bald fanden die Alamannen die Taktik heraus, wie sie mit möglichst geringen Eigenverlusten den Limes erstürmen und ins Hinterland vorstoßen konnten. Im Jahre 250 unserer Zeitrechnung fingen die Alamannen die Nachricht auf, daß an der Ostgrenze des Riesenreiches sich die Parther gegen die Römer erhoben hatten. Zur Bezwingung dieses Aufstandes mußten die Römer Truppen am Limes abziehen.

35. Die Erstürmung des Limes

So befahl der Alamannenherzog den Großangriff auf den Limes an mehreren Stellen zugleich. Der Hauptstoß richtete sich auf das scharfe Eck bei Schorndorf. Er verlief weiter durch das Remstal gegen den Neckar. Andere Einbruchstellen waren am Unteren Main, an Kocher und Brenz in Richtung auf Ulm, an der Wörnitz und Altmühl beiderseits des Hesselbergs. Bei Nacht legten die Alamannen Feuerbrände am Grenzwall an. Dadurch wurden die Dornenhecken entzündet. Im schwelenden Rauch wurden Leitern angelegt. Im Hagel der Geschosse stiegen die Mutigsten auf die Wallhöhe, schlugen eine Bresche und versuchten, die Wachmannschaften auf den Türmen zu erledigen.

Weitere Männer stürmten nach. Die befestigten Lager hinter dem Wall waren hart umkämpft, bis die Kraft und das Heil der Alamannen siegte. Sie rollten die Limesfront auf. Jene Lager, in denen die Römer oder ihre Hilfstruppen noch Widerstand leisteten, wurden nach und nach eingenommen. Das Hinterland um den Mittleren Neckar und am Ries konnte nach kurzem harten Angriff von den Alamannen besetzt werden. Diese Lager wurden nicht mehr so heftig verteidigt wie die Limes-Festungen.

So stießen die berittenen Vortrupps der Alamannen zum Rhein und zur Donau vor. Ein scharfer Gegenangriff der Römer von den Legionen jenseits des Rheins und der Donau wie in den vorhergehenden Jahren unterblieb diesmal.

Sei dem Jahre 255 waren die Alamannen die unbestrittenen Herren des Zehntlandes. Kaiser Postumus, der mit dem in Rom weilenden Gegenkaiser Gallienus um die Macht kämpfte, mußte die neuen Grenzen anerkennen. Hierbei trat der Alamannenherzog Chrok kraftvoll auf.

Die römischen Gutsherren, die ein sattes Leben geführt hatten, die Händler und die gallischen Bewohner verließen fluchtartig das Land. Eine fremde Bevölkerung blieb nur in so geringen Bruchteilen zurück, daß sie die Eroberer nicht unterwandern oder die Lebensart der Alamannen verändern konnten.

36. Die Besiedlung des neuen Landes

Mit dem gleichen Schwung, der den Kampfbund der Alamannen bei der Einnahme des Landes beseelt hatte, gingen nun die landhungrigen neuen Bewohner an die friedliche Arbeit und gründeten überall ihre Dörfer. Im Umkreis des Mittleren Neckar, seiner Nebenflüsse, der Jagst, des Kochers, der Rems, der Glems, der Murr, der Wörnitz, aber auch am Oberrhein, im Breisgau, an der Oberen Donau, am Bodensee ließen sie sich nieder. Die Alamannen waren trotz ihrer Wehrhaftigkeit im Grunde ihres Wesens Bauern geblieben. Nach Zuteilung bestellten sie ihre Äcker, die Schmiede hatten vollauf zu tun, um das benötigte Gerät herzustellen. Das Vieh weideten sie auf der Gemeinweide, der Allmende, einer alamannischen Einrichtung. Jeder freie Alamanne bewohnte ein eigenes Gehöft. Dieses bestand aus dem Wohnhaus, der Scheuer, dem Fruchtkasten, dem Vorratsraum, einem Kuh-, Schaf- und Schweinestall, ferner aus einem Gebäude für Knechte. Das Dorf wurde umhegt von einem Holzzaun, dem Etter, innerhalb dessen jeder Bauer an seinem Hof Bäume pflanzte. Diese Dörfer wurden jeweils abseits von den römischen und keltischen Steinbauten angelegt. Mit den Zwingburgen und Städten wollten die Alamannen nichts zu tun haben. An Waffen trug jeder freie Alamanne ein Langschwert (Spatha), ein Kurzschwert (Sax), die Lanze und den Schild.

Als Dorfgründer traten meist Adelige auf, die sich aber hinsichtlich ihrer Rechte nicht allzusehr von den Freibauern unterschieden. Ihr Hof war größer als die übrigen, sie hielten Pferde und waren beritten. Sie wurden zu den Landesversammlungen berufen.

Dem Namen des Gründers wurde die Endung — ingen angehängt. Viele dieser alamannischen Urdörfer treffen wir heute noch im Alamannenland an. Manche haben sich später zu Städten entwickelt, so z. B. Eßlingen, das Dorf des Azilo, die spätere Freie Reichsstadt, dann Sindelfingen, Böblingen, Waiblingen, Reutlingen, Sigmaringen, um nur einige zu nennen. Andere sind Dörfer geblieben wie Echterdingen, Ofterdingen, Gomaringen, Herbrechtingen, Bildechingen, Hörvelsingen usf.

Mehrere dieser Dörfer bildeten eine Hundertschaft. An den Orten der Hundertschaften war ein Adeliger ansässig, wie dies heute noch aus den Namen Munderkingen (Munthariheshuntari) an der Oberen Donau, Hundersingen (Huntaresingen) und Münsingen auf der Schwäbischen Alb (Munigiseshuntare) hervorgeht. Diese Hundertschaftsführer hatten für die Wehrbereitschaft ihres Bezirks zu sorgen, eine für die Gründerzeit äußerst wichtige Aufgabe. Sie hatten auch Pferde und Ausrüstung bereitzustellen.

Wir beteiligen uns nicht an dem Streit der Wissenschaft, die zum Teil die Einrichtung von Hundertschaften den fränkischen Machthabern nach dem Jahr 746 zuschreiben will. Wir sind der Ansicht, daß die Hundertschaft eine alamannische Gliederung ist. Ohne sie wäre weder die Vertreibung der Römer noch die schnelle Besiedlung des gewonnenen Landes möglich gewesen. Die Anlage der Dörfer war ebenfalls eine alamannische Eigenart, die sie schon von ihrer alten Heimat, dem Semnonenland in der Mark Brandenburg, mitbrachten. Mehrere Hundertschaften bildeten die alamannischen Gaue, die größere Landschaftsräume umfaßten und von einem Gaufürsten geleitet wurden. So wurde innerhalb kurzer Zeit ein fester Kern von Siedlungen im Schwabenland geschaffen, der gegen Angriffe der Römer gefeit war. Von hier aus drängten die Alamannen diese sogar allmählich noch weiter nach Süden und Westen zurück.

Ein Einfall der Alamannen in Oberitalien wurde im Jahr 269 durch Kaiser Aurelian und dessen Heer am Garda-See abgefangen.

Oberhalb des ehemaligen Römerlagers von Cannstatt legten die Alamannen »Am Stein« beim Burgholzhof eine Gerichtsstätte an. Dieser Stein wird ein aufrechter Felsblock gewesen sein, wie wir solche in der Pfalz, im Saarland und in Hessen noch häufig finden, am eindrucksvollsten in der Mader Heide, dem alten Gerichtssitz der Chatten in Niederhessen (Abb. 29).

Wie sehr die Alamannen mit der Natur verbunden waren, geht daraus hervor, daß sie ihre Gerichtstage unter freiem Himmel abhielten, und daß sie an ihren heiligen Stätten Bäume pflanzten, besonders Linden. So dürfen wir annehmen, daß auch an der Cannstatter Malstatt eine Linde gesetzt wurde.

Die Quellen, die aus der Erde sprudelten und frisches Wasser spendeten, waren den Alamannen heilig und regten sie dazu an, in ihrer Nähe Siedlungen anzulegen. Sie nannten diese »Bronnen« und erkannten bei ihnen oft eine heilkräftige Wirkung. Davon zeugen die vielen Orte mit der Endsilbe -»bronn«, z. B. Heilbronn am Neckar, Heilsbronn in Mittelfranken, Öschelbronn und Kieselbronn bei Pforzheim, Maulbronn. Tonolzbronn bei Schwäbisch Gmünd im Drachgau heißt heute noch bei der Dorfbevölkerung in der Mundart »Donarspring«. Die Quelle war also dem Wettergott Donar geweiht.

Damals hat sich auch das Götterbild der Alamannen gewandelt. Nun stand der Schwertgott Ziu nicht mehr allein im Mittelpunkt ihrer Verehrung. Es setzte sich der Glaube an einen höchsten, allwaltenden Geist durch, der die Welt erschaffen hat und durch Wodan verkörpert wird. Vielleicht wurden die Alamannen in dieser Hinsicht von den suebischen Stämmen der Hermunduren und Markomannen beeinflußt.

Dieser Glaube mag auch durch die vielen gefallenen Helden gefördert worden sein, die im Laufe der schweren Kriege von diesem Volksstamm geopfert werden mußten, um die Heimat zu erhalten und sich und ihren Nachkommen den notwendigen Lebensraum zu schaffen. Wodan aber war der Gott, der die im Kampfe gefallenen tapferen Gefolgsmänner, die Einherier, in seinen Göttersitz aufnahm und ihnen Unsterblichkeit verlieh.

Gleichermaßen scheint die Himmelsmutter Freia oder Frigga als Gemahlin Wodans damals die Erdgöttin Nerthus, Njärd oder Hertha im Bewußtsein der Alamannen allmählich verdrängt zu haben. In einem Zauberspruch der Alamannen wird sie Friia genannt. In der langobardischen Überlieferung erscheint Frea als Gemahlin des Allvaters Wodan. Der 5. Wochentag hieß Freitag und wurde bei den Alamannen nicht durch einen Nerthustag ersetzt.

Nun entstanden bei den Alamannen heilige Stätten, die Wodan und Freia geweiht wurden. Manche von ihnen werden wir im Abschnitt: »Gang zu den ehrwürdigen Stätten der Alamannen und Schwaben« noch kennen lernen.

37. Die Lentienser

In der Gegend nördlich des Bodensees ließ sich ein Teilstamm der Alamannen nieder, der in den lateinischen Berichten Lentienser genannt wird. Der Gau, den sie bewohnten, erhielt den Namen Linzgau nach einem Flüßchen, der Linz, die bei Pfullendorf entspringt und bei Unter-Uhldingen, jenem berühmten Ort des Pfahlbaumuseums, in den Bodensee mündet. Heute heißt das Gewässer die Seefelder Ach. In der frühen alamannischen Geschichte waren die Lentienser besonders tatkräftig und griffen oft über ihr eigentliches Stammesgebiet hinaus, wobei sie mit den Römern zusammenstießen. Als sie versuchten, jenseits des Bodensees und des Rheins in deren Gebiet einzudringen, wurden sie allerdings von den Römern geschlagen. Im Jahre 354 schloß der römische Kaiser einen Bündnisvertrag mit den Lentiensern, worin sie sich verpflichteten, die Grenzen des Römerreichs nicht zu überschreiten. Andererseits fielen die Römer oft in ihr Gebiet ein.

Die Ruhe an den Grenzen dauerte aber nicht lange. Mit den Alamannen am Oberrhein vereint, versuchten die Lentienser, ins Elsaß einzudringen. Kaiser Konstantius besiegte sie jedoch um das Jahr 359 in der Schlacht von Horburg bei Colmar. Bei diesem Treffen wird ein alamannischer König Priarius erwähnt, der im Kampfe fiel.

Bei einem späteren Streifzug der Lentienser rückte Kaiser Gratian etwa im Jahr 380 in deren Land ein. Diese zogen sich auf die hohen Felsberge im Hegau zurück und mußten sich nach langer Belagerung ergeben. Ihre Jungmannschaft mußte als Strafe römische Kriegsdienste leisten.

Selbst die römischen Geschichtsschreiber können ihre Achtung dem schneidigen Stamm der Lentienser nicht versagen. Dies veranlaßt uns, sie von deutscher Warte genauer zu betrachten. Wie hießen die Lentienser in germanischer Sprache? Woher kamen sie?

Einen Schlüssel für unsere Forschung finden wir in ihrer alten suebischen Heimat an der Elbe. Im äußersten Zipfel der West-Priegnitz in der Mark Brandenburg liegen die beiden Orte Lenzen und Lanz, der Geburtsort des Turnvaters Jahn, kurz vor der Mündung der Löcknitz in die Elbe. Hier müssen wir wahrscheinlich die ursprünglichen Sitze der Lentienser suchen. In der suebischen Mundart werden die Lentienses entgegen der römischen Schreibweise Lenzer oder Lenzinger geheißen haben. Sie werden nach der Abspaltung einiger Suebenstämme kurz vor der Zeitwende in ihrer alten Heimat geblieben sein und weiterhin dem Hauptstamm der Semnonen angehört haben.

Bei der Gründung des Kampfbundes der Alamannen um 200 uns. Zeitr. schlossen sie sich offenbar den Semnonen an, blieben aber in sich vereint und erhielten dann die Gefilde nördlich des Bodensees zugewiesen, die sie Linzgau nannten, und wo sie an der Grenze gegen das Römerreich ganz besonders die Süd- und Südwestgrenze zu sichern hatten. Die Orte Lenzkirch im Schwarzwald und die schöne Lenzburg in der Schweiz südlich des Hochrheins, die noch vollständig erhalten ist, geben heute noch Zeugnis von diesem tüchtigen alamannischen Stamm. Der Hauptsitz ihres Gaues scheint Bodman am Südufer des schmalen Überlinger Sees gewesen zu sein, der ja auch dem Bodensee seinen Namen gab. Eine große Anzahl von Urdörfern finden wir in dieser herrlichen süddeutschen Landschaft: Überlingen (Iboringen), Bermatingen (Permodingen), Billafingen (Pilolfingen) und andere mehr. Wahrscheinlich hängt der Stammesname der Lentienser oder Lenzinger mit dem alten germanischen Wort »Lenz«, dem Frühling zusammen. Danach wäre die Wortbedeutung etwa mit »die Jungfrischen« zu umschreiben.

Das alte Linzgaugericht tagte am »Schattbuch« im Salemer Tal (früher Salmannsweiler!). Die Landtage fanden hier unter freiem Himmel bis zum 19. Jahrhundert statt, sie wurden »Maiengerichte« genannt. Kaiser Friedrich Barbarossa hielt auf Schattbuch im Jahre 1181 einen Landtag ab.

38. Harte Kämpfe mit den Römern am Rhein

Die Alamannen vergaßen in ihrer neuen Heimat vom Main bis zum Bodensee nicht den Suebenzug ihres berühmten Vorfahren Ariovist ins Elsaß um die Mitte des 1. Jahrhunderts vor unserer Zeitrechnung. Auch wußten sie, daß die suebischen Triboker im Unterelsaß immer noch die römische Herrschaft zu erdulden hatten. So haben die Alamannen schon bald nach ihrer Landnahme versucht, jenseits des Rheins Fuß zu fassen.

Ihre erste Unternehmung war daher, an jener Stelle über den Rhein zu setzen, wo die Triboker seit Jahrhunderten wohnten. Ihr Hauptsitz war immer noch Brumath.

Jedoch war der römische Feldherr, der spätere Kaiser Julian, auf der Hut, rückte in Eilmärschen den Alamannen entgegen und brachte ihnen im Jahre 357 bei Brumath eine empfindliche Niederlage bei. Mit welcher Begeisterung die Alamannen den Kampf begannen in der sicheren Zuversicht, die alte Heimat der Triboker vom Römerjoch zu befreien, müssen sogar die Römer zugeben, denn die drei Alamannenherzöge stimmten die alten Heldenlieder wieder an, um ihre Mitstreiter zu äußerster Tapferkeit gegen das Römerheer anzufeuern. Einer dieser Herzöge war Chnodomar. Der spätere Kaiser Julian ist dadurch besonders bekannt geworden, daß er in seinem Reich das Christentum nicht hochkommen ließ, weil er bemerkte, daß dieses die Autorität des Kaisertums in dem großen Reich unterhöhlte. Er erhielt daher von der römischen Kirche den Beinamen Apostata, d. h. der Abtrünnige. Er verlangte von den Priestern einen makellosen weltabgezogenen Lebenswandel. Er führte eine Gemeindearmenpflege ein, verbot aber die Christengemeinden nicht.

Die fliehenden Alamannen suchten auf den Rheininseln bei Germersheim Schutz vor den Verfolgern. Das Römerheer setzte ihnen nach und erreichte sie. Sie wurden auf Befehl Julians ohne Unterschied auf Alter und Geschlecht auf grausamste Weise umgebracht. Auf diese Weise kamen mehrere Tausend Alamannen ums Leben.

Die Massenmorde der Römer an den Alamannen hätten die Wut dieser tapferen Männer gegen ihre Unterdrücker steigern müssen. Jedoch fehlt jeglicher Bericht über gleich blutige Gegenmaßnahmen der Alamannen an ihren Feinden.

Andererseits muß die Furcht der Römer vor diesem Stammesverband so gewaltig gewesen sein, daß sie wähnten, nur mit derart unmenschlichen Maßnahmen ihre Kampfkraft zu bändigen.

Schon im Jahre 370 ereignete sich wieder ein Mord der Römer an dem Alamannenfürsten Makrian. Zu Wiesbaden wurden noch dazu mehrere Händler von den Römern ermordet, um sie als Zeugen für Makrian und dessen Unschuld mundtot zu machen.

Die Alamannen suchten, ihre Volkskraft durch jungen Nachwuchs zu stärken, und warteten eine günstigere Gelegenheit ab, um ihren Siedlungsraum zu erweitern. Schon im Jahre 407 ruderten sie auf flinken Booten wieder über den Oberrhein, um sich auf dem anderen Ufer festzusetzen. Nochmals verwehrten ihnen die Römer die dauernde Ausbreitung auf dem linken Rheinufer.

39. Die Wandalenzüge

Dieser nordgermanische Stamm aus der Heimat Wendsyssel in Jütland oder sogar aus Andalsnes in Mittelnorwegen setzte im 2. Jahrh. v. Ztw. mit seinen Schiffen über die Ostsee, landete an der Odermündung und nahm die Sitze der Bastarnen an der Mittleren Oder ein, nachdem diese nach Süden gewandert waren. Dort saß er jahrhundertelang, hat Dörfer gegründet und eine hohe Lebensart entwickelt. Sein Heiligtum war auf dem Silingberg in Schlesien. Hier wurden Zwillingsgötter, die Alken, verehrt. Unterstämme waren die Silinger, die Hasdinger auf dem linken, die Naharvalen auf dem rechten Oderufer. Das Fürstengrab von Sacrau in Oberschlesien, das im vorigen Jahrhundert entdeckt wurde, brachte Schmuckstücke feiner Goldschmiedearbeit mit germanischen Sinnbildern ans Tageslicht.

Um die Mitte des vierten Jahrhunderts wurde das Land an der Oder durch Überschwemmungen verwüstet. Manche Wandalendörfer wurden von den Wasserfluten erfaßt. Die geschädigten Wandalen wollten daher Neuland erwerben, wenn es sein mußte, im Kampf mit anderen Völkern. Der Beschluß der Ratsversammlung, die entweder am Silingberg (dem nachmaligen Zobten) oder am Annaberg in Oberschlesien stattfand, war nicht einheitlich. Also wurde eine starke Mannschaft mit ihren Familien in Schlesien zurückgelassen, um bei einem unglücklichen Ausgang des Unternehmens den Ausgewanderten die Möglichkeit der Rückkehr zu bieten.

Die Hauptstreitmacht der Wandalen zog südwärts durch die Mährische Pforte nach Nordmähren und Ungarn. Dort blieben sie eine Weile. Doch das asiatische Reitervolk der Hunnen war im Jahr 375 unserer Zeitrechnung nach Westen aufgebrochen und hatte die Goten aus Südrußland verdrängt. Diese sammelten sich im Raum zwischen Theiß und Donau. Hier stießen die Wandalen mit den germanischen Goten zusammen, die ihnen in diesem Umkreis keine Sitze zugestehen wollten.

So entschieden sich die Wandalenstämme der Hasdinger und Silinger, dafür weiter westlich eine neue Heimat zu suchen. Ihnen schloß sich ein Teil der suebischen Quaden an, desgleichen das Reitervolk der nichtgermanischen Alanen. König Godegisel, schon in hohen Jahren, führte seine Streitmacht zuerst nach Italien, jedoch verwehrte der germanische Heermeister Stilicho in Diensten des oströmischen Kaisers den Einmarsch.

In mühevoller Wanderung erreichten die Wandalen nach Überquerung der Alpen den Oberrhein, aber die Franken, die sich dort angesiedelt hatten, ließen sie nicht in ihr Reich. Die Alanen unter ihrem König Respendial erzwangen dennoch im Jahre 406 den Rheinübergang, wobei König Godegisel fiel. Unter König Guntherich zogen die Wandalen, Alanen und Quaden durch Franken nach Spanien weiter, doch fanden sie dieses Land von den germanischen Westgoten besetzt. So mußten sie gegen diese kämpfen, wobei die Wandalen schwere Verluste erlitten. Eine Zeitlang schien es, als wollten die Westgoten ihre Sitze nach Südfrankreich verlegen, wohin schon ein Vortrupp abgewandert war. Dadurch konnten sich die Wandalen und ihre Mitstreiter im Süden Spaniens sammeln.

Geiserich, seit 418 zum König der Wandalen ausgerufen, faßte den kühnen Entschluß, eine Flotte zu bauen und Nordafrika zu erobern. Die Quaden, die sich jetzt wieder Sueben nannten, wollten dagegen in Spanien bleiben und ließen sich im Nordwesten der Halbinsel nieder. Sie bewohnten mehrere Jahrhunderte die Landschaften Galicien mit dem Hauptsitz Orense und Asturien in Nordspanien und den Bezirk Minho in Nordportugal um den Hauptsitz Braga. Im Jahre 585, nach dem Tod ihres Königs Miro, schlossen sie sich den Westgoten an, die sich inzwischen dem arianischen Christentum zugewandt hatten. Auch die Sueben in Nordspanien bekannten sich seitdem zu dieser Lehre nach dem Vorbild der Ostgoten. Damit waren sie vom römischen Papsttum unabhängig und konnten ihre germanische Lebensanschauung weitgehend bewahren.

Im Jahre 711 eroberten die Araber die spanische Halbinsel. Indessen blieb der Norden nach dem Sieg des Pelagius bei Cavadonga im Jahre 718 außerhalb des Bereiches der Moslems.

Schon 100 Jahre später wurde in Santiago de Compostela, im ehemaligen Gebiet der Sueben, über dem Apostelgrab Jakobs eine Kirche gegründet. Sie wurde in den folgenden Jahrhunderten, besonders seit dem 12. Jahrhundert, in unerhört kunstvoller Weise ausgebaut. In den Steinbildwerken erkennen wir viele germanische Züge, die uns zeigen, daß das Erbgut der Sueben hier bis ins Mittelalter weiterwirkte. Die riesenhafte Klosterkirche gehört zu den bedeutendsten Kunstdenkmalen Spaniens.

40. Die Burgunder

Fast gleichzeitig mit den Wandalen waren die Burgunder, die von der Insel Bornholm in der Ostsee zur Weichselmündung übergesetzt waren, und ihre Wohnsitze seit dem 2. Jahrhundert n. Ztw. nördlich von den Wandalen im Netze- und Wartheland aufgeschlagen hatten, nach Westen aufgebrochen und ließen sich in Nordbaden und Südhessen auf dem linken Mainufer nieder. Dieses hatten die Alamannen einst den Römern entrissen. Die Alamannen waren darüber nicht er-

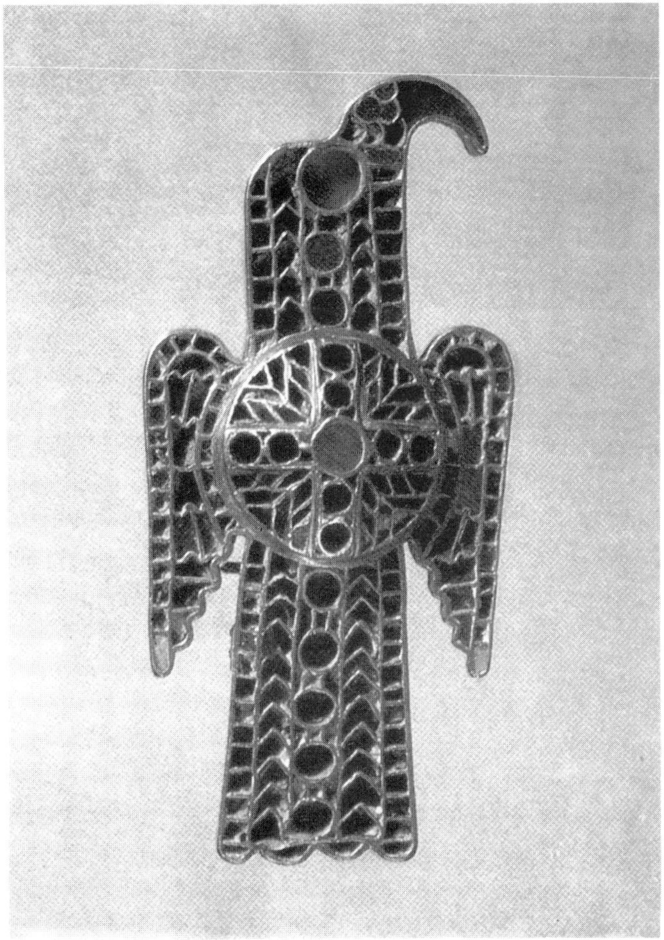

15 Ostgotische Adlerfibel aus Cesena bei Ravenna, Oberitalien, um 490 n. Ztw. Germanisches Nationalmuseum, Nürnberg

16 Langobardische Steinmetzkunst: Lebensbaum mit Sonnenrädern und Flechtband im germanischen Stil, 9. Jahrh. uns. Ztr. Schänis bei St. Gallen, Schweiz

17 Reiterstein von Hornhausen, Thüringische Werkkunst vor 800 unserer Ztr., Grabmal. Darstellung eines germanischen Edelmanns auf dem Ritt nach Walhall, unten Schlingband mit Drachenköpfen und Ing-Rune als Sinnbilder des Weiterlebens nach dem Tode

18 Alamannisches Steinplattengrab von Ober-Eßlingen, 6. Jh. n. Ztw.

19 Alamannischer Reiter im Kampf. Goldene Zierscheibe aus Pliezhausen bei Tübingen, gegen 600 n. Ztw

20 Alamannischer Totenbaum aus Zöbingen, Ostalbkreis, 6. — 7. Jh. n. Ztw.

baut, und es gab deshalb auch kämpferische Auseinandersetzungen. Schließlich überließen die Alamannen den Burgundern ihre Sitze am Taubertal gutwillig.

Als aber die Wandalen aus ihrer Heimat an der Oder anrückten und mit Hilfe der Alanen den Rheinübergang im Jahre 406 erzwangen, da zogen die Burgunder ebenfalls über den Rhein und errichteten ein Reich in der Umgebung von Worms. Damals war Gunther der König der Burgunder. In der Nibelungensage, unserem Heldengedicht aus dem 12. Jahrhundert, wird diese Zeit ergreifend geschildert. Wir erfahren von dem Frühlingshelden Siegfried, der in Ränke der Königinnen verstrickt, deshalb auf einer Jagd im Odenwald von dem burgundischen Kanzler Hagen ermordet wurde. Mehrere Quellen in diesem einsamen Waldgebirge wurden nach Siegfried benannt und halten die Erinnerung an die ergreifende Sage wach.

Die Burgunder sollen danach im Kampf mit den Hunnen untergegangen sein. Dies trifft jedoch nicht zu. Sicher haben die Burgunder durch die hunnische Streitmacht manchen Helden verloren, aber sie haben sich gegen diese behauptet. Wir werden den germanischen Burgundern noch in späterer Zeit begegnen.

41. Attila und die Hunnen

Kurz nach dem Durchzug der Wandalen, etwa um das Jahr 430, brachen die Hunnen mit ihren flinken Reiterschaften unter ihrem Herrscher Attila aus Ungarn auf und brausten wie ein Sturm durch fast ganz Europa. Sie unterjochten einige Germanenstämme, andere rissen sie als Verbündete mit. Die Völkerwanderung hatte ihren Höhepunkt erreicht. Viele germanische Wanderzüge kämpften auf hunnischer Seite, andere stemmten sich ihnen entgegen, wieder andere wichen ihnen aus.

Das Alamannenland war indessen zu dieser Zeit bereits so gefestigt, daß die Hunnen es vorzogen, bei ihrer Heerfahrt nach dem Westen unter Attila teils südlich vom Hochrhein teils nördlich am Main entlang über den Rhein nach Gallien vorzustoßen.

In der Schicksalsschlacht auf den Katalaunischen Feldern bei Châlons im Jahre 451 kämpften auf beiden Seiten Germanen. Der römische Feldherr Aetius, der seine Truppen in Gallien befehligte, führte schließlich, hauptsächlich mit Hilfe der Westgoten, den Sieg über die Hunnen herbei. Auch die Burgunder stritten auf der Seite der Westgoten mit. Die Wagenburg der Hunnen wurde erstürmt (Abb. 14). Attila konnte die überlebenden Hunnen nach Italien zurückführen. Er selbst aber starb schon zwei Jahre danach bei einem wüsten Zechgelage.

Von den Heerfahrten der Hunnen blieben die suebischen Markomannen und der Großteil der Quaden, der sich von dem Zug der Wandalen ins Ungewisse nicht hatte mitreißen lassen, verhältnismäßig wenig berührt. Zusammen mit weiteren Sueben, die im Donauraum ansässig waren, wagte der Gepidenfürst Hardarik alle dort verbliebenen Germanenstämme zusammenzufassen und mit diesen Mannschaften den Söhnen Attilas entgegenzutreten. Am Flusse Nedao in Ungarn schlugen die vereinten Germanen unter König Hardarik die Hunnen entscheidend und jagten sie aus dem Donauland. Dieser Gepidenfürst hatte als überragende Führerpersönlichkeit im Sinne einer großgermanischen Gemeinschaft gehandelt und wesentliche Teile des suebischen Stammesverbandes gerettet.

Nach Abzug der Hunnen aus Gallien und Germanien ließen sich die Burgunder an der Saône und Rhône nieder. Sie sollten nach dem Plan des römischen Statthalters Aetius der Ausbreitung der Alamannen nach Süden Halt gebieten, ein Zeichen dafür, welch hohe Achtung dieser Römer vor der kriegerischen Tüchtigkeit der Alamannen hatte. Jedoch blieb den Alamannen vorläufig noch genügend Raum zur Ansiedlung ihres Nachwuchses, nachdem ihr Land durch die Hunnen- und Germanenzüge nicht allzu sehr gelitten hatte. Zunächst nahmen die Alamannen die Sitze der Burgunder im Taubertal und Nordbaden wieder ein.

42. Die Gewinnung des Elsaß

Die Alamannen ergriffen nach der Niederlage der Hunnen auf den katalaunischen Feldern und dem Tode des römischen Feldherrn Aetius im Jahre 454 die Gelegenheit, nochmals das Land auf dem linken Ufer des Oberrheins zu gewinnen. Diesmal glückte das Unternehmen. Sie setzten in großer Volkszahl über den Strom und gründeten dort unverzüglich eine stattliche Anzahl von Dörfern. Sie werden sich mit den dort seit vielen Jahrhunderten ansässigen Tribokern über die Siedlungsplätze geeinigt haben. Dieses Land auf dem linken Rheinufer nannten die Alamannen das Elsaß.

Was bedeutet nun das Wort Elsaß für die Alamannen? Ursprünglich hieß es Alisaz. An dem Land jenseits des Oberrheins hingen die Alamannen mit besonderer Zähigkeit. Denn sie betrachteten sich seit der Inbesitznahme des Elsaß durch den Suebenherzog Ariovist als die rechtmäßigen Eigentümer dieses Landes. Sie haben in den vergangenen Jahrhunderten Verluste an tapferen Streitern nicht gescheut, um das Elsaß zurückzugewinnen. Nun, nachdem die Römerherrschaft im Elsaß erlahmte, nahmen sie es wieder in ihre Obhut.

Trotz dieses jahrhundertelangen unermüdlichen Einsatzes hat eine römerfreundliche Gruppe von Geschichtsschreibern versucht, das Wort Alisaz als Auslandssitz zu erklären! Wahrscheinlich, weil das Wort »alienus« im lateinischen Sprachschatz »Fremdling« bedeutet. Das aber wäre das letzte für die Alamannen gewesen, bei der Namensgebung dieses heißumkämpften Besitzes jenseits des Rheins sich eines Wortes der verhaßten Römer zu bedienen!

Vielmehr steckt in der Silbe »Al« genau wie bei den Alamannen die germanische Bedeutung »ahal« = heilig. Das Elsaß war den Alamannen heiliges Land, mit dem Blut so vieler tapferer Männer errungen! Das Elsaß blieb auch den kommenden Geschlechtern heilig, und in der deutschen Geschichte und Kunst ist es eines jener Länder mit der kräftigsten und tüchtigsten Bevölkerung geblieben.

Aus diesem Beispiel sehen wir erschrocken, welches Unheil mit einer übertriebenen Fremdtümelei der sogenannten Wissenschaft an dem suebisch-alamannischen Volkstum angerichtet werden kann. Denn es käme den Franzosen sehr gelegen, daß das Elsaß von deutschen Menschen als Auslandssitz bezeichnet, also als garnicht zu ihrem Stammesgebiet gehörend betrachtet würde. Die Alamannen wollten mit diesem Wort gerade das Gegenteil von dem ausdrücken, was manche deutsche Forscher nachträglich in es hineinlesen wollen.

Auch im Elsaß gelang es den Alamannen, die römisch-gallische Vorbevölkerung nach Süden und Westen abzudrängen, sodaß Spuren eines fremden Volkstums so gut wie völlig vergangen waren. Die Namen ihrer Dörfer haben häufig wie im Stammland die Endsilben — »ingen« erhalten. Die Gaue wurden Sundgau = Südgau und Nordgau genannt.

43. Neues Siedlungsland im Süden

Nach der Wiedergewinnung des Elsaß im Westen des alamannischen Kerngebiets stieß eine starke Stammesgruppe unter Beteiligung der Breisgauer, der Hegauer und Linzgauer Alamannen im Jahre 455 über den Hochrhein nach Süden vor, vertrieb die römische Besatzung und ergriff von dem wunderschönen Alpenvorland feierlich Besitz. Diese Südalamannen stürmten am jenseitigen Ufer des Bodensees vorwärts, sie drangen an den Flüssen der Thur, der Aare, der Reuß und des Hochrheins entlang in die Täler vor, sie entdeckten die vielen schönen Seen und gaben dieses ihnen in tiefster Seele verwandte Land nie wieder den Römern preis. Die rätische Bevölkerung zog sich in die innersten Alpentäler zurück. Im Obersten Rheintal konnten sich die Alamannen bis nach Chur vorkämpfen. Ostwärts vom Bodensee gelangten sie am Rhein und an der Ill entlang in das Land vor dem Arlberg (Abb. 37).

Selbst im Südosten war die römische Besatzung vor dem ständigen Vormarsch der Alamannen nicht mehr sicher. Schon im Jahre 472 überquerten starke Verbände der Alamannen aus der Gegend von Ulm und Donauwörth die Donau und erstürmten die große Römerstadt Augusta Vindelicorum, das heutige Augsburg, die sie zerstörten. In ihrer Nähe gründeten sie mehrere Dörfer, die wir an den Endsilben »-ingen« erkennen, so z. B. Göggingen und Inningen. Den Römern entrissen sie das ganze Gebiet zwischen Iller und Lech. Sie trieben die Bewohner nach Süden und erreichten kurz darauf den Alpenrand. Diese Landschaft nannten sie den Alpgau, das heutige Allgäu. In dem neugewonnenen Raum legten sie planvoll, über das ganze Gebiet verstreut, ihre Dorfsiedlungen an.

Schon im Jahre 470 hatte der Alamannenherzog Gibuld einen Heerzug an der Donau entlang nach Osten unternommen, der seine Waffengefährten bis in die Nähe von Regensburg führte. Doch konnte er mit diesem Streifzug den Siedlungsraum für die Alamannen nicht auf die Dauer erweitern.

Dagegen breiteten sich die Alamannen nachhaltig gegen Nordwesten aus. Sie gründeten im Saarland, in Lothringen und Luxemburg zahlreiche Dörfer.

Um das Jahr 480 erreichte der Alamannenstamm seine größte Ausdehnung. Gerade in der Zeit von 430 bis 480 war den Alamannen nach den vorausgegangenen schweren Kämpfen mit den Römern der lang ersehnte Erfolg beschieden. Endlich war ihnen deren Vertreibung gelungen, und sie haben diesen Raum trotz harter Kämpfe mit den Römern im äußersten Südwesten des germanischen Siedlungsgebiets und Absplitterungen im großen ganzen gegen romanische Bestrebungen jahrhundertelang behaupten können. Das war und bleibt ihre große geschichtliche Leistung.

Einen Überblick über den alamannischen Siedlungsraum zur damaligen Zeit geben uns die Namen der Dörfer und Städte mit der Endung »-ingen«. Die Ausbreitung der Alamannen ist überraschend groß. Darüber hinaus finden wir Orte mit jener Endung auch in anderen deutschen Ländern, meist in dem alten Siedlungsgebiet der Sueben, aber auch von deren Teilstämmen seit der Zeitwende. Der Vollständigkeit halber zählen wir auch einige aus diesen Gebieten mit auf. Andererseits ist keineswegs beabsichtigt, nun eine Sammlung aller Dörfer und Städte mit der Endung »ingen« zu geben. Immerhin gibt die nachfolgende Zusammenstellung einen Begriff von der erstaunlichen Volkskraft und der überragenden Kampfbereitschaft dieses suebischen Stammesverbandes vor und nach der Zeitwende. Dabei nehmen wir bewußt die alamannische Kernlandschaft zwischen Neckar, Rhein, Donau und Bodensee aus, da die Vielzahl der Orte mit der Endung -»ingen« wohl allgemein bekannt ist. Dagegen erwähnen wir die Gebiete, die später fränkisch wurden, besonders deshalb, weil sie kundtun, daß manche Alamannensippen in diesem Raum allem Anschein nach ihre Sitze beibehielten, vornehmlich in Nordbaden und Nordwürttemberg.

1. *Nordwürttemberg:*
   Berlichingen, Ingelfingen, Öhringen
2. *Nordbaden:*
   Schwetzingen (sicher eine sehr alte Siedlung, die noch ihre suebische Herkunft verrät), Wölchingen, Sickingen, Eppingen
3. *Südbaden:*
   Donaueschingen, Emmendingen, Frickingen, Gundelfingen, Säckingen, Überlingen, Uhldingen, Zähringen
4. *Nordschweiz:*
   Andelfingen, Basadingen, Binningen bei Basel, Döttingen, Ermatingen bei Konstanz, Gansingen, Rüdlingen, Rudolfingen, Schlattingen, Schneisingen, Triboltingen (Triboker!), Würenlingen, Zeiningen
5. *Vorarlberg:*
   Meiningen, Gisingen im Unterland, Thüringen und Nenzing im Oberland
6. *Bayrisch Schwaben südlich der Donau:*
   Aitingen, Bobingen, Genderkingen, Göggingen, Inningen, Lamerdingen, Meitingen, Mertingen, Memmingen, Wertingen, Westerringen
7. *Mittelfranken:*
   Gerolfingen, Insingen, Trüdingen, Hechlingen, Polsingen, Treuchtlingen
8. *Unterfranken:*
   Bad Kissingen, Kitzingen, Stadtlauringen
9. *Hessen:*
   Usingen, Büdingen (wahrscheinlich sehr alte Alamannensiedlungen)
10. *Thüringen:*
    Behringen, Flemmingen bei Naumburg, Göllingen, Heringen, Meiningen, Schleusingen

11. *Niedersachsen:*
Göttingen, Hemelingen bei Bremen, Moringen !!, Rüstringen, Schöningen, Twistringen, Wittingen.

Im alten Suebengebiet:

Mark Brandenburg:
Badingen (Uckermark), Melzingen
Ziebingen im polnisch besetzten Ostbrandenburg (Ziu!)

Mecklenburg:
Nehringen

Lüneburger Heide:
Bispingen, Medingen, Melzingen, Rätzlingen, Reddingen, Rehlingen, Schneverdingen, Volkwerdingen, Wolterdingen, Östringen

Sachsen-Anhalt:
Hecklingen, Röblingen, Letzlingen

Schleswig-Holstein:
Schwesing bei Schwabstedt, Tönning, Garding, Ording

Rheinland:
Zeltingen an der Mosel

Niederlande:
Groningen, Scheveningen

Luxemburg:
Differdingen, Düdelingen, Essingen, Hilzingen, Hesperingen, Hosingen, Rümelingen, Tuntingen, Ulflingen, Usendingen

Saarland:
Beckingen, Dillingen, Fechingen, Hilbringen, Püttlingen, Rehlingen, Völklingen

Lothringen:
Entringen, Finstingen (Fénétrange!), Füllingen, Gandringen, Hauldingen, Helleringen, Inglingen, Insmingen, Kriechingen, Lauterfingen, Liedersingen, Lüttringen, Mettingen, Morlingen, Mörchingen, Öttingen, Rehlingen, Schweixingen, Stückingen, Weimeringen, Wölferdingen

Rheinpfalz:
Gimmeldingen, Fischlingen, Venningen, Impflingen, Siebeldingen

Elsaß:
Bussingen, Gentringen, Germingen, Habudingen, Hüningen, Lommeringen, Möhringen, Mondelfingen, Rixingen

Bayern:

Viele Orte mit „-ing", Freising, Ruhpolding, Erding, Gauting usw.

Österreich:

Güssing, Wilhering, Schärding, Schladming usw.

Die Namen im Elsaß, in Lothringen und Luxemburg werden in neuester Zeit durch die französische und luxemburgische Regierung mit der Änderung der Nachsilbe: »-ingen in »-ange« schwerer kenntlich gemacht, jedoch ändert dies an der Gründung durch die Alamannen nichts.

Dem Hausbau in Holz wandten die Alamannen ihre ganze Liebe und Kunstfertigkeit zu. Dieser Werkstoff bot gegenüber dem Steinbau manche Vorteile. Venantius Fortunatus, Bischof von Poitiers, bereiste im Jahre 550 das Rheinland, sicher auch das alamannische Elsaß, wobei er begeistert eine Lobeshymne auf den Holzbau anstimmte:

»Weg mit euch, mit den Wänden aus Quadersteinen!
Viel höher scheint mir ein meisterlich Werk
Hier der gezimmerte Bau. Schützend verwahren
Vor Wetter und Wind uns getäfelte Stuben.
Nirgends klaffenden Spalt duldet des Zimmermanns Hand.
Sonst nur gewähren uns Schutz das Gestein
Und der Mörtel zusammen. Hier aber bietet
Ihn uns freundlich der heimische Wald.
Luftig umziehn im Geviert den Bau die stattlichen Lauben,
Reich von des Meisters Hand spielend und künstlich geschnitzt.«

44. Das Ende Roms

Schon im Jahre 410 hatte der Westgotenkönig Alarich mit seinem Heer Rom erobert, aber er erlag bald darauf einem tückischen Fieber und wurde im süditalienischen Fluß Busento feierlich begraben.

Der Wandalenkönig Geiserich nahm im Jahre 455 von Nordafrika aus mit seiner Flotte die Stadt Rom ein. So war das römische Weltreich durch die Germanenzüge schwer erschüttert. Kurz danach wirkte der Suebe Rikimer in Rom und ließ die Kaiser Livius Severus und danach Olybrius dort einsetzen.

Die Unruhen in Italien wollten kein Ende nehmen. Ostgermanische Söldner unter dem oströmischen Heermeister Orestes sollten die Ordnung wiederherstellen. Als dieser seinen Sohn Romulus als Kaiser in Rom ausrufen ließ, erhoben jedoch die ostgermanischen Soldaten den Sohn eines Skirenfürsten, Odoakar, zu ihrem Heermeister. Dieser setzte im Jahre 476 den Romulus ab, zog in Rom ein und wurde damit Herrscher von ganz Italien. Seine Männer ließ er durch die italienischen Grundbesitzer unterhalten.

Odoakar war jedoch nicht der Mann, der es verstand, die Germanenstämme zu einigen und sie in den eroberten Gebieten anzusiedeln. Im Gegensatz hierzu führte er sein germanisches Heer nach Norden und zerstörte das Reich der ebenfalls germanischen Rugier an der Mittleren Donau, die dort feste Wohnsitze bezogen hatten. Die Reste der Rugier flüchteten zu den Ostgoten, die im Begriff waren, ihre Sitze auf der Balkanhalbinsel zu verlassen und nach Italien zu ziehen. Danach räumte Odoakar die Provinz Ufer-Noricum, d. h. das Gebiet zwischen der Donau und den Alpen in der Gegend zwischen der Isar und der Enns, von römischen und rätischen Einwohnern und führte sie nach Italien.

Die große Leistung von Odoakar bleibt, daß er dem Weströmischen Reich den Todesstoß versetzte, sodaß überall in dessen ehemalige Grenzen Germanenstämme einströmen konnten, allerdings meist erst nach heftigen Kämpfen.

45. Die Bajuwaren

Als plötzlich durch Odoakars Maßnahmen an der mittleren und oberen Donau Land frei wurde, ergriffen die Suebenstämme der Markomannen, Quaden und Splitter weiter ostwärts verbliebener Sueben und Skiren diese günstige Gelegenheit und besetzten Anfang des 6. Jahrhunderts das Alpenvorland zwischen den Flüssen der Enns, dem Lech und der Donau bis nach Regensburg. Seitdem nannten sie sich Bajuwaren, wohl, weil sie aus dem Bojerland, Bojoheim oder Böhmen gekommen waren.

Später besiedelten die Bajuwaren auch das Land der gleichfalls suebischen Naristen nördlich der Donau in den Tälern der Unteren Altmühl, der Naab und des Regen bis zum Kamm des Böhmerwaldes und im Westen bis nach Nürnberg. Dieses umfangreiche Gebiet nannten sie ihren Nordgau. Ihren Lebensraum schoben sie im Laufe der Jahrhunderte sogar bis in ihr altes Egerland wieder vor.

Das Schwergewicht des Bayernstammes lag allerdings südlich der Donau. Sehr früh drangen diese kraftvollen, zähen Bauernkrieger in die Alpenländer ein und gründeten hier ihre Dörfer. Nach ihren Anführern erhielten diese Wohnsiedlungen ihre Namen mit der Endung »-ing«. Das hebt die Verwandtschaft mit ihren Vorfahren, den Sueben, besonders hervor. Aber die Bajuwaren breiteten sich noch weiter nach Süden aus und ließen sich schon im 7. und 8. Jahrhundert in Südtirol nieder. Seit über 1200 Jahren gehört Südtirol ununterbrochen zum deutschen Siedlungsraum.

Die Mundart der Bajuwaren, der heutigen Bayern, scheint sich schon in Böhmen und Mähren entwickelt zu haben, denn sie hat einen anderen Tonfall als jener der Alamannen und Schwaben. Der ganze Volksschlag ist in seiner Eigenart sehr ausgeprägt und in Gesang, in Musik, in Trachten und im gesamten Brauchtum stark und schöpferisch bis in unsere Tage.

Es geht die Sage, daß der erste Baiernherzog Garibald aus dem Geschlecht der Agilolfinger auf dem Walserfeld bei Salzburg etwa im Jahre 530 unter einem Birnbaum auf den Schild erhoben wurde. Diese Stelle wurde später zur Dingstatt ausersehen. Von ihr aus sind zur Sommersonnenwende in der Scharte am Nockstein die ersten Sonnenstrahlen zu sehen. Heute ist sie noch kenntlich durch einen Gedenkstein und einen jungen Birnbaum inmitten eines ebenen Feldes südlich von Salzburg. Der Stumpf des alten Birnbaumes von erheblichem Umfang wurde in das Naturkundliche Museum nach Salzburg verbracht.

Der Untersberg bei Salzburg war den Bajuwaren heilig. Über der ganzen Gegend webt noch der Schimmer der bajuwarischen Frühzeit. Die germanischen Götter und Göttinnen waren diesem Stamm hier besonders hold. Die Bajuwaren nannten ihren Hauptgott Wodan oder Wode, seine Frau Berchta oder Perchta. So war Berchtesgaden der Sitz von Frau Berchta, und die Ufer des Königssees durften nicht besiedelt werden, ebenso die Inseln im Chiemsee, da sie als heilig galten. Über dem Königssee wachte auf dem steilen Berg Watzmann, der Göttervater Wodan, der früher Wuotesmann hieß. Viele Dörfer erhielten ihre Namen nach den Göttern der Bajuwaren, Wessobrunn nach Wodan, Percha am Starnbergersee, Perlach = Peralohe (Perchtenhain) bei München, Perasberg bei Straubing in Niederbayern, Parsberg in der Oberpfalz, Parkstein bei Weiden/Opf. nach ihrer Göttin Perchta.

46. Die Goten

Die Goten waren einst aus Südschweden, der Landschaft Gautland und der Insel Gotland über die Ostsee zur Weichselmündung gefahren und hatten in der Gegend von Westpreußen ein Reich begründet. Dieses bestand mehrere Jahrhunderte. Etwa seit dem Jahre 170 n. d. Ztw. zogen die Goten an der Weichsel entlang aufwärts, wechselten in das Tal des Dnjestr über und erreichten die Ufer des Schwarzen Meeres. Auf der Halbinsel Krim war einer ihrer Hauptsitze. Sie richteten ihre Angriffe gegen die griechischen Hafenstädte und gerieten mit den Römern in Kampf.

Damals teilten die Goten ihre Länder in zwei Gebiete. Die Goten ostwärts vom Dnjestr nannten sich Ostgoten, jene westlich von diesem Fluß Westgoten. Die Westgoten zogen indessen schon bald südwärts und erreichten die Donau. Dort wurden sie vom römischen Kaiser Caracalla aufgehalten, jedoch überschritten sie bald die Untere Donau und wurden nun im oströmischen Reich angesiedelt. Im Jahre 378 konnten die Westgoten den Kaiser Valens bei Adrianopel besiegen, wobei Valens den Tod fand.

Die Westgoten zogen weiter nach Italien und eroberten im Jahr 410 die Stadt Rom, jedoch ließen sie sich endgültig in Spanien nieder. Das Reich der Ostgoten hatte in den Jahren bis 375 seine größte Ausdehnung unter ihrem König Ermenrich. Die Hunnen vertrieben die Ostgoten aus ihren Sitzen. König Ermenich gab sich nach der Niederlage seiner Streitmacht den Tod.
Darauf zogen die Ostgoten ebenfalls nach Westen bis zur Donau. Sie gerieten teilweise unter hunnische Herrschaft. Der Gotenkönig Walamer konnte im Jahre 456 durch eine Schlacht die Freiheit seines Stammes wieder erkämpfen. Die Ostgoten erzwangen den Übergang über die Untere Donau und siedelten sich unter römischer Duldung in Pannonien (Ungarn) an, wo sie mehrere Jahrzehnte verblieben. Sie mußten sich mit anderen germanischen Stämmen in ihrer Nachbarschaft auseinandersetzen, besonders mit den Gepiden, Skiren und Rugiern, aber auch mit den Sueben.
Die Ostgoten drängten auf der Balkanhalbinsel nach Süden. Ein Teil des Stammes diente als Kampftruppe im oströmischen Heer. Der Sohn des Ostgotenkönigs Thiudimer, Theoderich, aus dem Geschlecht der Amaler, wuchs am Kaiserhof in Byzanz auf.
Er sah sich vor die Wahl gestellt, entweder mit seinem Stamm auf engem Raum auf Gnade des oströmischen Kaisers in Unfreiheit mit den bereits dem Kaiser verpflichteten Stammesgenossen zusammenzuleben, gegen diese zu kämpfen oder Neuland zu gewinnen. Der Kaiser verwies ihn auf Italien, das zu dieser Zeit vom Skirenfürsten Odoakar beherrscht wurde, freilich mit der Absicht, Germanen gegeneinander auszuspielen und von seinem Reich abzulenken.
König Theoderich wählte für die ihm ergebenen Goten den schwereren Weg in die Freiheit in Richtung auf Oberitalien. Auf diesem hatte der Zug mit Frauen und Kindern harte Entbehrungen durchzustehen, jedoch folgten sie alle ihrem König im Vertrauen auf seine Tüchtigkeit.

Tatsächlich erfochten die Goten schon am Isonzo in Oberitalien einen Sieg über das Söldnerheer Odoakars. Das spornte die Goten dermaßen an, daß sie unter der zielsicheren Führung Theoderichs bereits im folgenden Jahr bei Verona den Truppen Odoakars eine entscheidende Niederlage beibrachten. Die dritte noch härtere Schlacht gewann Theoderich mit seinen tapferen Goten im Jahre 490 an der Adda. Odoakar mußte sich in die Seefestung Ravenna zurückziehen, die Theoderich mit seinen Mannen 3 Jahre lang belagerte. In der Heldensage heißen diese Kämpfe die Rabenschlacht. Endlich mußte sich Odoakar ergeben. Scheinbar war der Haß Theoderichs gegen seinen Widersacher schon zur Siedehitze gestiegen. Odoakar war kein Germane, dem er auf die Dauer trauen konnte. Theoderich brauchte aber nach den jahrelangen Anstrengungen für seine Ostgoten Frieden. So stach Theoderich seinen Gegner auf einem Gastmahl nieder.

Die Staatskunst Theoderichs übertraf noch seine hohe Begabung als Feldherr: Denn nun befriedete er ganz Italien, führte eine strenge Ordnung ein und ließ seinen Goten 1/3 des Landes zu eigner Bebauung zuweisen. Selbst die Italiener atmeten auf und lobten seine Umsicht und Gerechtigkeit. Er und seine Goten waren arianische Christen geworden.

Auch für die anderen Germanenstämme erwies sich Theoderichs Führung als segensreich. Die Alpenländer Noricum und Kärnten waren dem Gotenreich zugefallen. Die nördlich der Alpen wohnenden Bajuwaren erkannten die Oberherrschaft des Gotenkönigs an. Die Alamannen, die kurz vorher vom Frankenkönig Chlodwig geschlagen worden waren, suchten und erhielten bei Theoderich Schutz. Der König der Thüringer Irminfried heiratete Theoderichs Nichte Amalberga. Die Westgoten, die in Spanien ihre neue Heimat gefunden hatten, konnten ebenfalls mit Hilfe Theoderichs durch eine siegreiche Schlacht über Chlodwig ihre Herrschaft in Südgallien zurückgewinnen. So war ein großgermanisches Reich von Thüringen über Süddeutschland und den Donauraum bis Spanien und Italien geschaffen. Theoderich verhieß seinen Gefolgsleuten und den ihm angeschlossenen germanischen Reichen Duldsamkeit im Glauben. Sie waren als Arianer vom römischen Papst unabhängig.

Das Reich Theoderichs wies daher durchweg germanische Züge auf, die sich im Schmuck und in der Kunst noch deutlich zeigen. Das Grabmal Theoderichs, das er zu seinen Lebzeiten bei Ravenna errichten ließ, ist bis in unsere Tage der gewaltigste steinerne Zeuge seiner

segensreichen Herrschaft geblieben. Seine Gestalt wurde in der Heldensage als Dietrich von Bern (Verona) über alle anderen germanischen Helden verherrlicht.
Die suebischen Nachfolgestämme der Alamannen, Bajuwaren, Langobarden und Thüringer verband eine tiefe Freundschaft. Sie führten gegeneinander nie Kriege. So trugen sie wesentlich dazu bei, daß später ein deutsches Reich entstehen konnte.

47. Die Franken

Schon um das Jahr 350 schlossen sich die Germanenstämme, die rechts vom Rhein an den Nebenflüssen Sieg, Wupper, Ruhr und Lippe oder nördlich davon wohnten, zu einem Stammesverband zusammen und nannten sich die Franken (die Freien). Zu ihnen gehörten hauptsächlich die Sigambrer, die Chamaven, die Brukterer, Usipeter, Tenkterer, die Chattuarier, Teile der Ampsivarier, die Tubanten und Marser.
Ihr Ziel war die Beseitigung der Römerherrschaft am linken Ufer des Niederrheins. In jahrhundertelangen Kämpfen mit den Römerheeren am Niederrhein, deren Lagern Xanten, Nimwegen, Köln, Trier und Mainz und der erbitterten Gegnerschaft der sich rasch ablösenden römischen Soldatenkaiser haben sich die Franken schließlich des linken Rheinufers bemächtigt. Sie vertrieben die Römer aus ihren Stellungen und drängten sie ins Innere von Gallien zurück. Die Kämpfe zogen sich bis in die Mitte des 5. Jahrhunderts hin.
Die Franken besiedelten die Gefilde jenseits des Rheins, wo die germanischen Stämme der Ubier, der Treverer, der Bataver seit Jahrhunderten wohnten, befreiten diese und schoben ihre Sitze nach Brabant und Flandern vor. Jedoch merkten sie bald, daß der Widerstand der Römer rasch nachließ, als sie weitere Streifzüge nach Belgien und Nordgallien unternahmen.
Die salischen Kleinkönige der Merowinger übernahmen bei den Franken die Führung. Sie verlegten ihre Hauptsitze nach Doornik (Tournai) in Belgien und später nach Cambrai in Nordfrankreich.

Schließlich blieb als ernster Gegenspieler in Gallien nur noch der römische Statthalter Syagrius übrig. Er hatte seinen Sitz in Soissons. Der junge Frankenkönig Chlodwig übernahm mit 16 Jahren beim Tode seines Vaters Childerich im Jahre 481 dessen geschultes Heer aus dem salfränkischen Gebiet. Er wagte nach einigen Jahren den Kampf mit Syagrius und schlug mit seinen Franken den römischen Feldherrn im Jahre 486 bei Soissons vernichtend.

Nun führte Chlodwig seine Truppen in raschem Vormarsch nach Mittelgallien, wo er kaum noch Widerstand antraf. Die dort vorhandenen römischen Besatzungen erkannten die Oberhoheit des fränkischen Königs an.

Aber hier war kein Siedlungsraum für fränkische Bauern. Chlodwig konnte nur nach Römerart über eine fremde Bevölkerung herrschen. Eine Gegenwehr der Gallier unterblieb. So nutzte er die Stunde. Er ließ der gallischen Bevölkerung mehr Freiheit, als die Römer ihnen zugebilligt hatten. Dabei bediente er sich bei der Verwaltung der Katholischen Kirche, die gerade erst vor kurzem im Lande Bistümer eingerichtet hatte. Deren Bischöfe waren schriftkundig und stellten sich schlau dem neuen Machthaber zur Verfügung.

Indessen, je weiter Chlodwig nach Süden vordrang, desto härter war die Gegenwehr der germanischen Stämme, die sich bereits Jahrzehnte vorher in Südgalien niedergelassen hatten. Im Südosten hatten die Burgunder, im Südwesten die Westgoten von dem Land Besitz ergriffen. Hier machte sich bereits stark der Einfluß des Ostgotenkönigs Theoderich von Oberitalien aus bemerkbar. Da Theoderich die Schwester des Frankenkönigs Audofleda zur Frau genommen hatte, konnte Chlodwig gegen den Ostgotenkönig nicht einfach zu Felde ziehen. Daher wandte sich dieser nach Osten und Norden an den Rhein.

Hier waren die Alamannen in stetem Vordringen. Diese stießen mit ihrem Heer mit dem fränkischen Teilkönig Sigibert zusammen, dessen Reich zwischen Rhein und Mosel lag. Sigibert geriet in eine bedrängte Lage. Chlodwig eilte mit seinem kampferprobten Heer diesem zu Hilfe und konnte die Streitmacht der Alamannen entscheidend schlagen. Die kirchlichen Geschichtsschreiber geben als

Schlachtort Tolbiacum an, was wahrscheinlich gleichbedeutend ist mit der Stadt Zülpich am Niederrhein. Jedoch sind bei der Geschichtsforschung darüber Zweifel aufgetaucht, ob die Alamannen tatsächlich so weit nach Norden vorgedrungen waren, und ob sie wirklich in fränkisches Gebiet ohne inneren Grund einzufallen versuchten. Daher verlegen schwäbische Geschichtsschreiber, besonders Karl und Arnold Weller den Schlachtort in die Gegend von Worms am oberen Rhein. Dies würde allerdings der Tatsache widersprechen, daß die Alamannen mit dem König Sigibert zusammenstießen, der weiter nördlich seine Sitze hatte. In der Gegend von Worms ist jedoch nur ein Ort aufzufinden, der eine Ähnlichkeit mit »Tolbiacum« aufweist, nämlich: Dolgesheim bei Guntersblum. Wir halten daher es nicht für denkbar, daß die große Schlacht zwischen den Franken und Alamannen dort stattfand. So müssen wir wohl bei der Annahme bleiben, daß der Zusammenstoß tatsächlich im Rheinland bei Zülpich im Jahre 496 oder 497 erfolgte. Wenn dies so war, so müssen wir zugeben, daß der Einfall der Alamannen unvorsichtig war, besonders da sie wissen mußten, daß Chlodwig ein ernst zu nehmender Gegner war, der mit seinem Stamm der Franken durch kriegerische Tätigkeit bedeutsame Erfolge erlangt hatte. Denn nun war die Niederlage der Alamannen für sie äußerst folgenschwer und für ihre Selbständigkeit bedenklich. Die Heerscharen der Alamannen fluteten in aller Eile in ihr Stammland nach Süden zurück, wo sie sich sammeln konnten. Ihr Herzog hatte in der Schlacht den Tod gefunden. Sein Nachfolger rief in der Not den Ostgotenkönig Theoderich um Schutz an. Dieser warnte im Jahre 506 in einem Brief Chlodwig, die Alamannen weiter zu verfolgen, da sie Schützlinge der Goten seien. Chlodwig wollte es zu einem Waffengang mit diesem tapferen, kriegserfahrenen germanischen König nicht kommen lassen und lenkte ein.

Manche Alamannen, die in der Maingegend und im Taubergrund ihre Dörfer und Höfe angelegt hatten, scheinen diese verlassen zu haben und zogen nach Süden über den Hochrhein in das Gebiet der heutigen Schweiz und von Vorarlberg. Immerhin blieb den Alamannen der Hauptteil ihres Stammesgebiets erhalten. Als neue Stammesgrenze gegenüber den nördlich sich festsetzenden Franken bildete sich eine Linie vom Hagenauer Forst im Elsaß, über Baden-Oos, die Hornisgrinde im Hochschwarzwald, nördlich von Calw und Weilderstadt entlang. Von Markgröningen und dem Hohenasperg führte sie bei Backwang, Murrhardt vorbei über Hohenberg bei Ellwangen und den Hesselberg bei Dinkelsbühl zur Altmühl, während der Lech die Sitze der Alamannen gegenüber den Bajuwaren schied, mit wenigen Ausnahmen ostwärts vom Lech bei Steingaden. Der südlichste Punkt der alamannischen Ansiedlung wurde das Dorf Zermatt am Fuß des Matterhorns in den Alpen.

So wurde der Ostgotenkönig Theoderich zum Retter Alamanniens. Chlodwig nahm nach seinem Sieg über die Alamannen unter dem Einfluß seiner streng katholischen Gemahlin Chrodechilde aus dem burgundischen Königshaus und auf Anraten des gallischen Klerus das römische Christentum an. Damit warf er aber auch alle sittlichen Bindungen ab, die seine germanische Abkunft seinen Stammesgenossen und den anderen Germanenstämmen gegenüber auferlegte. Obwohl seine Schwester arianische Christin war, hatte Chlodwig nun einen Vorwand, um gegen die arianischen »ketzerischen« Westgoten einen Glaubenskrieg zu führen, die er in der Schlacht bei Vouillé im Jahre 507 besiegte.

Aber selbst in den Reihen seiner merowingischen Verwandten, den salischen Kleinkönigen räumte er unversöhnlich auf. Mit den verwerflichsten Mitteln beseitigte er alle fränkischen Fürsten, die noch über bestimmte Teilgebiete, besonders im Osten und Norden des Landes, ihre Herrschaft ausübten.

Zunächst ließ Chlodwig den König der Ripuarier, der Uferfranken an Rhein und Mosel, Sigibert und dessen Sohn Chloderich, um derentwillen er die Alamannen bekämpft hatte, scheren, in ein Kloster bringen und dann kaltweg ermorden. In Köln ließ Chlodwig sich von dessen Gefolgsleuten auf den Schild, also zum König über die Uferfranken, erheben. Danach wurden die Könige in Chlodwigs alter Heimat am Niederrhein, nämlich Ragnachar, Chararich, Richar und Rignomer von dem gerade zum Christentum übergetretenen König Chlodwig umgebracht.

Es wirkt wie ein Hohn, wenn der katholische Bischof Gregor von Tours, ein Zeitgenosse Chlodwigs, über diesen berichtet:

> »Gott warf aber Tag für Tag seine Feinde vor ihm zu Boden und vermehrte sein Reich darum, daß er rechten Herzens vor ihm wandelte und tat, was in seinen Augen wohlgefällig war«.

Schon im Jahre 511 starb Chlodwig im Alter von 45 Jahren. Sein Reich wurde unter seine 4 Söhne aufgeteilt. Theuderich, obwohl von unehelicher Geburt, der älteste und tüchtigste, erhielt das Ostfrankenreich.

Theoderich, der große Ostgotenkönig, versuchte, das Germanentum zusammenzufassen, zu stärken, ihm das Heil zu bringen. Chlodwig dagegen brachte Unheil. Er verriet sein Volkstum zugunsten seines unersättlichen Strebens nach Macht. Eine schlimme Saat ging auf.

Nach dem Tode Theoderichs des Großen im Jahre 526 setzte der oströmische Kaiser Justinian alles daran, das Ostgotenreich in Italien zu vernichten. Trotz heldenhaften Widerstandes der Ostgoten unter ihren Königen Totila und Teja wurde dieses germanische Reich unter den harten Angriffen des römischen Feldherrn Narses im Jahre 556 zertrümmert. Nur wenige Goten entrannen dem Untergang. Ein Alamannenheer unter der Führung von Leuthari und Butilin wollte den Ostgoten Hilfe bringen, jedoch wurde es teils von der Malaria hinweggerafft, teils durch die Streitmacht Ostroms unter seinem Feldherrn Narses am Volturno in Campanien südlich von Rom aufgerieben. Dabei waren die Franken mit Ostrom verbündet, sie sahen den Untergang der Ostgoten und des alamannischen Aufgebots auch als ihren Erfolg an.

Nun mußten die Alamannen wohl oder übel die fränkische Oberherrschaft anerkennen. Auch die Bayern konnten sich der Hoheit des Frankenreiches nicht entziehen. Jedoch behielten die Alamannen und Bayern ihre angestammten Herzöge bei. So war die Abhängigkeit in Schwaben und Bayern gegenüber den Franken verhältnismäßig lose. In die inneren Verhältnisse dieser beiden süddeutschen Stämme griffen die Franken zunächst nicht ein.

48. Die Nordhermunduren und Thüringer

Nach Mitteldeutschland hatten sich im 4. Jahrhundert vor der Zeitwende kleine keltische Volksgruppen geschoben und sich dort etwa 300 Jahre gehalten. Eine Reihe von Volksburgen gibt von den bedeutenden städtischen Siedlungen der Kelten Kunde, so besonders jene auf den Gleichbergen in Südthüringen.

Jedoch kurz vor dem Beginn unserer Zeitrechnung strömten von Norden her suebische Germanen in Thüringen ein und verdrängten die Kelten. Vom großen Feldzug des Ariovist haben wir schon gehört. Der Vorstoß der Sueben prägt sich auch bei den Bodenfunden im Wechsel der Bestattungssitten deutlich aus. Nun wurden die Toten wieder verbrannt, die Feuerbestattung wurde üblich.

Während ein Teil der Sueben unter Ariovist nach Südwesten zog, um Neuland zu gewinnen, bildete sich in der Landschaft am Rande des Thüringer Waldes ein neuer Suebenstamm heraus. Er gab sich den Namen Hermunduren.

Diese Benennung trägt die Herkunft des Stammes von den Irminonen oder Erminonen in sich, wobei die Endsilbe — »duren« wohl die Abstammung bedeuten soll. Die Hermunduren breiteten sich im Gebiet nördlich des Thüringer Waldes und beiderseits der Saale aus. Aber auch in den Tälern dieses Gebirges und südlich davon im Werratal legten sie ihre Dörfer an. Ein Zusammenstoß mit den germanischen Chatten wegen des Besitzes der Salzquellen im Jahr 65 uns. Ztr. in der Gegend von Neustadt an der Saale endete mit einem Sieg der Hermunduren.

Eine Gruppe von Hermunduren erreichte das Maintal und ließ sich in der Umgebung von Würzburg nieder. Eine andere Schar schweifte in ein anscheinend von den Kelten verlassenes Gebiet südlich des Mains. Sie zog der Regnitz der schwäbischen Rezat und der Altmühl entlang bis in die Gegend der Mündung des Lech in die Donau. Hier stießen sie, wie schon berichtet, mit dem römischen Feldherrn Domitius L. Ahenobarbus zusammen. Dieser wies den Hermunduren das Gebiet nördlich der Donau zur Siedlung an, unter der Bedingung, daß sie sich unter römischen Schutz stellten, womit sie sich einverstanden erklärten.

Zu Beginn unserer Zeitrechnung gehörten die neuen Suebenstämme, die den Ausgriff nach Süden, Südwesten und Südosten wagten, durchaus noch der großen suebischen Kultgemeinschaft an. Sie reichte von Mecklenburg über das Elbe- und Havelgebiet zur Saale, zum Thüringer Wald, zum Main, zur Donau, zur Unteren Altmühl, ferner nach Böhmen und Mähren bis zur Mündung der March in die Donau. Der König der Hermunduren Wibilo drang mit einem Teil des Stammes durch das Elbsandsteingebirge nach Böhmen vor und nahm dort Einfluß auf die Geschicke der Markomannen. Indessen vollzog sich bei dem Stamm der Hermunduren eine Teilung in Süd- und Nordhermunduren. Die Grenze lag etwa zwischen dem Thüringer Wald und dem Main.

Die Häuser der Hermunduren waren Fachwerkbauten mit eingegrabenen Wandpfosten, wie dies bei Dorna Krs. Wittenberg durch eine Grabung zum Vorschein kam. Ein Eisenpflug aus der Hermundurenzeit wurde bei Riesa an der Elbe aus dem Erdreich gehoben.

Die Hermunduren verbrannten ihre Toten und bargen die Asche in prachtvoll verzierten Schalenurnen, den sogenannten Situlen, oft mit Mäandermuster versehen. Selbst das alte Sinnbild des Hakenkreuzes fehlt nicht, das die Sueben aus Nordgermanien mitbrachten. Bedeutende Ausgrabungen aus Haldensleben und Holzweißig Krs. Weißenfels, aber auch bei Würzburg zeigen die Kunst der Hermunduren aus dieser Zeit. Bei Bestattungen von Frauen wurden Spinnwirtel und Schmuck als Zeichen ihrer Würde in die Urnen versenkt.

In dem Torfmoor von Possendorf bei Weimar wurde eine weibliche Gestalt, aus Holz geschnitzt, mit zum Gebet erhobenen Händen gefunden, die wohl eine Opfergabe darstellte. Einen Höhepunkt der Entwicklung hermundurischer Kunst bilden die wundervollen silbernen Gewandspangen mit gedrehtem Bügel aus Merseburg. In Leuna bei Merseburg stieß man bei Grabarbeiten auf ein Fürstengrab des 4. Jahrhunderts n. Ztw. Hier wurden reich verzierte Silberschalen und der Endbeschlag einer Schwertscheide mit Sonnenzeichen aus dem Boden gehoben. In Nebra Krs. Querfurt kam ein Flechtband mit Silbertauschierung zum Vorschein.

Aber das 4. Jahrhundert ging nicht vorüber, ohne daß sich auch bei den Hermunduren ein Zusammenschluß zu einem Kampfverband vollzog. Sicher gaben die Alamannen, die Franken und Sachsen das Vorbild hierzu. Wieder wurde der Zuzug von Stämmen aus dem Norden sichtbar. Teile der Angeln aus Schleswig-Holstein und der Warnen aus Mecklenburg beschlossen, sich mit den Hermunduren zu vereinigen zum Stammesverband der *Thüringer*. Der Name tritt zum ersten Mal in der Melomedicina des Römers Vegatius kurz vor Beginn des 4. Jahrhunderts als Toringi auf. Hier werden sie als hervorragende Pferdezüchter genannt. Die Bezeichnung läßt ihren Ursprung von dem germanischen Gott Thor vermuten. Denn die Angeln verehrten Thor als Gott des Erntesegens, der gleichbedeutend ist mit dem Gott Donar bei den Irminonen, also besonders bei den Sueben, Sachsen und Chatten. Ein Hauptheiligtum der Angeln war der Thorsberg in der Nähe von Süderbrarup, wo sehr wertvolle Funde aus der germanischen Zeit gehoben wurden. So griff man bei der Namenswahl wohl gern auf die gemeinsame nordische Urheimat zurück. Die Ableitung der Endsilben beim Namen des neuen Stammes aus den Hermunduren = »-duren«, die ebenfalls eine Ähnlichkeit mit dem Wort Thüringer oder Toringer aufweist, befriedigt nicht so sehr, weil der Hauptton des Namens auf den beiden ersten Silben, also Hermun oder Hermund liegt. An die Warnen erinnern heute noch der Fluß Warnow und das Seebad Warnemünde bei Rostock, ferner die Orte Warin an der Warnow und Waren am Müritzsee in Mecklenburg. Die Warnen haben ihre neue Heimat im Verinofeld ostwärts von der Saale, die Angeln im Engelingau südlich der Hainleite bis zur Schmücke im Thüringerwald gefunden.

Wer will heute noch behaupten, daß die nachfolgenden Obotriten in Mecklenburg reine »Slawen« waren, nachdem sie doch die Namen der Orte von den Warnen beibehalten haben? Zumindest sind Teile der Warnen in ihren alten Sitzen an der Warne geblieben.

Mit der Gründung des neuen germanischen Stammes der Thüringer geht ein neuer nordischer Einfluß im Kunsthandwerk einher. Die Gewandspangen zeigen eine auffallende Verwandtschaft mit jenen aus den nördlichen Ländern von Dänemark und Schweden, sogar der Insel Gotland.

Dieses Thüringerreich hatte seine Glanzzeit im späten 5. Jahrhundert unter seinem König Bisino. Er hatte seinen Herrschaftssitz auf der Bisinburg (heute Bösenburg) bei Mansfeld. Mehrere Gaue bestanden damals: Nordthuringgau nördlich der Unstrut, Hardagau, wohl von den Haruden aus Nordnorwegen bezogen, im Vorland des Harzes, der Suebengau ostwärts der Bode. Diese Sueben bildeten also den harten Kern des Stammes aus der alten Suebenzeit. Ein weiterer Gau war der Hochseegau einschließlich des Friesenfelds bei Mansfeld. Hier erscheinen auch Friesen als Teile des neuen Stammesverbandes der Thüringer. Die Skidroburg an der Unstrut war eine Grenzburg gegen Norden.

König Bisino griff mit seinen Heerscharen weit nach Süden und bezog die Südhermunduren zum Teil in sein Reich ein, soweit sie sich nicht schon den Alamannen angeschlossen hatten, also besonders im Osten des heutigen Unter- und Oberfranken. Er stieß zu den Naristen in die Oberpfalz vor bis nahe an die Donau bei Regensburg. Auf Streifzügen gelangten die Thüringer sogar über Passau nach Lorch an der Donau, jedoch war ihr Erscheinen dort nur vorübergehend.

Bisino muß nicht nur ein Feldherr sondern auch ein kunstverständiger Mann gewesen sein, denn aus seiner Zeit wurden bedeutende Schätze des Thüringerreichs gehoben. Die feinsten Funde stammen aus der Gegend von Weimar, Erfurt, das damals noch Erpesfurt hieß, Obermöllern bei Weißenfels, Haßleben bei Weimar, Belleben bei Mansfeld und Görmar bei Mühlhausen. Eine sehr prächtige Gewandnadel mit Tierkopf, ähnlich wie bei den Alamannen, stammt aus einem Frauengrab bei Belleben. Bei Wörlitz im Saalekreis wurde eine Zierscheibe in Hakenkreuzform geborgen. Goldene Gewandspangen mit feinen gewundenen Drahtauflagen und Anhängern gehörten zum Schmuck einer thüringischen Fürstin.

Doch über dem Thüringerreich schwebte ein Unstern. Mag Bisino zu gewalttätig gegenüber seiner Frau Basina gewesen sein oder mag er sie gekränkt haben, jedenfalls floh sie zum Frankenkönig Childerich. Die Tat der thüringischen Königin kam ihm wohl gelegen, und so sagte er den Thüringern den Kampf an. Zunächst heiratete Bisino in 2. Ehe Menia aus edlem thüringischen Geschlecht. Sie gebar 3 Söhne:

Baderich, Irminfried und Berthachar. Baderich lebte anscheinend nur kurz. Berthachar erbte nach Bisin's Tod Westthüringen, nach den reichen Grabfunden bei Mühlhausen zu schließen. Irminfried hatte seinen Sitz in Weimar. Er nannte sich wie sein Vater König von Thüringen. Er heiratete die Nichte des Ostgotenkönigs Theoderich des Großen, Amalberga. Sie war wie ihr Oheim und der ganze Gotenstamm Anhängerin des arianischen Glaubens. Amalberga hatte aus Oberitalien zahlreiches Gefolge und schönen Schmuck mitgebracht und führte in Weimar einen glanzvollen Hof. Zellenverglasungen bei ihren Schmuckstücken und eine Runeninschrift, die man bei Ausgrabungen bei Weimar fand, weisen auf gotischen Ursprung hin.

Theuderich, der Sohn des Frankenkönigs Chlodwig, rüstete im Jahre 526 einen Kriegszug gegen die Thüringer. Er besiegte Barthachar in einer Schlacht am Runenberge, wobei Berthachar den Tod fand. Die Schlacht selbst scheint indessen unentschieden verlaufen zu sein.

Irminfried erkannte den Ernst der Lage für sein Thüringerreich. Er versuchte, Theuderich günstig zu stimmen und schenkte ihm einen Grauschimmel edelster thüringischer Zucht. Dies machte aber auf den Franken keinen tiefen Eindruck.

Theuderich war seiner Sache jedoch nicht ganz sicher. Daher führte er Verhandlungen mit den Sachsen und versprach ihnen gegen ihre Waffenhilfe bei einem siegreichen Ausgang eines Krieges gegen Thüringen das nördliche Gebiet dieses Reiches. Leider gaben sich die Sachsen zur Teilnahme an diesem Bruderkampf her.

Für Theuderich, den Katholiken, war der Hauptkriegsgrund der Glaubensgegensatz gegenüber dem arianischen Thüringerreich, aber auch die Gier nach Erbeutung der wertvollen Schätze des thüringischen Königshauses.

Im Jahre 531 schlugen Theuderich mit seinem starken fränkischen Heer und die Sachsen gegen die Thüringer los. Diesem Zangenangriff der Franken und Sachsen war Irminfrieds Heer nicht gewachsen. Die Sachsen nahmen die Thüringerburg Szithingi an der Unstrut bei der Stadt Burgscheidungen ein, wodurch der Sieg über die Thüringer erzwungen wurde. Irminfried entging der Gefangennahme und sammelte sein Heer im Südosten Thüringens, wohl jenseits der Saale im

Suebengau. Währenddessen verwüstete Theuderich mit seinen Franken das südliche Thüringen um Erfurt. Der fränkische König kehrte mit seinen Mannen heim, anscheinend vom Erfolg seines Heerzuges nicht befriedigt. Nun forderten die Sachsen von ihm Nordthüringen, was sie auch besetzt hielten.

Theuderich lockte drei Jahre später, wahrscheinlich mit trügerischen Versprechungen, Irminfried nach Zülpich ins Rheinland und ließ ihn nach römisch-fränkischer Art heimlich ermorden.

Die Folgen des Eindringens der Franken in Thüringen waren für dieses Land sehr unglücklich. Amalberga floh mit ihrem Sohn Amalafried und ihrem Gefolge zu ihrem Bruder Theodhat, dem Ostgotenkönig, nach Oberitalien. Dort aber schwebten schon die Kämpfe mit Ostrom und dessen Feldherrn Belisar. Im Jahr 540 geriet Amalberga mit ihrem Sohn in Gefangenschaft und wurde zum oströmischen Kaiser nach Byzanz gebracht. Hier trat Amalafried in oströmische Dienste.

Noch schlimmer erging es den Kindern des Thüringischen Königs Berthachar, der Tochter Radegunde und ihrem jüngeren Bruder. Sie wurden zu König Theuderich ins Frankenreich entführt. König Chlotachar, der Sohn Theuderichs, nahm Berthachars Tochter zur Gemahlin, ließ aber ihren Bruder hinterrücks ermorden. Das schmerzte Radegunde so sehr, daß sie in ein Kloster ging. Dort verfaßte sie ein ergreifendes Gedicht, das als eines der frühesten Zeugnisse germanischer Dichtung erhalten blieb. Darin schildert sie den Untergang vieler edler thüringischer Geschlechter durch die Niederlage von Burgscheidungen. Sie preist im Gegensatz dazu das goldglänzende Dach der thüringischen Königshalle. Die Frauen in ihrem goldenen Haar und ihrer weißen Haut, so erzählt sie rückschauend, überträfen noch den Glanz ihres Geschmeides.

In diesem grausigen Schauspiel germanischer Stammesfehden spiegelt sich die verschiedene Kampf- und Rechtsauffassung zwischen den stark verwelschten Franken und den noch in ihrer Art unverbildeten Germanenstämmen wieder. Die Frankenfürsten schreckten nicht vor dem Mord germanischer Fürsten und deren Familien zurück, wenn sie ihrer Machtausdehnung im Wege standen. Die Thüringer waren ihrer Auffassung von ehrlichem Kampf treu geblieben.

Die Sage bewahrt die Erinnerung an jene heldische Zeit der Thüringer. Danach sollen Irminfried und Iring, dieser wohl ein Verwandter des Königs Irminfried, ins Hunnenland zu König Etzel entkommen sein. Dort traten sie als Landgraf Irnvried von Düringen und Markgraf von Tenemarken (Dänemark) auf und wurden seine Dienstmannen. Nach Iring wurde die Milchstraße am Himmelszelt benannt. Die Franken begnügten sich aber nicht mit dem Vernichtungsfeldzug gegen die Thüringer. Gegen Ende des 6. Jahrhunderts unternahmen sie eine Heerfahrt gegen die Warnen ostwärts der Saale ohne jede Herausforderung dieses Teilstammes. Auch deren Reich wurde von den überlegenen Franken im Jahre 595 vernichtet.

Die Folgen waren für den ehemals freien suebischen Stamm auch in anderer Hinsicht schwerwiegend. Denn die Franken führten mit ihrer Grafschaftsverfassung auch das katholische Christentum ein. Die Thüringer verehrten hauptsächlich als Götter Wodan und Donar. Heilig waren ihnen Berge, Quellen, hohe Bäume, Felsvorsprünge in diesem gebirgigen Land. Darin unterschieden sie sich nicht von den übrigen Subenstämmen. Ein Wodansheiligtum ist in Gutenswegen Krs. Wolmirstedt, Nordthüringen, nachgewiesen. Dieser Ort hieß früher Wuotanesweg. Der Donnersberg in Südthüringen weist auf den Gott Donar hin, während Ballstedt früher Balderesstedi, ebenso Ballenstedt am Harz, je ein Heiligtum des Sonnengottes Balder, Wodans Sohn, umschlossen. Roßtrappe und Hexentanzplatz über dem Bodetal im Ostharz sind als heidnische Heiligtümer allbekannt. Die Bockshornschanze bei Quedlinburg wird ebenfalls als altthüringisches Heiligtum gedeutet. Der Regenstein bei Blankenburg im Ostharz hat eine sehr weit zurückliegende Vergangenheit. Der Hülfensberg im Eichsfeld, der eine christliche Kapelle auf seiner Höhe trägt, hat eine heidnische Überlieferung, die bis in unsere Tage lebendig geblieben ist.

Durch die Eingliederung Thüringens ins Frankenreich wurde die germanische Götterwelt allmählich verdrängt. Zunächst aber war der Widerstand der Thüringer gegen die neue Lehre recht heftig. Ein thüringischer Herzog Radulf wurde vom Frankenkönig Dagobert mit dem Sitz in Würzburg eingesetzt.

Dagobert war indessen in seinen Heerfahrten nicht vom Glück begünstigt. In Böhmen hatte sich ein fränkischer Edelmann, Samo, mit Hilfe von eingesickerten wendischen Volksstämmen, erfolgreich gegen das östliche Reitervolk der Awaren gewehrt, die dort eingedrungen waren. König Dagobert verlangte von Samo und dessen Gefolgsleuten, daß sie sich der Frankenherrschaft unterwerfen sollten. Der fränkische Gesandte nannte, als Samo sich nicht zur Unterwerfung bereitfand, dessen Mannschaft »heidnische Hunde«, mit denen man nicht verhandeln könnte. Das erregte Samo und dessen Mitstreiter derart, daß sie die fränkischen Gesandten hinauswarfen. Dagobert rüstete ein Heer und traf die Streitmacht Samos bei Wogastisburg in der Nähe von Eger in Böhmen. Durch das Eingreifen der Bifulki, wahrscheinlich Angehörige des ehemaligen Markomannenstammes, die in Böhmen verblieben waren, wurde Dagobert im Jahre 631 vernichtend geschlagen. Die Alamannen, die von König Dagobert zur Heerfolge aufgerufen worden waren, griffen jedoch nicht in die Schlacht ein.

Der thüringische Herzog Radulf wagte nach dieser Niederlage der Franken einen Aufstand gegen Dagoberts Sohn Sigibert, der Erfolg hatte. Dabei wurden soeben eingerichtete christliche Kapellen teilweise zerstört.

Im ganzen gesehen, wirkte sich die fränkische Oberherrschaft über Thüringen für den germanischen Lebensraum ungünstig und schwächend aus. Denn der Frankenkönig nahm den Stamm der Nordsueben, die ostwärts von der Elbe seit einem Jahrtausend siedelten, in ein Gebiet westlich dieses Stroms zurück, was schließlich westwärts wandernde nicht germanische Bevölkerungsgruppen dazu reizte, diese Gebiete für sich zu beanspruchen.

Diese Nordschwaben im Gau Swevon gerieten in Streit mit einem sächsischen Kampfverband, der sich den germanischen Langobarden auf ihrem Zug nach Italien angeschlossen hatte, sich aber mit diesem nicht vertrug und daher in seine Sitze zurückkehrte. Nach kurzem Kampf einigten sich die Sachsen mit den Sueben und siedelten nebeneinander. Hier drängten sich nun die Stämme, während jenseits der Elbe wertvoller, alteingesessener Landbesitz verlorenging.

Die Franken sahen allmählich selbst ein, daß sie falsch gehandelt hatten, nachdem von Osten her der fremde Stamm der Sorben in bedrohliche Nähe gerückt war. Mit ihm gerieten die angrenzenden Sachsen und Thüringer bald in Streit. Radulf schlug sogar im Jahre 633 die Sorben bei Rudolstadt zurück.

Die Sachsen, die damals von den Franken abhängig geworden waren, versuchten, ihre Jahresschatzung von 500 Rindern dadurch abzulösen, daß sie die Ostgrenze des Frankenreiches gegen die Sorben schützten. Trotzdem waren die Kämpfe mit den neuen östlichen Nachbarn wechselvoll und nicht immer glücklich. Das Gebiet ostwärts der Saale mußte den langsam sich vorschiebenden Sorben und Wenden überlassen werden.

Die Franken setzten irische Missionare ein, die die Thüringer zum Christentum bekehren sollten. Diese verständigten sich aber scheinbar mit den thüringischen Herzögen Theotbald und Hedan, sodaß sie heidnische Bräuche beibehalten konnten. Außerdem leisteten die Thüringer Rom nicht die erwarteten kirchlichen Abgaben. Diesem »gotteslästerlichen Treiben« bereitete der römische Abgesandte Bonifatius, nachdem er das Heiligtum der Donar-Eiche bei den Hessen umgehauen hatte, im Jahr 738 ein jähes Ende. Willibald, der christliche Geschichtsschreiber, bezeichnet die iroschottischen Mönche in Thüringen als »Ehebrecher und Hurer« und beschimpft sie als »verderbliche Sekte von Ketzern«. Darauf wurde mit angelsächsischen Mönchen das Kloster Orthorf (heute Ohrdruf) in Thüringen gegründet, und die Iren wurden aus der Katholischen Kirche ausgestoßen.*) Damals, so schildert der Mönch Willibald weiter, herrschte ein furchtbares Elend und eine bittere Armut in den thüringischen Landen.

Wie weit aber germanischer Glaube in Thüringen bis ins 8. Jahrhundert noch verbreitet war, zeigt uns der Reiterstein von Hornhausen, Kreis Oschersleben. Er wurde am Saalberg, dem heiligen Begräbnishügel eines thüringischen Edelmanns, aufgefunden. Der Grabstein zeigt einen Reiter, der einen damals üblichen Knobelspeer und einen Schild mit dem altsuebischen Sonnenrad trägt. Unter ihm kriecht ein Drachengewürm, das der Reiter wohl im Kampf überwunden hat.

Man hat in diesem Reiter ein Abbild des Totengottes Wodan sehen

*) vgl. Hammerbacher, Die Donar-Eiche, S. 92.

wollen, und es gilt als sicher, daß der Held, zu dessen Ehren der Grabstein kunstvoll gemeißelt wurde, ein Anhänger Wodans war. Wahrscheinlich soll der Reiter aber den Toten selbst auf seinem Ritt nach Walhall darstellen, wo sich alle tapferen Germanen nach ihrem Tode um Wodan versammeln (Abb. 17).

Dieser Reitergrabstein weist eine Verwandtschaft zu ähnlichen Grabsteinen auf der Insel Gotland an der schwedischen Ostseeküste auf. Zum anderen finden wir im alamannischen Bereich, also im heutigen Baden und Württemberg, mehrfach solche Reiterdarstellungen auf Schmuckscheiben und durchbrochenen runden Goldschmiedearbeiten, auf die wir noch zu sprechen kommen.

Hier ist kurz vor dem Einbruch des Christentums germanische Bildkunst zu reifer Höhe gelangt und taucht die hohe Zeit der Sueben und Alamannen in strahlendes Licht, das unvergänglich die späteren Jahrhunderte überdauert hat.

49. Die Langobarden

Dieser suebische Stamm saß zunächst an der Unterelbe. Als der Großteil der gleichfalls suebischen Semnonen im Jahre 178 n. Ztw. nach Süden zog, um, mit den Mainsueben und den Südhermunduren vereint, als Kampfverband der Alamannen die Römer aus dem Land zwischen Rhein und Donau zu vertreiben, nahmen die Langobarden die Sitze der Semnonen zwischen Elbe, Saale und Havel ein. Dort bereiteten sie sich zu einer größeren Heerfahrt nach dem Süden vor. Im Jahre 488 besetzten die Langobarden unter ihrem König Godeoc das Rugierland im heutigen Niederösterreich, das der Heermeister Odoakar, der Skirenfürst, kurz vorher zerschlagen hatte. In dieser Landschaft errichteten sie ein Reich. Unter ihrem König Wacho gelangte das Langobardenland in den Jahren 510—540 zu hohem Ansehen. In der Folge wandten sich die Langobarden, da sich die Germanenstämme an den Ufern der Donau stauten, gegen die dort ebenfalls ansässigen germanischen Heruler und Gepiden. Diese hatten hauptsächlich das Land zwischen der Donau und der Theiß inne. König Audoin besiegte mit seinen Langobarden die Gepiden im Jahre 554. Sein Sohn Alboin ging noch härter gegen die Gepiden vor. Mit Hilfe des mongolischen Reitervolks der Awaren vernichtete er diesen germanischen Stamm. Er zwang die Tochter des gefallenen Gepidenkönigs Kunimund, Rosamunde, seine Frau zu werden. Zu spät sah Alboin ein, daß die Awaren viel gefährlichere Gegner waren als die soeben niedergeworfenen germanischen Gepiden.

Inzwischen hatte der oströmische Kaiser Justinian in grausamen Kriegen das Ostgotenreich in Italien zertrümmert. Dennoch hatte er seinen kriegserfahrenen Heermeister Narses in Ungnaden entlassen.

Daraufhin wagte der Langobardenkönig Alboin einen Heerzug nach Oberitalien. Das Unternehmen glückte. Im Jahre 568 war fast ganz Oberitalien in den Händen der Langobarden. Nach dreijähriger Belagerung fiel auch die zäh verteidigte Festung Pavia. Alboin erhob sie daraufhin zu seinem Königssitz.

Doch kurz darnach wurde Alboin von seiner Gemahlin Rosamunde ermordet, nach dem er sie gezwungen hatte, aus der Hirnschale ihres Vaters Kunimund zu trinken, den Alboin im Kampfe getötet hatte. So waltete über dem jungen Langobardenreich ein Unstern.

Die langobardischen Großen wählten den jungen Authari zu ihrem König. Er heiratete die Tochter des Bayernherzogs Garibald, Theudelinde. Dieses Fest wurde noch ganz nach germanischer Sitte gefeiert. Authari war arianischer Christ nach dem Vorbild der Ostgoten und aller jener germanischer Stämme, die ihre Freiheit gegenüber Rom zu bewahren suchten. Unter Authari festigte sich das Langobardenreich. Er siedelte seine Mannen in herrenlosen Höfen, auf ehemals staatlichen und bischöflichen Ländereien an. Dadurch machte er sie unabhängig von der einheimischen Bevölkerung. Nur seine Langobarden durften Waffen tragen. Mehrere Herzogtümer wurden geschaffen: darunter Friaul im Osten, Toskana in der Mitte, Spoleto und Benevent am Meer. Dadurch gerieten sie in Zwiespalt mit dem Papst. Diese Feindschaft wurde auch dann nicht von päpstlicher Seite aufgegeben, als Königin Theudelinde nach dem frühen Tod ihres Mannes glaubte, zum katholischen Bekenntnis übertreten zu müssen, um ihr Reich zu sichern.

Nach dem Zusammenbruch des weströmischen Reiches strebten die höchsten kirchlichen Würdenträger in Rom nach Ausbreitung auch ihrer weltlichen Macht.

Eine Reihe bedeutender langobardischer Könige und Herzöge herrschten in den folgenden Jahrhunderten in Ober- und Mittelitalien: Agilulf, Grimoald, Aistulf, Rothari und andere. Dieser schuf ein vorbildliches Gesetzeswerk. Im allgemeinen konnte in der Zeit bis zur Mitte des 8. Jahrhunderts der Friede gewahrt werden.

Nun blühte die Kunst auf. Das unsterbliche Verdienst der langobardischen Baumeister, Steinbildhauer und Goldschmiede ist es, daß sie germanische Vorbilder, die sie aus ihrer ehemaligen Heimat mitbrachten, für ihre Kunstwerke in Italien auswählten und den sogenannten Flechtband- und Tierstil wesentlich mitgestalteten. In den Kirchenbauten von Ravenna, Mailand, Cividale und anderen Orten überwog der germanische Stil sogar in der christlichen Kunst. Die langobardische Kunst fand auch in der Südschweiz und in Kärnten (Millstatt!) Eingang. Im Gegensatz hierzu kamen die Gestaltungskräfte in römischen Kirchenbauten überwiegend aus dem Mittelmeerraum, teilweise sogar aus dem vorderen Orient (Abb. 16).

50. Das dunkle Jahrhundert des Frankenreichs u. d. Papsttums

Im Frankenreich herrschten im 6. Jahrhundert grauenhafte Zustände. Nach dem Tode Chlotars I, der vorübergehend das ganze Frankenreich beherrschte, im Jahre 561, teilten sich seine vier Söhne in die Macht. Sigebert erhielt die germanisch besiedelte Landschaft Austrasien, das Ostfrankenreich, mit dem Mittelpunkt Reims, später Metz. Chilperich wurde Herrscher von Neustrien, mit dem gallisch bewohnten Mittelteil Frankens. Burgund erstreckte sich beiderseits des Rhonetals, während Aquitanien den westgotisch besiedelten Reichsteil am Atlantischen Ozean umfaßte.

Sigebert heiratete die westgotische Königstochter Brunichilde, Chilperich ihre Schwester. Jedoch verstieß Chilperich seine Gemahlin und heiratete deren Nebenbuhlerin Fredegunde. Wegen dieser Schmach bestimmte Brunichilde ihren Gemahl, gegen Chilperich zu Felde zu ziehen. Chilperich ließ seine frühere Gemahlin töten. In diese blutigen Wirren griff der austrasische Adel ein unter Führung des Bischofs Arnulf von Metz und seines Bruders Pippin I, der Hausmeier des Königs Sigebert. Chilperich und Sigebert wurden ermordet. Der Austrasische Adel stellte sich auf die Seite des Sohnes der Fredegunde, Chlotars II, der die Nachfolge Chilperichs in Neustrien übernahm. Brunichilde wurde zwischen Pferden zerrissen. Die unrechtmäßige Nebenfrau des Chilperich hatte gesiegt. Das Geschlecht der Merowinger sank in düstre Entartung herab.

Die unausbleibliche Folge dieser traurigen Verhältnisse im Frankenreich war ein Machtzuwachs der Hausmeier als Befehlshaber der königlichen Leibgarde.

Die Hausmeier im Frankenreich verfügten über einen weiten Grundbesitz, auf den sie sich während der Zerwürfnisse innerhalb des merowingischen Königshauses stützten. Vorerst war es ein Glück für die Gesamtentwicklung, daß die Hausmeier meist aus austrasischem, also noch überwiegend germanischem Adel stammten.

Zur gleichen Zeit bot das Papsttum dasselbe Schauspiel widerlichen sittlichen Verfalls. In den Jahren zwischen 537 und 555 bekleidete Vigilius das Amt des römischen Papstes. Er wird als ein unwürdiger Mann geschildert, der den apostolischen Stuhl auf den Tiefpunkt seiner Geltung niedersinken ließ. Appel gibt in seiner Kirchengeschichte auf S. 79 zu, daß die Romkirche den Franken eine faule, abgelebte Kultur vermittelte, wodurch sie die traurigsten sittlichen Zustände hervorrief. Dazu kamen noch die ständigen Auseinandersetzungen zwischen Ost- und Westkirche, die das Ansehen der römischen Kirche bei den Germanenvölkern herabsetzten.

51. Die großen Alamannenherzöge

Während das Frankenreich ein Bild kläglicher Zerrüttung bot, verstanden es die Alamannenherzöge in der Zeit des 5. bis Mitte des 8. Jahrhunderts, ihr Land vorzüglich zu verwalten und gegen die Ansprüche der Franken zu verteidigen. Noch waren sie überwiegend in ihrem Glauben frei.

Sie durften ihre Heiligtümer auf hohen Bergen, auf Inseln in Seen oder Flüssen, an Quellen und unter hohen Bäumen pflegen, an denen ihnen die Götter begegneten. Mal- und Gerichtsstätten wurden an den Gau- und Landesmittelpunkten geschaffen, so besonders am »Stein« bei Cannstatt. Weitere Stätten der Verehrung bestanden auf der Bürg bei Winnenden, auf dem Wirtenberg bei Unter-Türkheim, auf dem Hohenasperg (Asen = Götterberg) bei Ludwigsburg, auf dem Wunnenstein bei Backnang (Wodanstein), auf dem Runingenberg (später Michaelsberg) bei Cleebronn, auf dem Bussen bei Riedlingen, auf dem Hohentwiel bei Singen, auf dem Heiligenberg am Bodensee, auf dem Wurmlinger Berg bei Rottenburg, auf dem Hesselberg bei Dinkelsbühl und an vielen anderen Orten (Abb. 31, 33, 36).

Herzog Leuthari I. lenkte die Geschicke seines vergrößerten Stammes in der Zeit um 550 uns. Zeitrechnung. Ihm folgten Leutfrid, Chrodebert, Leuthari II bis zum Ende des 7. Jahrhunderts.

Die Frankenherrscher versuchten auch in Alamannien dem Christentum die Tore zu öffnen, was ihnen jedoch durchaus nicht überall gelang. Um das Jahr 600 lebte der Alamannenherzog Gunzo in der Bodenseegegend. Er hatte seinen Sitz in Überlingen. Anscheinend war er ein Freund der Franken, und vielleicht hatte er das römische Christentum angenommen. Er willigte in die Missionsarbeit irischer Mönche in seinem Herzogtum ein. Doch verkannten die Missionare zum Teil die alamannische Sinnesart und folgten nicht dem Rat des Papstes Gregor I, des Großen, die heidnischen Bräuche behutsam in christliche umzudeuten. In Bregenz warfen sie heidnische Götterbilder in den See.

Der irische Mönch Columban war vom Kloster Luxeuil im fränkischen Lothringen ausgezogen, um den Alamannen am Bodensee das Chri-

21 Prunkhelm eines alamannischen Fürsten, Kupfer und Eisen vergoldet, 5. — 6. Jh. aus Gültlingen bei Calw, Württemberg

22 Alamannischer Schmuck mit Lebensbaumzier, 7. Jahrh. aus Altenstadt bei Geislingen, Württemberg

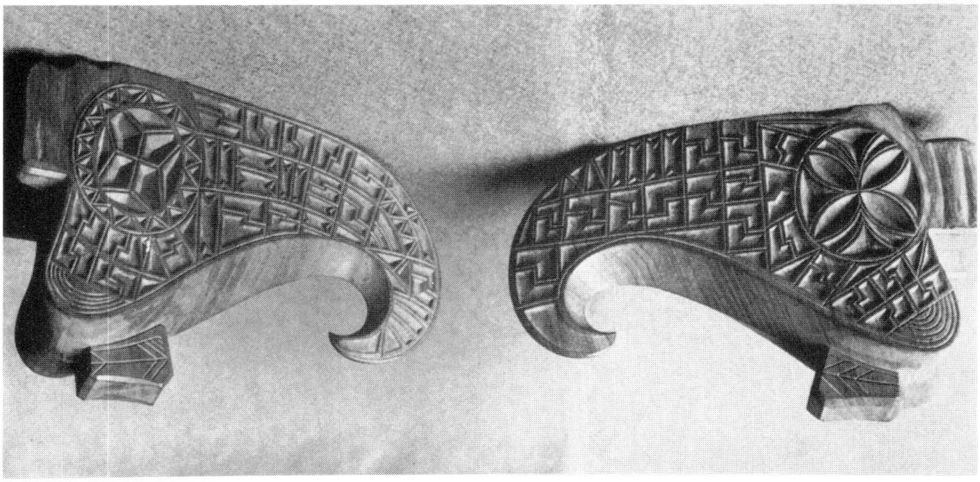

23 Vogelschnäbel, alamannische Schnitzkunst am Hochsitz eines Fürsten, 7. Jahrh., aus Oberflacht bei Tuttlingen, Württemberg

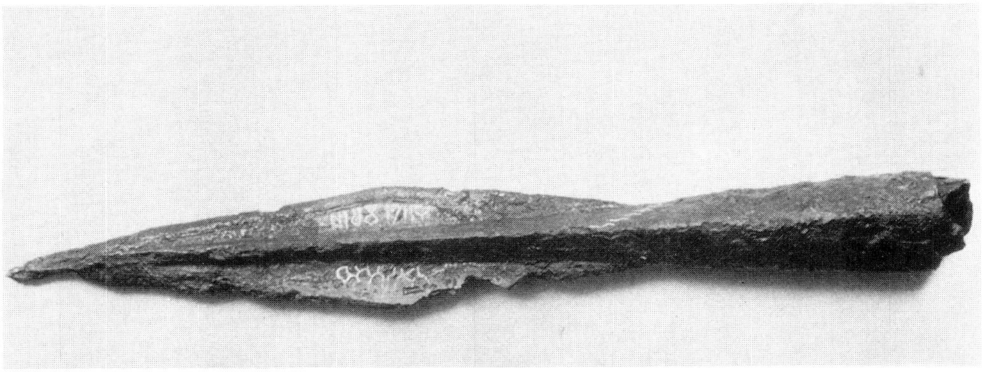

24 Alamannische Lanzenspitze mit Runeninschrift: „IDORIH“, 7. Jahrh., aus Wurmlingen bei Tuttlingen

25 Gewandspangen mit Vogelmuster, Gold mit Almandinen, alamannische Arbeit, 7. Jahrh., aus Deißlingen bei Rottweil und Gönningen bei Reutlingen

tentum zu predigen. Dabei wurde er im Jahre 610 Zeuge eines Festes, das die Alamannen zu Ehren ihres Gottes Wodan begingen. Hierbei brauten sie in einer großen Kufe Met, das kraftvolle Honigbier. Columban war entsetzt und bestürmte sie, sie sollten von ihrem sündhaften Treiben ablassen. Die Alamannen ließen sich jedoch bei ihrem Fest von diesem fremden Eindringling nicht stören sondern bedeuteten ihm, er solle sie in Ruhe lassen. Erzürnt verließ Columban die heidnische Stätte und ihre Bewohner.

In Tuggen südlich vom Bodensee brannten christliche Mönche eine heidnische Kultstätte nieder. Das ließen sich die Alamannen nicht gefallen. Sie beschwerten sich bei Herzog Gunzo, der Columban des Landes verwies. Schließlich packte der eifrige Glaubensbote seine Geräte ein und reiste über die Alpen nach Italien. In Bobbio ließ er sich nieder und verstarb daselbst.

Gallus, ein irischer Missionar im Gefolge von Columban, blieb fieberkrank am Bodensee zurück, jedoch wurde er mit einer Kirchenstrafe belegt. Er ließ sich südlich des Bodensees in einem einsamen Tal nieder und gründete dort eine Zelle, die später St. Gallen genannt wurde. Im 6. Jahrhundert war wegen des Vordringens der Alamannen in die Schweiz das Bistum Windisch bei Basel nach Lausanne verlegt worden. Nun versuchten die Franken, in Konstanz ein neues Bistum für die Alamannen zu gründen. Es wurde bewußt als Gegengewicht gegen die alamannischen Herzöge angelegt, die nach Ansicht der fränkischen Könige zu eigenmächtig in ihrem Lande regierten. Jedoch geriet das Bistum bald danach unter den Einfluß des Alamannenherzogs Gunzo. Dieser berief nach dem Tode des 1. Bischofs im Jahre 615 die alamannischen Adligen zur Wahl nach Konstanz ein. Gunzo schlug Gallus vor, jedoch konnte er nicht Bischof werden, da er noch im Kirchenbann stand. So wurde denn sein Schüler Johannes zum Bischof gewählt. Herzog Gunzo betrachtete die Kirche des alamannischen Bistums Konstanz als seine Eigenkirche, da diese auf seinem Grund und Boden errichtet worden war, und nach germanischem Recht dann auch alle Gebäude seinem Eigentum angehörten.

Eine heidnische Kultstätte befand sich in Betenbrunn bei Überlingen. Hier wurden die drei Nornen Einbeth, Wilbeth und Marbeth verehrt, die als Walküren die Toten nach Walhall begleiteten. Diese drei Gestalten wurden auch in anderen Gegenden Süddeutschlands, z. B. in Bayern gewürdigt. — Der Bodensee soll seinen Namen von Wodan, dem germanischen Gott, herleiten. Der Bodanrück, der Bergzug zwischen dem Überlinger und dem Untersee, auch heute noch ein besonders schönes und kaum berührtes Stück süddeutscher Landschaft, war ihm geweiht; nur wenige Siedlungen wurden dort zugelassen. Bodman, jenes entzückende Dorf am Südufer des Überlinger Sees, wohl auch eine heilige Stätte, war in dieser Frühzeit zeitweise der Sitz des Alamannenherzogs, der über das ganze Herzogtum gebot.

52. Die alamannische Kunst

In der Zeit der großen Alamannenherzöge von etwa 550 bis 746 stand auch die Kunst in hoher Blüte. Der Hauch der gemeingermanischen Kunst und Glaubenswelt war auch hier im Süden in sehr eigenartiger Ausprägung zu spüren.

Ein kurzer Rückblick soll uns die Entwicklung des germanischen Kunsthandwerks noch einmal ins Gedächtnis zurückrufen.

In der Urheimat Dänemark, Norwegen und Schweden waren tüchtige Kunsthandwerker ununterbrochen seit der Bronzezeit tätig. Ihre Überlieferung wirkte über die Zeitwende hinaus, als sich der große Stamm der Sueben in Einzelstämme aufgliederte und viele Auswanderer von der skandinavischen Halbinsel nach Süden geströmt waren.

Vom Markomannenkönig Marbod erfuhren wir, daß er um die Zeitwende in Böhmen Kunsthandwerker beschäftigte.

Die Goten haben bei ihrer Fahrt über die Ostsee an die Weichselmündung um die Zeitwende eine starke Überlieferung aus der Heimat und eine hohe Kunstfertigkeit mitgebracht. Bei Hammersdorf, Kreis Heiligenbeil in Ostpreußen, wurde eine feine, edelsteinbesetzte Goldspange mit drei Knöpfen, ferner eine goldene Kette mit Anhängern gotischer Herkunft aus der Zeit des beginnenden 3. Jahrhunderts aufgefunden. Schon bald darauf wanderten die Goten nach Südrußland.

Aus jener Zeit stammt die güldene Krone mit roten Edelsteinen, den Almandinen, dicht besetzt, mit dem Irminsul-Sinnbild als Hauptzier sowie eine silberne Gürtelschnalle. Sie wurden bei der Landenge von Kertsch auf der Halbinsel Krim, vielen deutschen Soldaten aus dem 2. Weltkrieg bekannt, schon vor dem 1. Weltkrieg aufgefunden. Vielleicht war es die Krone des Königs Ermenreich.

Nach dem Hunneneinbruch des Jahres 375 n. Ztw. mußten die Goten nach Südwesten ausweichen. Nach anfänglichen schweren Kämpfen mit Römern und Hunnen konnten die Goten jedoch bald neue Goldvorräte gewinnen, weil die römischen Kaiser die Ostgoten mit Gold entschädigten, wenn sie an der Donaugrenze in Pannonien (Ungarn) Frieden hielten. Aber die Goldmünzen mit der Einprägung der römischen Kaiserbildnisse hatten für die Goten wenig Wert. Sie schmolzen sie ein und fertigten kostbare Schmuckstücke, besonders mit Tierköpfen und Flechtwerk, an. Die gefundenen Horte bei Petroassa im heutigen Rumänien, bei Szylagy-Somlyo in Ungarn sowie die Adlerfibel von Cesena, Oberitalien, in kunstvollem Zellenschmelzwerk gearbeitet, zeugen davon. Diese letzte wird derzeit im Germanischen Museum zu Nürnberg aufbewahrt (Abb. 15).

Die meisten anderen Germanenstämme standen den Goten im Kunsthandwerk nicht nach. Der kunstvolle Goldschmuck vom wandalischen Fürstengrab zu Sacrau in Oberschlesien befindet sich gegenwärtig in Berlin.

Von den Hermunduren und Thüringern wurde schon ausführlich berichtet. Entscheidend auf die künstlerische Entwicklung der Germanenstämme, auch auf jene der Franken, wirkten, wie schon erwähnt, die Langobarden in Oberitalien ein.

Die Burgunder, die schon vor der Zeitwende von der Insel Bornholm (Burgundarholm) in der Ostsee nach Süden aufgebrochen waren und ihre Sitze an die Warthe und Netze im ehemaligen Ostdeutschland verlegt hatten, waren zum Rhein weitergewandert. Ihr grimmiger Kanzler Hagen versenkte, wie das Nibelungenlied schildert, den reichen Goldhort der Burgunder in den Rhein, um Streit und Wehruntüchtigkeit in ihren Reihen zu verhindern. Leider ist der Schatz dadurch für immer verloren gegangen.

Nachdem sich die Burgunder im Saône- und Rhônetal niedergelassen hatten, haben sie noch hervorragende Kunstgegenstände in germanischem Stil angefertigt. So wurde ein kostbarer Spangenhelm am Ausfluß der Rhône aus dem Genfer See des 7. Jahrhunderts geborgen. Ein herrlich verzierter Sax (kurzes Hiebschwert) aus der burgundischen Grabanlage von Lausanne-Bel Air mit Flechtbandmuster und Tierköpfen stammt etwa aus dem Jahr 670. — Die Franken schufen Schmuck und Waffen zunächst noch in germanischer Art. So ist es naheliegend zu begreifen, daß die Alamannen neben ihren anderen Handwerkszweigen und der Waffenherstellung ebenfalls die Gold- und Silberschmiedekunst beherrschten. Die Funde aus der Alamannenzeit, besonders zwischen den Jahren 500 — 750 n. Ztw. sind glücklicherweise so reichhaltig wie kaum in einem anderen Germanenland südlich der Nord- und Ostsee. Daher können wir uns von ihrer Kunstfertigkeit auch heute ein gutes Bild machen.

Unser Wissen verdanken wir hauptsächlich der Sitte der Alamannen, Waffen, Geräte, Schmuck und Tongefäße ihren Verstorbenen ins Grab mitzugeben im Glauben, daß sie in Walhall bei den Göttern als tapfere Krieger aufgenommen und diese Gegenstände dort benötigen würden. Ihre Frauen wurden nach alamannischem Glauben im Frauensaal Fensal der Himmelsmutter Freia in Ehren empfangen.

So konnten in den zahlreichen Sippen- und Reihengräbern viele schöne Schmuckstücke, Waffen, Zubehör zur Kleidung, Zaumzeug der Reiter, Gefäße und manchmal sogar Holzgegenstände zutage gefördert werden (Abb. 22, 25, 26).

Eine kleinere Gattung dieser Gräber barg neben anderen wertvollen Schmuckstücken wie Geleitmünzen (Brakteaten) und Zierscheiben auch einen silber- und goldbeschlagenen Spangenhelm. Wir dürfen bei diesen Gräbern darauf schließen, daß darin Gaufürsten des hohen alamannischen Adels gebettet wurden. Solche Spangenhelme wurden bisher nur an drei Orten im alamannischen Bereich aus der Erde geborgen, einmal in Gültlingen auf der Höhe vor dem Schwarzwald über der tief eingeschnittenen Nagoldschleife bei Wildberg Kreis Calw, dann in Gammertingen, einem Städtchen des ehemaligen Fürstentums Hohenzollern, schließlich in Baldenheim im Elsaß, einem Dorf, dessen

Bewohner wohl den Sonnengott Balder besonders verehrten (vgl. Baldern im Ostalbkreis, Baldingen bei Nördlingen).

Ob der Name des Urdorfes Gültlingen mit dem Namen eines Alamannenfürsten Gultilo oder mit dem Goldschatz seines Grabes an geweihter Stelle zusammenhängt, wer wagt es zu entscheiden? (Abb. 21).

In Wildberg an der Nagold wurde das »Wildberger Männle« ausgegraben, eine männliche Gestalt in germanischer Gebetshaltung, eines der frühesten alamannischen Steinbildwerke aus dem beginnenden 8. Jahrhundert.

Ein besonders kostbares Stück ist die Goldscheibe von Pliezhausen (Plienshausen!) im ehemaligen Pleonungengau, der sich von Eßlingen nach Süden bis gegen Tübingen erstreckte. Sie stellt einen Reiterkampf dar. Der Sieger reitet hochgemut mit erhobenem Speer über den Besiegten hinweg, der zwischen den Vorderhufen des Pferdes am Boden liegt. Doch er kann noch mit der Hand in die Zügel des Pferdes greifen und ihm das Langschwert, die Spatha, in den Hals bohren. Die Speerspitze ist zu einem Adlerkopf ausgebildet. Sie deutet das Walten eines göttlichen Helfers an. Dieser ist hinter dem Reiter als kleine schwebende Gestalt sichtbar. Das Feld über dem Reiter wird von zwei sprungbereiten Löwen ausgefüllt.

In diesem kleinen Kunstwerk ist eine ungeheure Spannung der Handlung spürbar. Der Rundschild mit dem Sonnenzeichen ist etwas außerhalb der Mitte angeordnet. Die Bewegung pflanzt sich vom Sieghelfer über den Speer, die Haartracht des Reiters, seine Hand, den Pferdekopf fort und gleitet zum Arm des Unterlegenen, über dessen gerundeten Rücken zu den Vorderhufen des Pferdes. Eine weitere Kraft drückt sich in dem steil geschwungenen Bogen des Pferdekopfs über dessen Hals, der Brust und den Vorderläufen sehr deutlich aus. Das Pferd scheint den am Boden Liegenden vor sich her zu drängen, sodaß er mit seinem Schwert fast nicht mehr zum Gegenschlag zu kommen scheint (Abb. 19).

Die Darstellung eines Reiters ist bei den alamannischen Künstlern besonders beliebt. Wir finden sie auch in einer durchbrochenen Scheibe eines Grabes von Ober-Eßlingen sowie in einer ähnlichen Schmuckscheibe von Bräunlingen im badischen Hochschwarzwald. Manchmal ist der Gegner des Reiters auch ein Lindwurm, der die Mächte der Riesen und Unholde verkörpern soll.

Ein solcher Kampf wird in der silbernen Schmuckscheibe von Hüfingen bei Donaueschingen (7. Jahrh.) meisterhaft wiedergegeben.

Schöne, kunstvoll gearbeitete Gegenstände aus Gold, Silber oder Bronze, oft mit dünner Goldauflage oder auf Eisen mit Gold- und Silberdrähten gehämmert (tauschiert) und mit Edelsteinen ausgelegt oder in Zellenschmelztechnik, oder in Filigranarbeit (Flechtwerk mit Golddraht und Edelsteinen), Ketten aus bunten Halbedelsteinen, Fingerringe usw. aus der Alamannenzeit finden wir heute in vielen Museen Süddeutschlands, der Schweiz und angrenzenden Gebieten. Berühmte Fundorte sind in:

Württemberg:

Hemmingen Krs. Leonberg
Ober-Eßlingen am Neckar (Durchbrochene Zierscheibe mit Reiter)
Gönningen bei Reutlingen (prächtige silberne Schwertscheide mit Bildnis des Ziu oder Wodan)
Pliezhausen bei Tübingen (Goldene Zierscheibe mit Reiter)
Täbingen bei Rosenfeld auf dem Kleinen Heuberg
Deißlingen Krs. Rottweil
Schwenningen am Obersten Neckar
Wurmlingen bei Tuttlingen (Abb. 24)
Oberflacht bei Tuttlingen
Kirchheim/Teck

Baden:

Gutenstein, (silberne Schwertscheide mit kämpfendem Gott)
Heidelberg-Neuenheim
Bohlingen, Südbaden, (Gürtelbeschläge mit ineinanderverschlungenen Tieren)
Lörrach (Bügelspangenpaar mit 5 Knöpfen und Tierköpfen)
Mengen bei Freiburg, Frauengrab (reich verzierte Bügelfibel mit 9 Knöpfen)
Schönberg bei Merdingen (Rundspange mit Perldrähten)
Güttingen auf dem Bodanrück bei Konstanz (goldene Scheibenspange)

Bayrisch Schwaben:

Wittislingen, Fürstinnengrab (s. Schutzumschlag)

Nordendorf Krs. Donauwörth (Runenspeer, den Göttern Wodan und Donar geweiht)

Mittelfranken:

Thalmässing bei Hilpoltstein

Gelbe Bürg bei Gunzenhausen (prächtige Bronzebeschläge mit Hagalrunen- und Hakenkreuzverzierungen)

Michaelsberg bei Kipfenberg an der Altmühl

Unterfranken:

Heidingsfeld bei Würzburg (Prachtgewandspangen silber-vergoldet mit viereckiger Kopfplatte und sieben Knöpfen)

Schweiz:

Bülach (Runenscheibenfibel „Frifridie hat mich erworben")

Wahlern-Elisried (Schöne tauschierte Gürtelbeschläge)

Basel-Klein-Hüningen (5-Knopf-Bügelfibel mit Tierkopf)

Basel-Bernerring (5-Knopffibel, sehr schön), Kästchen mit Sonnenscheiben)

Beringen bei Schaffhausen (Scheibenspange, anscheinend langobardische Arbeit)

Basel, Gotteserbarmweg (Vogelspangen)

Beggingen (Sonnenrad)

Neftenbach (durchbrochene Zierscheibe mit Reiter)

Beromünster bei Zürich Reliquienbehälter des Wernebert (Vorderseite germanischer Tierstil, Rückseite byzantinisch)

Stein am Rhein (schönste 7-Knopfgewandspange)

Elsaß:

Baldenheim (Spangenhelm)

Oberitalien:

(Langobardenreich): Civezzano bei Trient, Castel Trosino bei Turin (Frauenschmuck)

Cividale: Gisulfgrab und Sigbaldplatte, Verona (Scheibenspangen)

Hier sei als auffallendes Beispiel die goldene Gewandspange mit viereckiger Kopfplatte von Täbingen bei Rosenfeld herausgegriffen (siehe Abb. 27). Von einigen Forschern wird sie als Einfuhrgut aus England erklärt. (z. B. in Kleine Vor- und Frühgeschichte Württembergs, Stuttgart, 1963). Diese Feststellung ist jedoch unhaltbar. Denn gerade diese Spange weist einen unmittelbaren Zusammenhang mit einem ähnlichen Schmuckstück auf, das bei Dischingen Krs. Heidenheim/ Brenz in Württemberg ausgegraben wurde. Auch in Heidingsfeld bei Würzburg wurden zwei Gewandspangen mit viereckiger Kopfplatte aufgefunden. Die silbervergoldete Bügelspange von Gönningen weist die gleiche viereckige Kopfplatte auf, ebenso die reich verzierte Goldspange von Kirchheim/Teck mit Runeninschrift.

Diese Art von Gewandspangen haben ihr Vorbild zum Teil aus dem alten Suebenland Thüringen erhalten. So wurde aus dem Schatz des Königs Irminfried von Weimar eine ebensolche Gewandspange aus der Zeit vor 531 gehoben. Als sogenannter Tierstil 2 kommt diese Art von Gewandspangen auch mehrfach in Skandinavien vor. Es besteht also eine alte germanische und suebische Überlieferung bei dieser Art von Schmuckstücken ohne Umweg über England. Sicher war der Meister der Spange von Täbingen ein Alamanne.

Als eine der reichhaltigsten Fundgruben aus alamannischer Zeit tat sich eine Talsenke zwischen den heiligen Bergen des Hohenkarpfens und des Hohenlupfens bei Oberflacht im Kreis Tuttlingen in den Jahren 1846 und 1933/34 auf. Hier, zwischen der Schwäbischen Alb und dem Schwarzwald sowie nahe bei der Neckarquelle sind die Funde aus alamannischer Zeit besonders ergiebig, vielleicht, weil die Gegend von äußeren Feinden schwer erreichbar war, und weil sich die Bevölkerung durch ein zähes Festhalten an heimischen Bräuchen auszeichnet. In Oberflacht lagen die Gräber in einer tonigen Schicht unterhalb des Grundwasserstandes. Dadurch waren sie gegen Verwitterung und äußere Einflüsse gut abgeschlossen. Sogar Eichensärge mit holzgeschnitzten Drachengestalten auf dem Deckel kamen zum Vorschein. Ein solcher Eichensarg wurde auch in Zöbingen, Ostalbkreis, fast unbeschädigt geborgen (siehe Abb. 20). Die Holzgegenstände von Oberflacht weisen hochkünstlerische Formen und einen Zierrat in germanischer Art auf, wie sie sonst nur sehr selten über die Jahrtausende erhalten geblieben sind. Sehr fein sind die Holzschnitzereien nach Art von Vogelschnäbeln. Sie werden nach den Forschungen von Paulsen und Schach-Dörges als die Enden einer Stuhllehne von einem Hochsitz gedeutet, die dem dort begrabenen Fürsten als Zeichen seiner Würde mitgegeben wurden (Abb. 23).

Ein anderes Grab bei Oberflacht barg in einem kunstvoll gedrechselten Sarg einen Sänger. Ihm war sein Saiteninstrument, eine Leier, mit ins Grab gegeben worden. Dies ist wohl der früheste Fund eines Musikinstrumentes mit Holzrahmen aus germanischer Zeit. Wir erinnern uns daran, daß schon Tacitus von Heldenliedern berichtete, die von germanischen Sängern, den Barden, vorgetragen wurden und von Geschlecht zu Geschlecht mündlich überliefert wurden. Diesem alamannischen Sänger wurde im frühen 20. Jahrhundert an der Stelle seines Grabes ein schlichtes Steindenkmal gesetzt.

Auch Holzleuchter, kunstvoll gedrechselt, Holzflaschen für Getränke, Eimer, Stühle, Betten, Truhen mit Bronzeblechbeschlägen, Bänke, konnten aus den Resten dieser Grabbeigaben wieder ergänzt werden.

Wohl die bezauberndsten Schmuckstücke, die je eine Alamannin trug, sind die Goldspangen von Wittislingen. Dieser Marktflecken liegt in Bayrisch Schwaben am Südfuß der Schwäbischen Alb an dem Flüßchen Egau im Gau gleichen Namens, das unweit von der Stadt Lauingen in die Donau mündet. Lauingen ist durch seinen hohen Schimmelturm berühmt.

Schon der Name des Fundorts führt uns in die noch stark in sich selbst ruhende alamannische Welt zurück. Witigisilingen, so hieß diese alamannische Ursiedlung, die um das Jahr 500 von einem Mann namens Witigisel gegründet wurde. Wir übersetzen ihn dem Sinne nach mit »Sohn des heiligen Hains«. Wir müssen annehmen, daß in der Nähe ein Hain, mit einzelnen hohen Bäumen bestanden, auf leicht ansteigendem Hang vorgefunden oder geschaffen wurde, der den Göttern geweiht war. Der Älteste dieses Ortes nannte sich nach diesem Hüter des Hains. Hier lebte er mit seiner Sippe. Der Boden war fruchtbar und gab Nahrung für eine Reihe von Bauernfamilien, die im Gefolge dieses alamannischen Ritters gekommen waren. Ob durch Kriegstaten — etwa bei der Eroberung des Gaues zwischen Iller und Lech — oder durch weise Regierung, jedenfalls entwickelte sich der Ortsadel zu einem Geschlecht, das über einen Gau zu gebieten hatte. Damals war Dillingen, die heutige Kreisstadt, noch ein Dorf. Der Egau erstreckte sich zwischen der Brenz, dem Ries und der Donau. Im November 1881 bekamen mehrere Taglöhner den Auftrag eines ortsansässigen Gewerbetreibenden, auf dem Grundstück »Hohe Weile« Steine zu brechen. Schon bald durchstießen sie die Wandung eines Grabes, und es fielen ihnen einige Schmuckstücke in die Hände. Rasch häuften sie diese zusammen und versilberten sie bei einem Altertumsfreund in der Stadt Lauingen.

Der Steinbruchbesitzer erhielt Nachricht von diesem Fund und forderte die Gegenstände zurück. Schließlich wurden sie an das Bayrische Nationalmuseum in München verkauft, das gerade im Aufbau war und sie heute noch als schönste Zeugnisse aus der Alamannenzeit hütet. (S. Umschlagbild)

Außer einer Reihe von kleineren goldenen und silbernen Zierstücken wie einem Ring, einer Kette, einer kleinen goldenen Hand, einer goldenen Kapsel für geweihte wohlriechende Kräuter, einer Nadel, einem silbernen Gürtelbeschlag und einer kunstvoll ausgearbeiteten Metallfassung für eine Handtasche sowie einer sehr schönen, leider zerbrochenen Schmuckscheibe mit einem Geflecht in sich verschlungener Drachen, insgesamt 21 wertvollen Gegenständen, enthielt das Frauengrab zwei außerordentlich schöne und seltene Kleinodien:

1) eine goldene Scheibenspange von 8 cm Durchmesser mit einem einmalig kunstvollen Muster. Vier ineinander verschlungene Bänder enden in Drachenköpfen. Sie sind mit rot glänzenden Edelsteinen, den Almandinen, ausgelegt, jeweils von goldenen Stegen eingefaßt. In der Mitte des so gebildeten Vierecks ragt ein geschliffener großer roter Edelstein hervor und verleiht der Scheibenspange den Reiz einer in sich geschlossenen, geradezu überirdischen Einheit und Schönheit (Abb. 28).

2) eine silberne, vergoldete Bügelgewandspange von 16 cm Länge und 1/4 kg Gewicht. Das Oberteil ist halbkreisförmig ausgebildet. Außen wird es umrahmt von 10 vergoldeten Knöpfen. Wir sprechen daher von einer Zehnknopffibel, die schon an sich äußerst selten ist. Innen wird der Halbkreis gegliedert in drei übereinanderliegende Bögen, die diesem Oberteil ein sonnenartiges Aussehen geben. Der äußere Bogen ist in 6 Abschnitte unterteilt, von denen jeder zwischen Edelsteinen germanische Heilszeichen als hervortretende Goldgrate enthält. Der mittlere Bogen wird mit einem Flechtbandmuster ausgefüllt, während der innerste aus 7 Zellen mit Edelsteinen besteht.

Höchster Glanz strahlt nun der sich anschließende Bügel aus, der sich nach vorn wölbt und durch zwei goldene Rippen in drei Felder unterteilt ist. Jedes von ihnen ist von feinem Flechtbandzierrat ausgefüllt. Das Mittelteil ist durch Grate in Vierecke unterteilt, in denen Edelsteine eingearbeitet sind. Leider fehlt der größte mittlere Edelstein auf dem Scheitel des Bügels.

Das Unterteil hat eine abgerundete längliche, nach unten schmaler werdende Gestalt. Auf ihm erhebt sich als unterer Abschluß eine helmartige Erhöhung, die ebenfalls durch Grate in Felder unterteilt und mit Edelsteinen besetzt ist.

Das Unterteil selbst ist flach. Zwei Mittelrippen setzen die Längsrichtung vom Bügel nach unten zu fort, zwischen denen Edelsteine hervorleuchten. Links und rechts von den Mittelrippen ist je ein Feld wieder mit germanischen Heilszeichen ausgefüllt, die aus dem Metall jeweils als Rippen oder Grate hervortreten.

Nach außen schließen sich auf beiden Seiten zwei Sinnbilder in stärkerer Goldausprägung an, die wahrscheinlich Vogelköpfe als Sinnbild der Unsterblichkeit darstellen sollen (Abb. auf der Umschlagseite).

Alles in allem sind die beiden Gewandspangen von unerhörter Eindringlichkeit und Geschlossenheit trotz ihrer Vielfalt in den Einzelteilen. Sie sind ein beredtes Zeugnis germanischer Lebensgestaltung und ihrem Einklang mit den himmlischen Mächten. Aber die Arbeit ehrt auch den Meister, den Schöpfer dieser Kunstwerke.

Auf der Rückseite der größeren Gewandspange ist eine Inschrift in lateinischer Sprache eingetieft. Sie hat zu vielen Ausdeutungen Anlaß geboten. In zweifacher Hinsicht ist sie aufschlußreich. Einmal verrät sie uns den Namen der Trägerin, zumindest ihres Geschlechts. Dieser Name lautet Uffila. Ferner gibt sie uns Kunde vom Goldschmied, der diese großartigen Kunstwerke angefertigt hat. Er heißt Wigerig.

Dennoch gibt uns die Inschrift manche Rätsel auf. War Uffila ein Mann oder eine Frau? War er oder sie der Vater oder die Mutter der Trägerin? Wir denken bei Uffila an den Gotenbischof Wulfila oder den Hunnenfürsten Attila, der bei den Germanen »Väterchen« genannt wurde.

Ungefähr besagt die Inschrift auf deutsch:

»UFFILA LEBE GLÜCKLICH IN GOTT
UNSCHULDIG VOM TODE BETROFFEN
SOLANG ICH LEBEN KONNTE, WAR
ICH DIE TREUESTE«

Es handelt sich wohl um eine Weihegabe zum Andenken an einen oder eine verunglückte oder gewaltsam zum Tode beförderte Anverwandten oder Anverwandte. Mag die Fürstin die Inschrift zum Andenken an ihren verstorbenen oder gefallenen Mann haben anfertigen lassen? Hat ihr Mann die Spange zum Andenken an die gewaltsam getötete Mutter seiner Frau bei der Hochzeit verehrt? Oder wurde sie angefertigt, als ihre Mutter infolge dieses Unfalls verschied, während die Ehe der Trägerin der Spange schon bestand, oder zum 10-jährigen Todestag?

Endgültig wird sich diese Frage wohl nie lösen lassen.

Aber die Wissenschaft hat aus der Inschrift noch andere Schlüsse gezogen. Einigen Forschern wollte es nicht eingehen, daß die Alamannen so wertvolle Kunstgegenstände herstellen konnten. So wurde ihr Ursprung flugs an den Mittelrhein in Franken verlegt, weil dort zu Beginn des Mittelalters eine ähnliche Grabinschrift festgestellt wurde. Ferner wurde die Fürstin zu einer Fränkin gemacht, die ihrem alamannischen Gemahl in diese »entlegene« Gegend gefolgt war, obwohl doch Wittislingen mitten im Alamannenland liegt! Schließlich wurde die alamannische Fürstin zur Christin erklärt.

Immerhin scheint Einigkeit darüber zu herrschen, daß die Spangen um das Jahr 680 hergestellt wurden. Damals lebten die Alamannen und Franken in erheblicher gegenseitiger Spannung. In Franken herrschte zu dieser Zeit der Hausmeier Pippin der Mittlere, der gerade in der Schlacht bei Terty im Jahre 674 seine Widersacher, den neustrischen Adel, besiegt hatte.

In Alamannien geboten dagegen während dieser fränkischen Wirren sehr tüchtige Herzöge, die ihr Land in fast völliger Unabhängigkeit von den Franken halten konnten und geradezu eine Blütezeit entfalteten. Von christlicher Missionierung ist zu dieser Zeit in Alamannien noch wenig zu spüren gewesen. Die iroschottischen Mönche betätigten sich nur jenseits des Rheins und in der Bodenseegegend und dort nicht einmal mit sehr dauerhaftem Erfolg. Nach Wittislingen ist damals noch kein christlicher Missionar gekommen.

Zu diesen Auslegungen einiger Forscher ist daher festzustellen:

1. Daß ein alamannischer Fürst zu jener Zeit sich eine fränkische Gemahlin aus dem Rheinland genommen haben soll, ist so gut wie ausgeschlossen. Er würde ein solches Ansinnen weit unter seiner Würde betrachtet haben.
2. Die Gewandspangen sind auch nicht fränkischen Ursprungs, schon deshalb nicht, weil die Franken damals das Christentum bereits angenommen hatten, die Schmuckstücke selbst jedoch keine noch so geringe christliche Anlehnung in ihren Sinnbildern aufzeigen. Die Mehrzahl der Forscher hält daher auch daran fest, daß Wigerig ein Alamanne war. Als Vergleich hierzu wird der Ortsname: Liggeringen bei Radolfzell am Bodensee herangezogen.
   Dagegen wurde in der Wittislingen benachbarten württembergischen Stadt Heidenheim an der Brenz eine goldene Scheibenspange aufgedeckt, die den gleichen Zierrat von Drachenköpfen, allerdings in dreifacher (nicht vierfacher) Verschlingung aufweist. Also muß hier eine alamannische Goldschmiedewerkstatt bestanden haben.
3. Auf das Christentum fehlt sowohl in den Schmuckstücken als auch in der Inschrift der geringste Hinweis. Im Gegenteil: Diese offenbaren in seltener Reinheit die Welt des freien Germanentums und ihrer Kunstauffassung. In dem Wort „Deo“, das nicht einmal einwandfrei zu entziffern ist, unbedingt den Christengott sehen zu wollen, ist keine Frage der Wissenschaft sondern der Glaubensanschauung. In der lateinischen Inschrift kann mit „Deo“ genau so gut der germanische Gott „Ziu“ gemeint sein. Die Glaubensanschauung ist indessen zur Zeit der Herstellung des Schmuckes bei den Alamannen durchaus heidnisch gewesen. Von Bekehrungen von Herzögen oder Fürsten der Alamannen zu dieser Zeit ist in schriftlichen Quellen nichts zu lesen. Die christlichen Geschichtsschreiber hätten dies vermerkt, wenn ein solcher Fall eingetreten wäre. Selbst im Falle des Herzogs Gunzo in Überlingen sind seine Handlungen eher als die eines freien Alamannen zu beurteilen.

So dürfen wir die kostbaren Spangen von Wittislingen als Zeugen der hohen Zeit der Alamannen ansehen, in der sie nach außen noch sehr frei waren, in ihrer inneren Haltung und in ihren Gedanken, erst recht aber in ihrer Kunst noch dem angestammten Glauben ihrer Väter und Mütter huldigen durften.

53. Runendenkmale in Alamannien

Vielfach herrscht das Vorurteil, daß die Runen, jene geheimen Zeichen der Germanen, nur im Norden vorkommen. Dies ist keineswegs der Fall. Auch in Alamannien wurden Runen geworfen und geritzt. Über den Ursprung der Runen und ihr Alter gehen die Meinungen der Forscher auseinander. Die meisten nennen Tacitus, den römischen Schriftsteller aus dem 1. Jahrhundert nach der Zeitwende, als Zeugen dafür, daß es damals schon bei den Germanen Runen gab. Im Kapitel X seiner »Germania« nennt er »notae« = Zeichen, die auf Zweigstücken eingeritzt werden. Die Seherin, der Gode oder der Hausvater richten den Blick zum Himmel und heben drei Zweigstücke mit Runen nacheinander auf. Daraus wird dann ein göttlicher Rat für einen wichtigen Entschluß gelesen.

W. Krause verficht in seiner »Geschichte Schleswig-Holsteins« die Meinung, die Markomannen hätten die Runen schon gekannt, bevor sie ihre Fahrt nach Böhmen angetreten hatten, also noch vor der Zeitwende. Dann haben aber die Markomannen die Runen sicher aus ihrer alten suebischen Heimat mitgebracht. Denn auch in Thüringen sind Runendenkmäler aufgefunden worden.

Andere Forscher, unter ihnen Trautmann, haben dargelegt, daß die frühen Alpengermanen, die Gaesaten, usw. schon runenähnliche Zeichen verwandt haben, wie die Inschriften aus dem Hochtal von Val Camonica aus dem 3. vorchristlichen Jahrhundert erweisen. Er will also hier den Ursprung der Runen suchen.

Die Runendenkmäler in Alamannien sind, soweit sie auf uns überkommen sind, meist auf Waffen und Schmuckstücken angebracht. Sie stammen durchweg aus dem 5. bis 8. Jahrhundert uns. Zeitrechnung. Das bedeutendste Runendenkmal ist wohl die Bügelgewandspange aus dem großen Reihengräberfeld bei Nordendorf bei Donauwörth in Bayrisch Schwaben. Auf der Rückseite der Kopfplatte steht in drei Zeilen: Logathore Wodan Wigi Thonar, darunter: Awa und Leubwin (wünschen Glück?) Hier werden die beiden Götter Wodan und Weihe-Donar ausdrücklich angerufen.

Im benachbarten Schretzheim Landkreis Dillingen, Bayer. Schwaben kam aus dem alamannischen Friedhof eine Bronzekapsel und eine Scheibenspange, beide mit Runenzeichen versehen, zum Vorschein.

Unweit von diesen Fundorten, weiter westlich im Landkreis Heidenheim an der Brenz, und zwar bei Dischingen, wurden zwei silbervergoldete Bügelfibeln mit Runenzeichen aus einem Reihengrab geborgen.

Aus einem alamannischen Adelsgrab von Niederstotzingen im Landkreis Heidenheim stammt eine silberne Riemenzunge mit Runenzeichen auf der Rückseite. Wenig weiter nördlich bei Herbrechtingen ist eine Scheibenspange mit Runeninschrift aus einem Reihengrab aufgetaucht.

Erst kürzlich wurde in dem Reihengräberfeld bei Kirchheim unter Teck in Württemberg eine wunderschöne silbervergoldete Bügelspange mit rechteckiger Kopfplatte, einem Sonnenrad und einem Tierkopf am Ende neben vier Goldscheibenfibeln aufgedeckt. Auf der Rückseite der Bügelspange ist eine Runeninschrift zu lesen.

Weitere durch Runen geheiligte Waffen und Schmuckstücke fand man in der Zollernalb bei Gammertingen und Balingen. Auf einem Speerblatt von Wurmlingen bei Tuttlingen (Drachenheiligtum!) wurde der Waffenmeister Widorih oder Idorich (vgl. Wigerig auf der großen Schmuckspange von Wittislingen!) in Runenschrift genannt (Abb. 24).

Eine Lanzenspitze von Hailfingen, ebenfalls bei Tuttlingen, läßt eine ähnliche Runeninschrift erkennen. Hier wurde auch eine wunderschöne Goldblech-Scheibenspange mit Heilszeichen in Filigranarbeit und Edelsteinen aus einem Frauengrab gehoben.

Die bis jetzt einzige in der Schweiz aufgefundene Runen-Scheibenspange von Bülach des alamannischen Siedlungsraums trägt auf der Rückseite die Inschrift: »Frifridie hat mich erworben«.

Wenn wir nun die Zeugen von Runen in anderen suebischen Gebieten verfolgen, so stoßen wir zunächst in Weimar, Thüringen auf Schmuckstücke mit Runeninschriften, die aus dem Schatz des Königs Irminfried bzw. seiner Gemahlin Amalberga aus dem 6. Jahrhundert stammen. Sehr bedeutsam sind indessen die Runenspeere von Müncheberg in der Mark Brandenburg und Lerchenberg, Schlesien aus dem 3. Jahrhundert uns. Zeitrechnung, die wahrscheinlich den Semnonen und Sueben zuzuweisen sind.

Zwar wurden im Herzogtum Alamannien keine Runensteine mit Inschriften und Bildnissen gesetzt wie in Schleswig-Holstein und Dänemark, aber die Gegenstände mit Runenzeichen im alamannischen Raum sind bedeutend zahlreicher als in manchen anderen Landschaften des deutschen Sprachgebiets. Sie zeigen, daß das Runenritzen und — setzen im Gebiet der Alamannen durchaus verbreitet war.

54. Die fränkischen Hausmeier als Widersacher der Alamannen

Die Spannung zwischen den Alamannen und Franken verschärften sich in den letzten Jahren des 7. Jahrhunderts, als es den Hausmeiern aus dem Geschlecht der Pippiniden gelang, mit dem inneren Zwist in den fränkischen Teilreichen fertig zu werden und sich zu den eigentlichen Herren in Franken aufzuschwingen. Nun maßten sie sich an, anstelle der fränkischen Könige ihre Macht auch auf die Alamannen auszudehnen und diese ihrer verhältnismäßig unbeschränkten Selbständigkeit zu berauben.

Die Herzöge Gottfried, Wilihar und besonders Lantfried hatten schwere Kämpfe mit den fränkischen Heeren unter Führung von Pippin dem Mittleren zu bestehen. Im Jahre 714 starb Pippin. Hinsichtlich seiner Nachfolge herrschte in Franken noch Unklarheit. Daher berief Herzog Lantfried im Jahr 716 eine Landesversammlung zum »Stein« nach Cannstatt ein. Der Landtag bestand aus dem Herzog, dem Hochadel, den Gaufürsten und den Hundertschaftsführern. Hier wurde das Gesetz der Alamannen, die sogenannte »Lex Alamanno-

26 Alamannische Goldspange mit 11 Knöpfen aus Trossingen bei Schwenningen, Württemberg, 7. Jahrh., Württ. Landesmuseum, Stuttgart

27 Silberne Gewandspange mit rechteckiger Kopfplatte aus einem alamannisch n Frauengrab, 6. Jahrh. n. Ztw. von Täbingen bei Balingen, Württemberg

28 Scheibenspange des alamannischen Fürsten Uffila und seiner Gemahlin. 4-teiliges Schleifenmuster, aus Schlangen gebildet, dazwischen Filigranfüllung. Zellenschmelztechnik mit Glasflüssen und Almandinen, um 690 n. Ztw. aus Wittislingen, Bayrisch Schwaben, im Bayr. Nationalmuseum, München

29 Landschaft „Am Stein" bei Cannstatt, der alamannischen Gerichtsstätte, Zeichnung von Jul. Schnorr von Carolsfeld, 19. Jahrhundert

rum«, beschlossen. In ihr wird die Stellung der einzelnen Stände geregelt. Sie enthält zudem Strafbestimmungen für Vergehen und legt je nach ihrer Schwere die Höhe der Sühne fest. Auch wird darin bestimmt, daß jede Schenkung an die Kirche einer schriftlichen Beurkundung bedarf. Die Gerichtsbarkeit auf den Dingstätten wird darin ausdrücklich beibehalten, wie diese seit Jahrtausenden im freien Germanien ausgeübt wurde. Der Dingfriede muß gewahrt bleiben.

Herzog Lantfried hat dieses Gesetz zur Stärkung des inneren Friedens in seinem Land erlassen, denn er sah die Gefahr weiterer Zusammenstöße mit den Franken herannahen.

55. Karl der Hammer

Nach dem Tode Pippins des Mittleren, des Hausmeiers von Austrasien, also des germanisch besiedelten Ostfrankenreichs, im Jahre 714 stand ganz Franken in hellem Aufruhr. Die Neustrier als gallische Franken lehnten sich gegen die austrasische Vorherrschaft auf, die Sachsen fielen in das Gebiet der fränkischen Chattuarier an der Ruhrmündung ein, die Friesen unter ihrem tüchtigen Herzog Radbod bedrohten Köln. Radbod hatte die christlichen Missionare aus seinem Land vertrieben und blieb dem Glauben seiner Väter treu.

Diese gefährliche Lage erfaßte Karl, der dritte Sohn Pippins, unehelich geboren, gerade zum Jüngling herangewachsen, und schwang sich aus eigenem Entschluß zum Hausmeier Austrasiens auf. Mit Hilfe eines schnell aufgebotenen Heeres aus seiner germanischen Gefolgschaft gelang es ihm, in den Jahren 716 und 717 die Neustrier bei Amblève und Kamrich aufs Haupt zu schlagen, sodaß er von diesen inneren Feinden Ruhe gewann. Im nächsten Jahr rüstete er zum Gegenschlag gegen die Sachsen und konnte sie bis zur Weser verfolgen. Bald darauf starb Radbod, der Friese. Diesen Gegner brauchte Karl daher nicht mehr zu füchten. So zog er nochmals gegen die neustrische Streitmacht, bezwang sie und wurde fortan als Hausmeier in Neustrien anerkannt.

Nun versuchte Karl, Alamannien wieder stärker unter seine Botmäßigkeit zu bringen. Er sandte Pirmin, einen Südfranzosen, als Glaubensboten der Romkirche an den Bodensee und ließ diesen im Jahre 724 auf der Sintlosenau, der heiligen Insel im Untersee, mit einigen Mönchen ein Kloster errichten, Reichenau genannt. Diese Handlung mußte Herzog Lantfried erzürnen, denn das war ein Eingriff in die Hoheit seines Landes. Anscheinend war Karl darüber unzufrieden, daß das Bistum Konstanz auf der Seite des Herzogs stand. Als Lantfried sich hiergegen bei Karl verwahrte, zog dieser mit fränkischen Truppen gegen Herzog Lantfried zu Feld.

Jene Gelegenheit benutzten die Araber, um von Spanien aus in das südliche Frankenreich einzufallen. Sie konnten die Hauptstadt Septimaniens, Narbonne, erobern. Herzog Eudo schlug sie mit einer rasch aufgebotenen fränkisch-burgundischen Mannschaft zurück, aber schon im Jahre 725 unternahmen die Araber einen neuen Heerzug unter Abd er Rahman, dem Statthalter des Kalifen, über die Pyrenäen und stießen bis Burgund vor.

Karl mußte daher von weiteren Maßnahmen in Alamannien absehen und zog seine Streitmacht aus diesem Land zurück. Indessen benahm sich Pirmin Herzog Lantfried gegenüber anmaßend und selbstherrlich. Die Alamannen beschwerten sich bei ihm. Daher vertrieb Lantfried Pirmin und verwies ihn außer Landes.

Nun wandte sich Karl wieder gegen Herzog Lantfried und wollte ihn mit Waffengewalt zur Anerkennung seiner Oberhoheit zwingen. Da Lantfried sich nicht beugte, setzte Karl ihn im Jahre 730 kurzerhand ab und führte die fränkische Grafschaftsverfassung ein. Dies löste bei den Alamannen eine starke Erbitterung aus. Lantfried erkannte nie die kalte Beseitigung seines Herzogtums an, schon garnicht von einem Hausmeier unehelicher Geburt, der nicht einmal das herzogliche Geblütsrecht besaß.

Karl konnte sich jedoch um die Durchsetzung seiner Gewaltmaßnahmen nicht kümmern, denn die Araber setzten ihren Vormarsch nach Neustrien zügig fort. Nun mußte Karl die gesamte Streitmacht seines Landes aufbieten, um den Arabern erfolgreich entgegentreten zu können. Im Jahre 732 kam es bei Tours und Poitiers zu einer erbitterten

Doppelschlacht, aus der die Franken als Sieger hervorgingen. Die arabische Gefahr war gebannt. Nach und nach konnten die Araber auch aus Südfrankreich herausgedrängt werden und versuchten seitdem nicht mehr, das mittelmeerische Gebiet den Franken zu entreißen, das diesen als Handelsausgangspunkt wichtig war. Mit seinem Sieg hat Karl eine Tat begangen, die jahrhundertelang für die Geschicke des Abendlands entscheidend blieb. Seitdem erhielt Karl den Beinamen »der Hammer« (auf französisch »Martell«).

Der siegreiche Frankenherrscher wagte es sogar, um nach den schweren Feldzügen die Kriegslasten zu mildern, kirchliche Güter einzuziehen. Die Romkirche hatte es mit Hilfe der gallischen Bischöfe verstanden, sich einen ausgedehnten Großgrundbesitz einzuverleiben. Die Maßnahme der Beschränkung kirchlichen Eigentums erweckte den Groll des Papstes in Rom. Noch war die Kirche im Frankenreich eine fränkische Landeskirche, und Karl erkannte nur formell die Oberherrschaft des Papstes in kirchlichen Angelegenheiten an. Als der Papst im Jahre 739 Karl bat, gegen die germanischen Langobarden in Oberitalien zu Felde zu ziehen, lehnte Karl dies ab.

Indessen hatte schon vorher Papst Gregor II zum Gegenschlag ausgeholt und seinen eifrigen Sendboten Wynfrith, genannt Bonifatius, zu Karl dem Hammer geschickt mit dem Ersuchen, er solle jenem einen Schutzbrief zur Missionierung der noch heidnischen Germanenstämme in seinem Frankenreich ausstellen. Diesem geschickten Schachzug ist Karl der Hammer erlegen, den Schutzbrief hat Karl ausgestellt. Hiermit war der Todesstoß für den germanischen Glauben in den noch freien Gebieten unerbittlich eingeleitet.

Bonifatius begab sich daraufhin unverzüglich nach Hessen, wo er die Donar-Eiche fällte, später nach Thüringen und Bayern. Überall wurde eine strenge, nach Rom ausgerichtete Kirchenzucht eingeführt. Nach Alamannien wagte sich Bonifatius allerdings nicht, denn noch herrschte dort Herzog Lantfried, und die kriegerischen Auseinandersetzungen mit Karl dem Hammer waren noch nicht abgeschlossen.

In seinen Feldzügen gelang es Karl, auch Westfriesland dem Frankenreich einzugliedern, was gleichbedeutend war mit der gewaltsamen Einführung des Christentums in diesem freiheitsliebenden Land.

Eine große friedliche Leistung Karls war die Besiedlung des Maingebietes mit germanischen Franken, die er aus Gebieten im Westen holte. Diese wären dort durch das Überwiegen der gallischen Bevölkerung wohl im Lauf der Jahrhunderte dem Deutschtum verloren gegangen. Hier aber war infolge des Siegs von Chlodwig im Jahre 496 über die Alamannen Raum frei geworden, und Karl wollte der Ausdehnung der Alamannen in die früher von ihnen besiedelten Gebiete den Boden entziehen.

Nun wurden zahlreiche Dörfer in Unterfranken um Würzburg und weiter ostwärts an den Frankenhöhen, am Steigerwald, in Mittelfranken und selbst in Oberfranken bis zur Regnitz gegründet. Es entstanden Orte mit der Endung -heim, von denen es in dieser Gegend eine überaus reiche Zahl gibt. Ihre Namen künden von dieser fränkischen Besiedlung bis heute. Sie verraten oft die Gründung durch einen fränkischen Edelmann wie z. B. Hellmitzheim = Helmoldesheim, Eggolsheim = Agilolfesheim und viele andere. Erstaunlicherweise finden wir als Grabbeigaben in den fränkischen Reihenfriedhöfen der damaligen Zeit noch manche Waffe und manchen Schmuck germanischer Prägung. Eine Gewandspange von Freilaubersheim im Rheingau enthält sogar die Runeninschrift: »Boso wraet runa thisk Dalina Godd« d. h. »Boso ritzte die Runen, Dalina weihte sie Gott«. Bei den Waffen, dem Langschwert, der Spatha, und dem Kurzschwert, dem Sax oder Skramasax, sogar bei der fränkischen Wurfaxt, der Franziska, sind häufig germanische Flechtbandmuster und Verzierungen eingegraben oder aufplattiert. Beim Schmuck setzte sich der nordgermanische Tierstil eine Zeitlang durch und ist im Frankenreich durch schöne Beispiele vertreten, zunächst in der Dreiknopf-, dann in der Fünfknopffibel mit Flechtband oder Kerbschnittfuß oder Tierkopfende, wie sie z. B. in Hellmitzheim, Nenzenheim, Markt Einersheim im Landkreis Scheinfeld und in Altheim, Landkreis Uffenheim zutagetraten. Sogar einzelne Gewandspangen mit rechteckiger Kopfplatte kamen zum Vorschein.

Karl der Hammer ließ die Hermunduren im Maingebiet in ihren Sitzen wohnen, jedoch wurden sie allmählich durch die Franken überschichtet. Immerhin hat Karl der Hammer hier eine planmäßige Ostsiedlung durchgeführt und damit einer heimlichen Einwanderung östlicher, nichtgermanischer Volksstämme vorgegriffen.

Im ehemals alamannischen Gebiet nördlich vom Hohenasperg, das seit der verlorenen Schlacht bei Zülpich den Franken eingeräumt werden mußte, erscheinen als Ortsnamen jene eigenartigen Wortbildungen mit der Endung »-igheim«, wie z. B. Bietigheim, Besigheim, Erligheim u. a., die als alamannische Gründungen nun in fränkische Hände übergegangen sind.

Obwohl Karl der Hammer die alamannischen Verhältnisse unglücklich beeinflußte, sind seine tatkräftige Führung im Frankenland und seine Feldherrnkunst rühmend hervorzuheben. Er war der letzte Germane aus dem Geschlecht der austrasischen Hausmeier, denn alle Herrscher, die auf ihn folgten, waren willige Werkzeuge der römischen Päpste, die auf das Wohl der ihnen anvertrauten germanischen Stämme oft nicht bedacht waren.

Herzog Lantfried, der Alamanne, fügte sich indessen nicht in das Los, das ihm Karl der Hammer zugedacht hatte. Er verband sich mit Herzog Odilo von Bayern, der ebenfalls eine gewisse Selbstständigkeit für seinen Stamm zu bewahren verstand, und mit dem Herzog von Sachsen. Dieser behauptete gegenüber dem fränkischen Hausmeier Karl dem Hammer volle Unabhängigkeit.

Dem Bund der drei Fürsten fühlte sich Karl nicht mehr gewachsen, und so vermied er es, die Feindschaft zu den Nachbarstämmen durch einen Feldzug nach Alamannien und Bayern zu vertiefen. So blieb bis zu Karls Tod im Jahre 741 die Lage in Alamannien unentschieden.

56. Das Blutbad von Cannstatt

Karl der Hammer übergab bei seinem Tode das Westfrankenreich seinem Sohn Pippin III., der Kurze genannt, und das Ostfrankenreich, das noch Austrasien hieß, seinem zweiten Sohn Karlmann. Beide waren im Kloster St. Denis zu Paris streng katholisch erzogen.

Inzwischen war Lantfried, der Herzog von Alamannien, gestorben.

Sein Bruder Theutbald, hätte nun die rechtmäßige Nachfolge im Alamannenland antreten sollen. Folgerichtig erkannte er Karlmann als Herrn über Alamannien nicht an. Er versuchte, das Elsaß seinem Stammland zu erhalten und rückte mit einem Heer in dieses linksrheinische Gebiet ein. Karlmann und Pippin unternahmen es, mit einem von ihnen aufgebotenen Heer Theutbald aus dem Elsaß zu vertreiben. Vier Jahre lang dauerten die Kämpfe. Schließlich gelang es den fränkischen Hausmeiern, in das alamannische Stammland einzudringen. Karlmann berief die Alamannen unter ihrem Herzog nach Cannstatt zur Landesgerichtsstätte »Auf dem Stein« ein. Hier wollte er Recht sprechen. Theutbald gebot seine adeligen Gefolgsleute und Edelfreien auf diesen Platz, der dem fränkischen Heer gegenüberlag. Er selbst scheint dem Ruf Karlmanns nicht gefolgt zu sein, jedoch sind die Berichte der kirchlichen Geschichtsschreiber nicht eindeutig. Die alamannischen Edelinge erschienen ohne Waffen, wie dies der Thingfriede gebot. Der Herzog und die Gaufürsten erwarteten Anhörung ihrer Beschwerden und einen gerechten Richterspruch. Sie wollten in ihrer jahrhundertealten Überlieferung geachtet werden und ein gewisses Maß von Freiheit in ihren eigenen Angelegenheiten behaupten.

Karlmann brach jedoch den Thingfrieden, der nach germanischem Recht selbstverständlich war. Er ließ die Alamannen umzingeln, durch seine bewaffneten Krieger fesseln und niedermachen. Es wurde ein entsetzliches Blutbad. Das geschah im Jahre 746.

Die Nachrichten über diese Meintat sind in den fränkischen Geschichtsquellen sehr spärlich. Sie beschönigen den Mord, wie dies häufig in kirchlichen Aufzeichnungen jener Zeit der Fall war, bezichtigen die Alamannen als treulos und stellen ihre Strafe als gerecht hin.

Vier Berichte über den Massenmord von Cannstatt sind erhalten geblieben:

1. Die Chronik des fränkischen Geschichtsschreibers Fredegar, fortgeführt von ungenannten Geschichtsschreibern bis zum Jahr 752. Sie lautet in deutscher Übersetzung:

   „Nach diesen Unternehmungen rückte Karlmann selbst im folgenden Jahre (746), da die Alamannen ihm gegenüber die Treue gebrochen hatten, mit großer Erbitterung mit einem Heer in deren Heimat vor und ließ die meisten von denen, die als Rebellen gegen ihn auftraten, mit dem Schwerte niederhauen.“

2. Metzer Annalen (Annales Mettenses), begonnen im späten 6. Jahrhundert. Ein Loblied auf die Pippiniden aus dem Geschlecht des Bischofs Arnulf von Metz, im 8. Jahrhundert aus weiteren Jahrbüchern vervollständigt: (in deutscher Übersetzung)
„Als Karlmann die Treulosigkeit der Alamannen gesehen hatte, brach er mit einem Heer in ihr Land ein und veranstaltete einen Gerichtstag an einem Ort namens CONDISTAT (Älteste Nennung des Ortes Cannstatt!). Dort kamen die Heerbanne der Franken und Alamannen zusammen. Es geschah aber ein großes Wunder, indem ein Heer das andere festnahm und fesselte ohne irgendeine kriegerische Auseinandersetzung. Diejenigen aber, die als Führer unter Theutbald im Bunde mit Odilo (Herzog von Bayern) gegen die unbesiegten Fürsten Pippin und Karlmann standen, ließ Karlmann ergreifen und strafen, wobei er gemäß ihrer Verdienste Milde walten ließ.“

3. Einhards Fuldaer Annalen: (in deutscher Übersetzung)
„746. Karlmann unterwarf die Alamannen, die sich wiederum erhoben hatten, nachdem er manche von ihnen hatte töten lassen.

4. Annalen des Petavianus (früherer Besitzer der Handschrift), nach 771 durch Zusammenstimmung mit anderen Jahrbüchern entstanden: (in deutscher Übersetzung)
„Karlmann drang in Alamannien ein, wo er (so geht das Gerücht), viele Tausende von Männern getötet haben soll.“

Nach diesen dürftigen Angaben der fränkischen Geschichtsschreiber ist es schwer, den Gang der Handlungen während dieses Blutgerichts bei Cannstatt genau nachzuzeichnen.

Es scheint, daß die Alamannen sich auf dem offenen Feld »Am Stein« versammelt und die Waffen abgelegt haben. Die Waffen werden von einigen Adligen bewacht gewesen sein. Karlmann muß nach einem sehr genau ausgeklügelten Plan gearbeitet haben. Wahrscheinlich hat er den Platz, an dem die Alamannen die Waffen niedergelegt hatten, durch einen fränkischen Spähtrupp vorher auskundschaften lassen, hat daraufhin Reiter ausgesandt, die auf Umwegen den Waffenplatz erreicht haben. Diese haben wohl die Wachmannschaft niedergeschlagen und somit vereitelt, daß die Alamannen zu ihren Waffen gelangen konnten. Trotzdem werden die Alamannen verzweifelten Widerstand geleistet haben. Trübes Wetter kann den Überfall der Franken begünstigt haben.

Möglicherweise ließ Karlmann einige Alamannenführer, die an den Kriegszügen der letzten Jahre nicht beteiligt waren, von der Hinrichtung ausnehmen, wenn man den Metzer Jahrbüchern überhaupt Glauben schenken will, daß Karlmann »Milde« hatte walten lassen. Jedenfalls ist in der Metzer Schilderung der Alamannenmord Karlmanns genau in sein Gegenteil verkehrt worden.

balds. Nach Weller: »Württembergische Geschichte im süddeutschen Raum« soll sich Theutbald in Cannstatt nicht gestellt haben sondern im Jahr 751 in Gallien gestorben sein. Diese Quelle ist, wenn nicht unglaubwüdig, so doch unklar. Denn es ist höchst unwahrscheinlich, daß Theutbald nicht in Cannstatt vor Gericht erschien, einmal, weil er sein Recht als Herzog vertreten mußte, und zum anderen, weil er seine Gefolgschaft kaum in Stich gelassen haben wird, wenn es sich um eine solche ernsthafte Auseinandersetzung handelte.

Sollte er von seinen Stammesangehörigen gewarnt worden sein, und diese ihm geraten haben, daß er wegbleiben sollte, um auf alle Fälle im Lande erneuten Widerstand gegen die Franken aufbieten zu können, so scheint er nach der Lesart, nach der Theutbald beim Thing nicht erschienen sei, nachträglich gefangen und nach Frankreich abgeführt worden zu sein. Welchen Todes er dann gestorben sein wird, dürfte nach der Handlungsweise der fränkischen Könige und Hausmeier anderen germanischen Fürsten gegenüber eindeutig klar sein.

Wie dem auch sei, die Folgen dieses Blutbades für Alamannien waren verheerend.

Zunächst sind über die Höhe der Zahl der Gemordeten je nach dem Standpunkt der Geschichtsschreiber die verschiedensten Auslegungen möglich. Sie schwankt von einigen 100 bis zu 15 000. Wenn wir der Wahrheit näherkommen wollen, müssen wir zunächst die verschiedenen Gaue zugrundelegen, deren es damals mindestens 40 gab. Einige von ihnen seien hier genannt:

Neckargau, Glemsgau, Remsgau, Kochergau, Jagstgau, Drachgau, Brenzgau, Riesgau, Egau, Donaugau, Linzgau, Hegau, Breisgau, Sundgau, elsäßischer Nordgau, Kraichgau, die Baar, Sülchgau, Albgau, Augstgau, das Allgäu, Pfullichgau, Pleonungengau, Saulgau, Zabergau, Argengau, Aargau, Thurgau, Walgau. Diese Gaue umfaßten jeweils mehrere Hundertschaften. Wenn angenommen würde, daß aus jedem Gau nur hundert waffenfähige Männer zum Tag nach Cannstatt gerufen worden wären, würde die Zahl der Gemordeten schon über 4000 betragen.

Nach den vorliegenden Berichten ist dies sicher zu niedrig gegriffen. Denn den Metzer Jahrbüchern ist zumindest zu entnehmen, daß sich *beide Heere* auf dem »Stein« bei Cannstatt trafen, und diese werden wohl beiderseitig mehr als 10 000 Mann betragen haben. Wenn man annimmt, daß einige Alamannen entkommen sind oder »begnadigt« wurden, so kommt man auf eine Zahl von 5 — 10 000 Gaufürsten, Hundertschaftsführern und Freibauern, die einen Befehlsrang in der Truppe des Herzogs Theutbald innehatten. Selbst nach vorsichtigen Schätzungen wird die Zahl der alamannischen Opfer jene 4500 Sachsen, die Karl der Große im Jahre 782 zu Verden an der Aller hinrichten ließ, bei weitem übersteigen. Jedenfalls wurde bei Cannstatt die gesamte Führerschicht der Alamannen bis auf ein paar Verräter, Überläufer oder Unbeteiligter auf einen Schlag ausgerottet.

Doch der Gebieter über das Ostfrankenreich, Karlmann, wurde seiner grausamen Tat nicht froh. Bald nach Ausführung des Gemetzels wurde er von Gewissensängsten geplagt. Er entsagte der Regierung und begab sich nach Italien in die Nähe von Papst Zacharias. Er ließ auf dem Berg Soracte bei Rom dem Hl. Sylvester ein Kloster erbauen. Für dieses wohlgefällige Werk ließ der Papst den kümmerlichen Mörder von seinen Sünden freisprechen. Karlmann zog sich im Jahre 747 in das Kloster auf dem Monte Cassino zurück, das im 2. Weltkrieg von den Alliierten so gründlich zerstört wurde.

Seit dem Jahre 751 wurde Pippin der Kurze Alleinherrscher im Frankenreich. Er setzte im Einverständnis mit dem Papst den schwachen König Childerich kurzerhand ab und ließ sich vor den versammelten fränkischen Großen vom päpstlichen Legaten, dem Erzbischof Bonifatius, zum fränkischen König salben. Diese Salbung sollte das fehlende Geblütsrecht ersetzen.

Nun wurde das römische Christentum mit ganzer Macht in Alamannien eingeführt. — Außer den bereits früher gegründeten Klöstern in St. Gallen und auf der Reichenau wurden nach und nach neue Klöster errichtet. Das erste Kloster dieser Art war Ellwangen an der Jagst. Hariolf und sein Bruder Erlolf, aus dem westlichen Lothringen stammend, sollen auf ihrem Eigentum (!) dieses Kloster errichtet haben. Später folgten das Nonnenkloster Buchau auf einer Insel im Federsee bei Riedlingen in Oberschwaben, das Mönchskloster Murrhardt und andere. Martinskapellen und -kirchen entstanden, die als Zwingburgen der Franken zu Ehren ihres Heiligen und als Taufkirchen für die Bevölkerung geschaffen wurden.

Die Sitte der Grabbeigaben wurde als heidnisch abgeschafft. Dafür mußten jetzt Messen für die Verstorbenen gelesen oder fromme Stiftungen für die Kirche geleistet werden. Bezeichnend für diese neue Gepflogenheit ist eine Urkunde des Klosters St. Gallen/Schweiz aus dem Jahre 806. Sie lautet:

> »Im Namen Gottes übergebe ich Adalrham dem Kloster des Hl. Gallus mein ganzes Vermögen, das ich am Tage meines Ablebens noch besitzen werde. Mein Jungvieh mit der übrigen Herde, alle Pferde, Gold- und Silberschmuck (!!), Schild, Lanzen, Gewand und alle Gegenstände, die bei meinem Tod mir noch gehören werden, all dies übergebe ich dem erwähnten Kloster zum Heil meiner Seele und meines Sohnes Deoto.
> Sulgen, den . . . (Siegel)«
>
> (St. Galler Urkunde Nr. 191)

Die Toten mußten jetzt in den Friedhöfen bestattet werden, die meist an den Kirchen angelegt wurden. Sehr häufig wurden Kirchen und Kapellen anstelle eines alamannischen Heiligtums, nun allerdings schon häufig in Stein, aufgerichtet und diese nach dem Hl. Martin oder dem Erzengel Michael benannt, die die Stelle der germanischen Götter Ziu oder Wodan einnahmen. Solche Kirchen an heiligen Stätten der Alamannen befinden oder befanden sich auf der Stöckenburg bei Schwäbisch Hall, in Sindelfingen, in Neckartailfingen, auf den Michaelsbergen bei Cleebronn, oberhalb von Gundelsheim am

Neckar, bei Untergrombach oberhalb von Bruchsal, auf dem Wirtenberg bei Stuttgart und an vielen anderen Orten in Alamannien.

Am »Stein« bei Cannstatt wurde ein Kirchlein zu Ehren des Hl. Martin angelegt, ein deutlicher Beweis dafür, daß sich vorher dort eine alamannische heilige Stätte befand. Diese Kirche wurde im vorigen Jahrhundert abgetragen und unterhalb nahe beim Neckarufer neu errichtet. An der Stelle der Martinskirche ist jedoch der alte Friedhof noch vorhanden. Dieses Gelände heißt heute noch »zur Altenburg« in Überlieferung an das alte Gericht der Alamannen.

Wir fragen uns, wodurch der Frankenherrscher Karlmann einer so grausamen Tat fähig war, wie diese im Blutbad von Cannstatt geschehen ist. Dazu ist es notwendig, die geheimen Pläne aufzudecken, deren Ziel es war, das Schicksal des freien Germanien völlig umzugestalten.

Das römische Papsttum strebte mit Hilfe der ihm verpflichteten fränkischen Hausmeier zur Herrschaft über ganz Europa als Nachfolgeeinrichtung des römischen Kaisers. Dieser war einstmals auch Pontifex Maximus, d. h. Oberpriester, für das römische Weltreich. Kaiser Augustus wurde sogar zum Gott erhoben, den die unterworfenen nichtrömischen Völker anbeten mußten, und zu dessen Ehren Altäre errichtet wurden.

Wir sehen diese Entwicklung deutlich bei dem sehr zielstrebigen Papst Gregor dem Großen zu Beginn des 7. Jahrhunderts, der mit Hilfe des Abtes Benedikt von Nursia die Klöster als Keimzellen des Papsttums unter dessen unbedingter Oberherrschaft erstmalig einrichtete und zunächst nach Großbritannien übertrug. Aus einem dieser britannischen Klöster ging Wynfrith-Bonifatius hervor. Die Päpste Gregor II und Gregor III sandten diesen christlichen Eiferer aus, um die noch ihrem Glauben treu gebliebenen germanischen Länder mit Hilfe der Frankenherrscher der christlichen Lehre zuzuführen. Ein weiterer Schritt in dieser Richtung war, daß Papst Zacharias den Hausmeier Pippin zum König der Franken salben, sich aber von diesem dafür den Kirchenstaat schenken ließ. Schließlich war es Papst Leo III. vorbehalten, Pippins Sohn Karl in Rom überraschend zum Kaiser zu krönen.

Bonifatius hatte inzwischen in Germanien für die römischen Päpste sehr erfolgreich gearbeitet. Er konnte in Hessen nach Fällung der Donar-Eiche zu Fritzlar und in Fulda durch seinen Schüler Sturmi Klöster gründen, in Thüringen die irischen Mönche ausschalten, in Bayern die Landeskirchen in eine dem Papst in Rom gefügige Einrichtung umwandeln, romfreundliche Bischöfe einsetzen und neue Bistümer in Würzburg und Eichstätt aufrichten.

Auch bei den jungen Söhnen Karls des Hammers, Pippin und Karlmann, wirkte Bonifatius als Berater. Es liegt sehr nahe, daß Bonifaz den fränkischen Herrschern hartes Durchgreifen bei den Alamannen empfahl, weil diese sich noch nicht völlig der Romkirche unterworfen hatten. Wir gehen kaum fehl in der Annahme, daß dieser Abgesandte des Papstes an dem Plan zum Mord von Cannstatt beteiligt war, wenn er diesen nicht sogar angestiftet hatte.

Hinzu kommt noch die verschiedene Rechtsauffassung zwischen den Franken und den Alamannen. Die Alamannen hielten sich an die germanischen Rechtsbräuche, während die Franken schon seit Chlodwig die Hinterlist von Cäsar, Germanicus und anderen Römern gelernt hatten. Sonst wäre es nie möglich gewesen, daß sich die Alamannen ohne Schwertstreich am »Stein« bei Cannstatt von den Franken hätten überwältigen lassen. Ein dritter Gesichtspunkt kommt hinzu. Wir wissen, daß das Geschlecht der Pippine sich von Bischof Arnulf von Metz herleitet. Dieser war ein guter Wegbereiter der Romkirche. Alle germanischen Herzöge haben immer wieder die Oberherrschaft der Franken wegen des fehlenden Geblütsrechts der Hausmeier verweigert. Dieser Mangel kann sich nur daraus ergeben, daß die Pippine eine dunkle Herkunft, teils durch gallisches Blut, teils durch unebenbürtige Frauen hatten. Diese Tatsache ist durch die uneheliche Geburt von Karl dem Hammer noch einmal verschärft hervorgetreten. Durch die zweifelhafte Herkunft der Pippine, verbunden mit gallischer Rachsucht, schließlich durch verletzte Eitelkeit erklärt sich die unmenschliche Grausamkeit des Franken Karlmann, die sich auch auf seinen Neffen, den späteren König und Kaiser Karl den Großen vererbte, sodaß dieser sein wütendes Strafgericht an den sächsischen Edelingen vollstrecken konnte.

57. Der Schatz der Alamannen

Karl, König der Franken, der spätere Kaiser Karl der Große, fiel im Jahre 772 unvermutet in Sachsen ein, eroberte die Eresburg und zerstörte das Hauptheiligtum der Sachsen, die Irminsul. Nach den zeitgenössischen Berichten raubte Karl die bei diesem Heiligtum niedergelegten Schätze an Gold und Silber, die der Gottheit geweiht waren.

Hier werden neben der grausamen Hinrichtung der Sachsen zu Verden bei Karl befremdende Züge sichtbar, die Gier nach Erbeutung von Schätzen unterworfener germanischer Stämme.

Daher erhebt sich die Frage, ob und inwieweit sein Onkel Karlmann I bei der Cannstatter Bluttat auch einen alamannischen Goldschatz zu erbeuten hoffte, und ob es ihm gelang, einen solchen wegzuführen.

Daß bei allen Germanenstämmen Gold und Silber von den eingesessenen Handwerkern und Goldschmieden zu wertvollen Geräten, Waffen und Schmuck verarbeitet wurden, ist durch Funde vielhundertfältig bezeugt.

Aus der Zeit von etwa 0 — 800 unserer Zeitrechnung lernen wir noch dazu in Sagen und Berichten der heldischen Zeit der Germanen verschiedene Schätze kennen, zunächst bei den Dänen-, Norweger- und Schwedenkönigen im Norden, die Schätze der Markomannen, der Wandalen, der Goten, den Nibelungenhort der Burgunder, weitere bei den Langobarden und den Thüringern. Das Kunsthandwerk der Alamannen wurde in einem vorhergehenden Abschnitt bereits ausführlich geschildert.

Es kann angenommen werden, daß Karlmann, bevor er im Jahre 746 in Alamannien einfiel, von der außergewöhnlichen Kunstfertigkeit der Alamannen im Gold- und Silberschmiedehandwerk Kenntnis hatte. So mag von Karlmann bei der Ausrottung der alamannischen Führerschicht auch die Mitnahme von Gold- und Silberschmuck bei dem niedergezwungenen Stamm beabsichtigt gewesen sein.

Darüber schweigen allerdings die vier schriftlichen Quellen, die vom Blutbad von Cannstatt berichten.

Indessen war es üblich, wie dies auch der Geschichtsschreiber Karl

Weller in seiner »Württembergischen Geschichte« auf S. 31 zugibt, daß »die Güter der Herzogsfamilie und anderer Hochadeliger eingezogen wurden. Sie waren künftig Krongut des Karolingischen Reiches«. Sie wurden, wie wir hinzufügen möchten, die Grundlagen für die späteren fränkischen Königshöfe, von denen aus die Grafen die Herrschaft für die Franken in den nichtfränkischen Gauen ausübten.

Unter »Gütern« verstehen wir zunächst die Grundstücke, also die bebauten Äcker, Wiesen, Allmenden und die dazugehörigen Höfe, besonders aber die Wälder, die damals wegen ihres Wildreichtums für den Lebensunterhalt der Herren und ihres Gefolges wichtig waren, abgesehen von der Gewinnung von Bauholz. Sicher aber sind mit den »Gütern« auch die bewegliche Habe, also zunächst die abgenommenen Waffen, Geräte, Wagen, Vieh und freilich auch Schmuck gemeint.

Karlmann wird also jene Gegenstände der Fürsten und des Adels, deren er habhaft werden konnte, nach Franken mitgenommen haben. Dabei wird Karlmann besonders die Gegend um Cannstatt sehr genau durchsucht haben, was dadurch bestätigt wird, daß die wissenschaftlichen Funde des vergangenen Jahrhunderts von alamannischem Gold- und Silberschmuck in diesem Gebiet nicht allzu ergiebig waren.

Wahrscheinlich wird Karlmann es nicht unterlassen haben, einen Teil des Beuteguts an Schmuck und heiligem Gerät der Katholischen Kirche zu vermachen, wie dies damals üblich war. Inwieweit Karlmann dem Kloster Soracte bei Rom alamannische Kostbarkeiten gestiftet hat, ist durch schriftliche Quellen nicht bekannt geworden. Ein besonderer »Schatz der Alamannen« scheint indessen damals von Karlmann nicht erbeutet worden zu sein.

Wir dürfen als Nachfahren dafür dankbar sein, daß wesentliche Kunstgegenstände alamannischen Ursprungs zur Zeit des Blutbades zu Cannstatt schon in Gräber versenkt worden waren, sodaß sie dem Zugriff des Mörders von Cannstatt entzogen waren. So konnten sie über Jahrhunderte dem schwäbisch-alamannischen Stamm erhalten bleiben, und nun werden sie nach den Ausgrabungen aus den alamannischen Friedhöfen in den Museen Süddeutschlands und der angrenzenden alamannischen Siedlungsgebiete zum Wohl der Allgemeinheit sicher verwahrt.

58. Die Frankenherrschaft in Alamannien nach Einführung des Christentums

Die germanische Führungsschicht der Alamannen war nach dem Blutgericht zu Cannstatt so gut wie ausgelöscht. Nur wenige Geschlechter waren diesem Gemetzel entgangen, entweder weil sie zu den Franken hielten, oder weil sie aus irgendeinem Grunde an den Feldzügen Lantfrieds und Theutbalds nicht teilgenommen hatten. Zu ihnen zählen die Ahalolfinger, die in der Ostalb zum Wasseralfingen, Hohen- und Niederalfingen ihre Sitze hatten, die Unrouchinger, ferner die Welfen aus dem ehemals alamannischen Augstgau ostwärts vom Lech bei Steingaden, die Riesgaugrafen von Öttingen-Wallerstein und vielleicht auch die Grafen von Adelmann (Alamann?).

Die Klöster versuchten nun, römische Bildung in lateinischer Sprache und Schrift einzuführen. Auf diesem Gebiet zeichneten sich besonders Reichenau im Bodensee und St. Gallen aus. Dabei werden Hermann der Lahme als Abt von Reichenau und Notker der Stammler von St. Gallen lobend erwähnt. Welcher Wandel der Auffassung gegenüber dem Tapferkeitsideal der Germanen!

Die Bauern wurden zum großen Teil unfrei. Viele von ihnen wurden den Klöstern als Hintersassen hörig. Jene wurden von den fränkischen Herrschern reich mit Land ausgestattet.

Einen erschütternden Einblick in die Verhältnisse der damaligen Zeit gewährt die Gründungsurkunde des Klosters Wiesensteig in der Schwäbischen Alb aus dem Jahre 861 während der Herrschaft des karolingischen Königs Ludwigs des Deutschen, die sich im Hauptstaatsarchiv Stuttgart befindet. Reihenweise wurden hier alamannische Freibauern mit ihren eindrucksvollen germanischen Namen in den Stand der Hörigkeit herabgedrückt.*) Erstaunlich ist hierbei, wie

*) Ackermann-Schmoldt: In den Fußtapfen der Geschichte des Landkreises Göppingen, Weißenhorn 1964.

dicht damals schon die entlegenen Täler der Alb mit freien Bauern besiedelt waren.

Das Herzogtum Alamannien hatte völlig zu bestehen aufgehört. So bietet sich dem aufrichtigen Geschichtsforscher die Zeit der zwangsweisen Einführung des Christentums in Germanien als eines der dunkelsten Zeitalter der deutschen Geschichte dar, das mit der Vernichtung einer Führungsauslese aus bestem germanischen Blut bei mehreren deutschen Stämmen, besonders in Alamannien, in Thüringen, Sachsen, Bayern und im Langobardenreich endet.

Die Frankenkönige führten auch im schwäbischen Raum die Grafschaftsverfassung ein. Sie besetzten die neu geschaffenen oder übernommenen Bezirke mit fränkischen Grafen, die die Ablieferung der Abgaben, meist an Korn und Vieh, zu überwachen hatten. Sie mußten dafür sorgen, daß kein Aufstand vom verbliebenen Adel oder von der Bevölkerung gegen die neue Herrschaftsgewalt vorbereitet oder bereits in die Tat umgesetzt wurde. Sie hatten die höhere Gerichtsbarkeit auszuüben. Ferner mußten sie sich dafür einsetzen, daß sich die christliche Religion verbreitete. Die Neuerrichtung von Klöstern oder kleineren Zellen wurden gefördert, Taufkirchen wurden erbaut. Die germanischen Götter Wodan, Ziu, Donar, Freya oder Nerthus wurden durch den fränkischen Heiligen Martin, durch den Hl. Michael oder die Jungfrau Maria ersetzt.

Pippin, gesalbter König der Franken, schaffte in seiner neuen Würde wohlweislich das Amt des Hausmeiers ab. Er wußte nur zu gut, daß seinen Nachfahren aus einem solchen Befehlshaber ein gefährlicher Widersacher werden könnte. Nun mußte es sich zeigen, ob er wirklich ein König war oder nur ein Statthalter von Papstes Gnaden.

Schon 3 Jahre nach der Salbung, im Jahre 754, erschien Papst Stephan II, der Nachfolger von Zacharias, höchst persönlich vor ihm, um ihm einen sehr unangenehmen Wechsel zur Einlösung vorzulegen. Stephan verlangte von Pippin, er solle in Kürze einen Feldzug gegen die Langobarden führen, um sie zu demütigen. Gleichzeitig forderte er ein erweitertes Gebiet außerhalb von Rom mit weltlicher Herrschaftsbefugnis, das den Langobarden gehörte und ihr Land in 2 Teile zerschneiden sollte, nämlich das Exarchat von Ravenna und ein Verbindungsstück zur Stadt Rom, die sogenannte Pentapolis (das Fünfstädteland). Die fränkischen Großen waren gegen solche Zumutungen von kirchlicher Seite. Pippin selbst schwankte, denn sein Vater Karl der Hammer war ein Freund der Langobarden gewesen und hatte dem Papst eine Absage erteilt. Als der Papst ihm aber die Würde eines Patricius Romanorum antrug, wurde er weich und erfüllte alle Wünsche des Papstes. Dafür salbte Papst Stephan II. Pippin zum 2. Male. Wahrscheinlich war Bonifatius bei diesem Handel ein kluger Berater zugunsten der Romkirche.

Pippin rüstete bereits zum Feldzug gegen die Langobarden, als sein Bruder Karlmann aus dem Kloster Monte Cassino floh und ihn beschwor, doch keinesfalls den geplanten Krieg zugunsten des Papstes zu führen. Er hatte in Italien einen Einblick in die tatsächlichen Verhältnisse gewonnen und sah Unheil für das Frankenreich voraus. Diese Handlung wirft auf Karlmann nach dem entsetzlichen Blutbad von Cannstatt, das er vollführt hatte, ein etwas milderes Licht.

Als Papst Stephan von Karlmann's Schritt für den Frieden erfuhr, erließ er sofort einen Haftbefehl gegen ihn. Nach kirchlichem Recht brauchte er nicht einmal angehört zu werden, sondern er wurde sofort aufgegriffen, hart bestraft und noch strenger im Kloster eingesperrt, wo er dann bald verschied. Ob er eines natürlichen Todes gestorben ist oder zum Tode befördert wurde, ist in keinem kirchlichen Bericht verzeichnet.

Pippin hielt nicht zu seinem Bruder, seinem einstigen Waffengefährten, sondern ließ an ihm durch den Papst die Strafe vollstrecken. Karlmanns Frau war mit ihren zwei Söhnen zum Langobardenkönig Aistulf geflohen, weswegen sie von Pippin aus dem Erbrecht auf den Frankenthron ausgeschlossen wurden.

So zog denn Pippin mit seinem Frankenheer nach Italien. Aistulf eroberte Ravenna und erschien mit seinen Langobarden drohend vor Rom, aber schließlich wurde er von der überlegenen Streitmacht Pippins geschlagen.

Doch kaum war das Frankenheer wieder in die Heimat zurückgekehrt, da rückte Aistulf mit seinem langobardischen Aufgebot wieder vor die Tore Roms. Pippin eilte nochmals über die Alpen. In diesem zweiten Feldzug überwand Pippin die Langobarden durch zwei siegreiche Schlachten. Dennoch konnte sich Aistulf wieder aufraffen und leistete dem Papst nicht den von den Franken für den Papst geforderten Zins. Aistulf übergab sein Langobardenreich seinem Sohn Desiderius.

Zu einem dritten Feldzug konnte sich Pippin nicht mehr entschließen, denn im Südwesten seines Reiches erhoben sich die Westgoten unter ihrem fähigen Herzog Waifar und waren im Begriff, die drückende Frankenherrschaft abzuschütteln.

In mehreren Feldzügen, die sich über acht Jahre hinzogen, wurde Waifar niedergerungen und schließlich auf Betreiben Pippins ermordet. Abgestoßen durch die Grausamkeit Pippins und seine unseligen Kämpfe gegen die freien Germanenreiche, mit denen ihn die gemeinsame Abkunft von den Sueben zum Teil noch verband, verweigerte Tassilo, der junge Herzog von Bayern, die Heerfolge und zog seine Streitkräfte aus dem Feldzug gegen die Westgoten zurück.

Als im Jahre 768 Pippin auf dem Totenbett lag, vererbte er sein Reich an seine beiden Söhne Karl und Karlmann II. Beide sollten sich in die Herrschaft derart teilen, daß jeder ein Stück vom Rheinlauf erhielt, Karl im Westen und Norden, Karlmann im Osten und Süden. Die beiden Brüder vertrugen sich nicht gut. Um sie zu einigen, vermochte es Bertrada, Pippins Witwe, mit Hilfe des fränkischen Adels, sie mit den Töchtern des Langobardenkönigs Desiderius, Desiderata und Gerberga, zu vermählen. Papst Stephan lief Sturm gegen diese Verbindung und beschimpfte die Langobarden in unflätigster Weise. Jedoch erhoben sich nach dem Tode Pippins sofort wieder die Westgoten gegen den jungen Karl. Dieser bat Karlmann um Waffenhilfe, aber Karlmann hatte eigene Sorgen in seinem Teilreich und verweigerte daher seinem Bruder den Beistand mit einer Abordnung von Streitkräften. Karl warf indessen den Aufstand der Westgoten ohne Verstärkung aus dem Reich seines Bruders nieder.

In seinem Zorn und um dem Papst zu gefallen, schickte Karl seine Gemahlin Desiderata in demütigender Weise zu ihrem Vater Desiderius zurück. Desiderata hatte Karl nicht den gewünschten Sohn geboren. Kurz darauf starb Karlmann eines plötzlichen Todes aus ungeklärter

Ursache. Sofort entzog Karl den beiden Söhnen seines Bruders das Erbrecht und schwang sich im Jahre 771 zum Alleinherrscher auf. So entschloß sich Gerberga, sich mit ihren beiden Söhnen in den Schutz ihres Vaters, des Langobardenherrschers, nach Pavia in dessen Königssitz zu begeben.

Beide Töchter waren durch Karls hochfahrendes Wesen bitter gekränkt und bestimmten ihren Vater, ihnen seinerseits Genugtuung zu geben. Desiderius ließ sich zu einem Schritt verleiten, der unklug und gewagt war. Er ersuchte nämlich Papst Hadrian I, der inzwischen den apostolischen Stuhl bestiegen hatte, die beiden Söhne Karlmanns zu salben, was dieser verweigerte. Desiderius rückte daraufhin mit einem Heer in Richtung auf Rom vor. Er hatte aber nicht mit der überlegenen Feldherrnkunst Karls und der Schnelligkeit seiner Entschlüsse gerechnet.

Kaum hatte Karl seinen Feldzug gegen die Sachsen beendet und deren Heiligtum, die Irminsul, zerstört, brach er mit seinem Heer im Jahre 773 nach Oberitalien auf. Er besiegte durch einen Aufmarsch in zwei getrennten Heersäulen die Streitmacht der Langobarden. Desiderius wurde in seiner Hauptstadt Pavia eingeschlossen und mußte sich ergeben. Er wurde mit seiner Familie in ein Kloster geschickt. Bedenkenlos erneuerte Karl das Schenkungsversprechen seines Vaters gegenüber dem Papst.

Das Langobardenreich war zertrümmert, das Germanentum in Italien war zugunsten des Papstes geopfert, fürwahr ein teurer Preis!

Bei den kriegerischen Unternehmungen Pippins und Karls hatte sich Gerold, ein fränkischer Adeliger, ausgezeichnet. Ihm war als Lohn dafür der Nagoldgau in Alamannien verliehen worden. Er sollte mit anderen Grafen dafür sorgen, daß in Alamannien Ruhe herrsche. Gerold verstand es, den noch überlebenden alamannischen Adel für sich zu gewinnen, und heiratete Imma, die Tochter des ehemaligen Alamannen-Herzogs Nebi und Urenkelin des angesehenen Herzogs Gottfried. Aus dieser Ehe ging eine Tochter Hildegard hervor.

Nachdem Karl seine Gemahlin Desiderata verstoßen hatte, war er darauf bedacht, eine Frau zu finden, die ihm bei seinen weitgreifenden Plänen keine Schwierigkeiten bereiten konnte. Wahrscheinlich sah er auf einem Reichstag die 15-jährige Tochter seines Gefolgsmannes Gerold und vermählte sich noch im Jahre des Beginns seiner Alleinherrschaft mit Hildegard. Auf diese Weise milderte er die grausige Bluttat seines Oheims Karlmann an der alamannischen Führerschaft. Hildegard gebar Karl die erwünschten Söhne, zuerst Karl, dann Pippin und schließlich Ludwig, dazu noch vier Töchter. Hildegard starb bereits im Jahre 783 an der Geburt ihres Töchterchens Hildegard, das ihr in den Tod folgte. So war die kurze Zeit ihrer Ehe mit König Karl für Hildegard ein Leidensweg.

Karl war ständig in Kriege verwickelt. Oft erhoben die Sachsen sich gegen ihn. 4500 Sachsen wurden zu Verden an der Aller mit dem Tode bestraft*) Er kämpfte in Spanien gegen die Araber, gegen den Langobardenherzog Arichis von Benevent in Mittelitalien, gegen die wendischen Wilzen in der Mark Brandenburg. Überall war er siegreich.

Die dritte unselige Tat Karls war außer der Vernichtung des Langobardenreichs und der Niederzwingung der Sachsen mit grausamsten Mitteln sein Vorgehen gegen den Bayernherzog Tassilo III. Seit dem Jahre 760, also noch zur Zeit von König Pippins Herrschaft, hatte Tassilo für sein Herzogtum die Unabhängigkeit von den Franken wieder erlangt, nachdem er seine Mannen nicht gegen die Westgoten hatte streiten lassen. Er erstrebte als treuer Katholik eine eigene Landeskirche, die nur formell die Oberhoheit des Papstes in kirchlichen Angelegenheiten gelten ließ. Er konnte sein Land nach Osten ausbreiten. Dort schuf er die Klöster Innichen in Südtirol und Kremsmünster im heutigen Oberösterreich. Der berühmte goldene Tassilo-Kelch, den er dem Kloster Kremsmünster stiftete, mit christlichen und germanischen Sinnbildern, wird heute noch dort als Kostbarkeit aufbewahrt (Abb. 40).

Herzog Tassilo hatte Liutwerda aus dem langobardischen Königshaus zur Frau genommen.

Alle diese Ereignisse außerhalb seines Herrschaftsbereichs waren aber Karl ein Dorn im Auge. Auf dem Reichstag zu Worms im Jahre 781 mußte Tassilo Karl den Treueid schwören. Jedoch nahm auch nachher

*) Vgl. Hammerbacher. Irminsul und Lebensbaum, 1972.

Tassilo die Verbindung zu dem Langobarden Arichis, dem Herzog von Benevent auf, der seinerseits zu dem oströmischen Kaiser in Beziehung stand.

Das genügte, Tassilo des wiederholten Hochverrats anzuklagen. Drei Heere ließ Karl gegen Tassilo aufmarschieren. Auf dem Reichstag zu Ingelheim im Jahre 788 wurde Tassilo verhaftet. Er und seine Familienangehörigen wurden in ein Kloster eingesperrt, aus dem sie nie wieder entlassen wurden. Das war das Ende des glanzvollen, tüchtigen Hauses der bayrischen Agilolfinger aus dem ehemals suebischen Stamm der in Böhmen und Mähren ansässigen Markomannen und Quaden.

Die größte für das Abendland entscheidende Kriegstat focht Karls 2. Sohn Pippin, zum König von Italien erhoben, zusammen mit dem Markgrafen Erich von Friaul aus dem Geschlecht der schwäbischen Unruochinger gegen die Awaren für ihn aus.

Die Awaren, dieses weitschweifende östliche Reitervolk, hatten schon lange Jahre die Grenzen des bayrischen Herzogtums und damit des Frankenreichs unsicher gemacht. Im Jahre 795 folgte der Gegenschlag der Franken. Das Heer Pippins und Erichs eroberte die Hauptburg der Awaren zwischen Donau und Theiß und vernichtete ihre Streitmacht so vollständig, daß die Awaren seitdem nicht mehr als handelnde Macht in der Geschichte auftraten.

Aus dem Gebiet ostwärts der Enns, seit Jahrhunderten Sitz germanischer, besonders suebischer Völkerschaften, entstand nun die Ostmark, von bayrischen Bauern besiedelt, die Keimzelle des späteren Kaiserreichs Österreich.

Im Jahr 800 wurde Karl von Papst Leo III zum Kaiser gekrönt, nachdem der Papst als Flüchtling vor dem König in Paderborn erschienen und von Karl wieder eingesetzt worden war.

Karls ältester Sohn Karl errang einen Sieg über die Sorben, die sich zwischen Elbe und Saale niedergelassen hatten, und unternahm einen Feldzug nach Böhmen. Dieses Land wurde dem Frankenreich angegliedert.

In den letzten Jahren seiner Herrschaft führte Karl gegen den Dänenkönig Göttrik Krieg. Dieser hatte die großartige Handelsniederlassung Haithabu in der Schleswiger Bucht errichtet. Karl antwortete seinerseits mit dem Bau einer Burg zu Itzehoe zur Sicherung der Nordmark. Seine Erfolge im Kampf gegen Göttrik waren nicht einhellig. Indessen übergab Karl der Große seinem Schwager Ulrich, dem Sohn Gerolds, die Grafenrechte am Bodensee. Ulrich wurde damit zum Ahnherrn des Geschlechts der Udalrichinger, das hohes Ansehen erwarb. Im Erbgang erhielt die Bregenzer Linie den nördlich anschließenden Argengau, während ein anderer Zweig sich im Jahre 838 an der alten Dingstätte Buachihorn, dem späteren Buchhorn und Friedrichshafen am Bodensee, niederließ und dazu den Linzgau übernahm. Karl mußte in den letzten Lebensjahren den Verlust seiner beiden älteren tüchtigen Söhne Karl und Pippin hinnehmen. Sein unfähiger, sehr kirchlich beeinflußter Sohn Ludwig mußte zum Alleinerben des großen Reiches eingesetzt werden. Dieser zerrieb sich in Kämpfen mit seinen Söhnen und verspielte das Erbe seines Vaters gründlich.

Ludwig heiratete in 2. Ehe Judith, die Tochter des alamannischen Welfengrafen aus dem Augstgau. Dieser nahm sich das Leben, weil er die Schande nicht ertragen konnte, daß sich seine Tochter mit einem Karolinger verband, dessen Vorfahr den alamannischen Adel so gut wie ausgerottet hatte.

In religiöser Verblendung, wahrscheinlich auf Betreiben des Papstes, ließ Ludwig die germanischen Heldenlieder und Göttersagen verbrennen, die sein Vater in seinen letzten Lebensjahren hatte aufzeichnen lassen. Damit fügte er dem deutschen Volk größten Schaden zu. Er hat aber nicht verhindern können, daß in fast allen nachfolgenden Jahrhunderten Kaiser und tapfere Männer des Geistes und des Schwertes aufstanden, um Deutschland von der römischen Bevormundung zu befreien.

Als Folge des Zerwürfnisses Ludwigs, des Erzfrommen, mit seinen Söhnen wurde das Reich im Vertrag von Verdun in drei Teile geteilt. Ludwig der Deutsche erhielt das Ostfrankenreich, Lothar die Mitte, nach seinem Sohn Lothar II Lotharingien genannt, und Karl den Westen.

In der zweiten Reichsteilung von Mersen (Meerssen) des Jahres 870 wurde Ludwig dem Deutschen das Ostreich mit dem Elsaß und Lothringen, Karl dem Kahlen das Westreich zugesprochen, fast genau der deutsch-französischen Sprachgrenze entsprechend, die jahrhundertelang bestehen blieb.

Die Vermählung Karls des Großen mit Königin Hildegard aus fränkisch-alamannischem Blut, und die unerquicklichen Ereignisse der Karolingerzeit im 9. Jahrhundert änderten an der unfreien Lage Alamanniens nichts. Das Herzogtum blieb aufgelöst.

Während der Regierung der letzten Karolinger wurde das ostfränkische Reich ein Spielball fremder Mächte. Die Normannen und Ungarn holten sich fette Beute in vielen Landschaften. Die Ungarn verschonten Bayern und Alamannien nicht. Eine Reihe von Klöstern wurde geplündert. Immerhin gelang es Kaiser Arnulf von Kärnten, die Normannen bei Löwen an der Dyle im Jahr 897 entscheidend zu schlagen, sodaß die Gefahr im Norden des Reiches gebannt war.

Das Geschlecht der Karolinger nahm durch Ludwig das Kind ein unrühmliches Ende. Erzbischof Hatto von Mainz als Reichsverweser war nicht der Mann, den ungarischen Raubscharen ein starkes Heer entgegenzusetzen. Nach dem Tode des unmündigen Ludwig wurde auf dem Reichstag zu Forchheim in Franken Konrad I im Jahre 911 zum ostfränkischen König ausgerufen. Er entstammte dem hessischen Geschlecht der Konradinger aus Weilburg an der Lahn und war weitläufig mit Karl dem Dicken, dem Karolinger, verwandt. Aber auch er stützte sich auf die Romkirche und ernannte den ehrgeizigen Bischof Salomon von Konstanz zu seinem Reichskanzler.

Die Landesfürsten versuchten damals notgedrungen, Einfälle der Ungarn durch Aufbietung eigner Streitkräfte abzuwehren. Neben Herzog Arnulf von Bayern waren es die Reichskammerboten Erchanger und Bertold aus alamannischem Geschlecht von der Bertoldsbaar an der Donauquelle, die eine selbständige Stellung im Südostraum errangen. Durch König Konrad war diesen jedoch plötzlich Bischof Salomon übergeordnet worden. Dessen Oberhoheit erkannten die beiden schwäbischen Großen nicht an, sondern sie verschanzten sich gegen eine königliche und bischöfliche Streitmacht auf der Burg Hohentwiel bei Singen. Sie konnte jedoch diese starke Festung nicht bezwingen. Erchanger und Bertold verfielen der Reichsacht. Auf der Synode zu

Hohentaltheim im schwäbischen Ries wurden sie zu lebenslänglicher Kerkerhaft verurteilt. Doch schon im nächsten Jahr wurden Erchanger und Bertold gefangen und hingerichtet. Diese Tat stieß bei den übrigen deutschen Stammesherzögen auf eisige Ablehnung. Bei dem Versuch, den Herzog Arnulf von Bayern, der sich mit den Ungarn verbündet hatte, zur Einordnung in das Reich zu zwingen, wurde König Konrad verwundet und starb bald danach.

59. Die Wiedergeburt des Herzogtums Schwaben

In den letzten Jahren der Herrschaft Königs Konrad I ergriff ein anderer schwäbischer Fürst, Markgraf Burkhart I von Churrätien, aus dem äußersten südlichen Landesteil, die Macht und beanspruchte die herzogliche Würde für ganz Alamannien. Das Jahr 919 war herangekommen.

Da wurde auf Vorschlag König Konrads Heinrich I aus sächsischem Geschlecht zu Fritzlar zum deutschen König gewählt. Neue Hoffnung keimte in allen deutschen Ländern auf. Eine seiner ersten Taten war, um Ruhe und Frieden in seinem Reich herzustellen, die Belehnung dieses Markgrafen Burkhart I mit dem Herzogtum Schwaben. Damit machte er das Unrecht wieder gut, das dem alamannischen Stamm seit 150 Jahren widerfahren war. Bezeichnend ist, daß diese Maßnahme von einem Herrscher ausging, der kein Franke war. Er wollte die germanischen Stämme nicht knechten sondern zusammenführen.

Die Alamannen erkannten freudig den neuen Herzog an. Nunmehr überwiegt im Sprachgebrauch der Name der Schwaben gegenüber den Alamannen. Die führenden Männer der damaligen Zeit nahmen die alte Überlieferung der Sueben wieder auf. Dies geschah wohl deshalb, weil sie die Erinnerung an das traurige Schicksal ihrer Vorfahren nicht in die neue glücklichere Zeit mit hinübernehmen wollten. Dies schloß nicht aus, daß das Andenken an das tapfere Alamannentum besonders im Südwesten des Herzogtums, also im Oberrheintal diesseits und jenseits des großen Stromes und in der Nordschweiz weiter gepflegt wurde.

Nach dem Tode von Herzog Burkhart I ging das schwäbische Herzogtum auf Hermann, später auf Liudolf, einen Sohn des Kaisers Otto des Großen, über. Jener wandte sich gegen die Italienpolitik seines Vaters, weshalb er vom Kaiser abgesetzt wurde unter gleichzeitigem Entzug seines Erbfolgerechts. Liudolf war ein beliebter Mann, besonders auch dadurch, daß er eine Gemahlin aus schwäbischem Stamm geheiratet hatte. Er soll ferner Stuttgart gegründet haben.

Kaiser Otto übergab nach dem Sturz Liudolfs und der siegreichen Schlacht auf dem Lechfelde gegen die Ungarn das Herzogtum Schwaben im Jahre 955 an Burkhart II., wahrscheinlich einen Sohn von Burkhart I. Er vermählte sich mit Hadwig, einer Nichte des Kaisers. Sie übte nach dem Tode ihres Gatten als strenge, aber geistvolle Herrin auf der Burg Hohentwiel eine vornehme Hofhaltung aus. Sie zog den Mönch Ekkehard II. aus St. Gallen zu sich heran. Dort entstand aus seiner Feder das Waltharilied, einer der wenigen Heldengesänge aus germanischer Zeit, nun nach dem Zeitgeschmack in lateinische Hexameter übertragen. Viktor von Scheffel hat diese Begebenheit in seiner Erzählung »Ekkehard« meisterhaft geschildert.

Zur Zeit der salischen Kaiser, die den Kaisern aus sächsischem Hause folgten, wurde das Herzogtum Schwaben in den Kämpfen zwischen Kaiser und Papst hin und hergerissen. Der Graf von Calw war das Haupt der päpstlichen Partei. Indessen scheint es, daß im östlichen Schwaben, das von Cannstatt weit entfernt liegt, nicht alle Edlen dem Ruf des Alamannenherzogs Theutbald damals zum Richtplatz nach Cannstatt gefolgt waren, vielleicht aus einem gesunden Mißtrauen den Franken gegenüber. So konnte sich dort eine neue Führungsschicht herausbilden, möglicherweise auch durch Beteiligung des dort ansässigen Freibauerntums.

Als König Heinrich IV. aus salischem Hause von der päpstlichen Partei abgesetzt worden war, konnte er schon nach drei Jahren mit Hilfe eines schwäbischen Ritters, Friedrichs von Büren, in der Schlacht von Hohenmölsen bei Weißenfels an der Saale im Jahr 1080 über den päpstlichen Gegenspieler, Rudolf von Rheinfelden, obsiegen. Zum Lohn dafür gab der Kaiser seinem treuen Gefolgsmann Friedrich seine Tochter Agnes zur Frau und belehnte ihn mit dem Herzogtum

Schwaben. Dieser baute auf dem heiligen Berg der Schwaben, dem Staufen, seine Burg und nannte sich seitdem Friedrich von Hohenstaufen.

Damit hatte Kaiser Heinrich IV. eine glückliche Wahl getroffen. Er gab hierdurch den Anstoß zum Aufstieg des Geschlechts der Hohenstaufen. Andererseits stiftete er auch Frieden mit der päpstlichen Partei in Schwaben, indem er dem Schwiegersohn seines Gegners Rudolf von Rheinfelden, Bertold II. von Zähringen, die Würde eines Herzogs verlieh und ihn mit reichsunmittelbaren Landesteilen in der Schweiz und in Burgund ausstattete.

Ausgerechnet im fränkischen Bamberg, einer Gründung des Sachsenkaisers Heinrich II., wählten die Kurfürsten nach dem Tode des staufischen Königs Konrad III. den Enkel jenes schwäbischen Ritters Friedrich von Büren zum deutschen König. Als Kaiser Friedrich Rotbart führte er das Deutsche Reich zum Höhepunkt seiner äußeren Macht und inneren Größe. Auch das Elsaß und Teile der Nordschweiz wurden wieder mit dem Herzogtum Schwaben vereinigt. Eine Stammmutter der Staufen, Hildegard von Egisheim aus einem sehr angesehenen elsässischen Adelsgeschlecht, hatte den weitreichenden Besitz aus dem Elsaß in die Ehe mitgebracht. Ihr Stammbaum ist am Schluß des Buches aufgeführt.

Bei der Öffnung ihres Grabes zu Ende des vorigen Jahrhunderts, in das Wasser eingedrungen war, ergab es sich, daß in der erstarrten Kalkschicht die Hohlform ihres Gesichts und ihres Oberkörpers erhalten geblieben war. Zwei Gipsabgüsse ließen überraschend die Umrisse der Verstorbenen in erstaunlicher Lebendigkeit wieder erscheinen. Das Antlitz der einstigen Pfalzgräfin von Lothringen, Herzogin von Schwaben und Kärnten, gestorben im Jahr 1094 zu Schlettstadt im Elsaß, als Gemahlin von Friedrich von Büren, läßt die feinen Züge einer Herrin aus altadeligem Geschlecht gut erkennen. Ein solcher Gipsabguß wird im Museum in Göppingen aufbewahrt (Abb. 41).

Gerade im Elsaß und in der Rheinpfalz haben die Staufer reichen Besitz gehabt, ihn erweitert und in Bauwerken ausgestaltet, die zum Teil heute noch bestehen. Kaum in einem anderen deutschen Land sind die Zeugen aus staufischer Zeit so zahlreich und zu künstlerischer

Hochform entwickelt wie in diesem alamannischen Gebiet. Die Burgen von Egisheim, die sogenannten Drei Exen, jene von Rappoltsweiler, die Hohkönigsburg, die Ottrotter Burgen, die Burgen Hohbarr, Bernstein, Wasigenstein, Fleckenstein, Greifenstein, Ortenberg, Nideck (Schauplatz der Sage vom Riesenspielzeug, von Adalbert von Chamisso in dichterische Form gebracht) im Elsaß, die Burgen Trifels, Anebos, Scharfenstein, die Madenburg, die Burg Berwartstein in der Südpfalz, aber auch die Klöster von Andlau, Murbach, Neuweiler bei Zabern, Maursmünster, Rosheim, die Kirchen von Hagenau, Schlettstadt und die Anfänge des Straßburger Münsters sind neben vielen anderen die Schöpfungen staufischer Könige, Kaiser oder deren Dienstmannen. Die Kaiserpfalz von Hagenau besteht außer in einem schönen Steinbildwerk des Kaisers Barbarossa leider nicht mehr.

Kaiser Friedrich I., genannt Rotbart, ließ an seinen Bauwerken, Pfalzen, Reichsburgen, ja sogar an Domen und Klöstern germanische Heilszeichen und Sinnbilder anbringen, sodaß jene Zeit der schmachvollen Unterwerfung unter römische Herrschaftsansprüche auch in bildnerischem Sinne wieder aufgehoben wurde. Hier leuchten die Kaiserpfalzen zu Gelnhausen, Wimpfen, Eger, Kaiserslautern, Seligenstadt am Main, die Reichsburgen zu Nürnberg und Trifels, die Dome zu Freising, Bamberg und Naumburg, die Kirchen zu Schwäbisch Gmünd und Regensburg, ferner das Kloster Lorch in Württemberg als kostbare Kleinodien deutscher Baukunst hervor. Aber der Staufische Stil hielt auch seinen Einzug in Frankreich, Spanien, Italien bis zu seiner Südspitze, in Sizilien und in Dalmatien, in Polen, sodaß wir heute noch auch dort gemanische Sinnbilder entdecken können.

Die Minnesänger sangen herrliche Lieder in deutscher Sprache und zur Ehre edler Frauen. Durch kluge und maßvolle Politik wurde der Weg nach Osten, meist friedlich, freigelegt. So wurden die Meintaten der Franken in der Zeit um 750 — 800 uns. Zeitr. durch einen hervorragenden Geist aus schwäbischem Stamm wieder zum Guten gewandt. Das alte Herzogtum Alamannien und Schwaben ist dadurch wahrhaftig wiederauferstanden und wurde zum Kernland des Deutschen Reiches.

So erfüllte sich die Weissagung der Seherin Wala in der Edda:

»Einen Saal sehe ich sonnenglänzend,
mit Gold gedeckt, zu Gimle stehen:
wohnen werden dort wackre Scharen,
der Freuden walten in ferne Zeit«.

60. Gang zu den ehrwürdigen Stätten der Alamannen und Schwaben

Je dichter das Häusermeer der Großstädte und ihrer Vororte sich über das Land ausbreitet, um so sorgsamer sollten wir die ehrwürdigen Stätten aus der 1. Siedlungszeit unsrer Vorfahren hüten und pflegen, auf daß sie unberührt von fremdem Zugriff in ihrer ganzen Schönheit und Reinheit auf uns wirken können.

Zu unserm großen Glück sind solche Landschaftsheiligtümer in unserer Heimat noch nicht allzu selten. Einige von ihnen wurden in dieser Abhandlung schon erwähnt; sie alle aufzuzählen und zu beschreiben, würde ein eigenes, dickes Buch füllen.

Die hier getroffene Auswahl soll besonders bedeutsame Stätten aufzeigen, wobei jeder Landschaftsteil zu seinem Recht kommen soll.

Wir haben auch zwei bayrische und einige thüringische Heiligtümer eingefügt, einmal weil die Bayern und Thüringer Nachkommen der Sueben sind, zum andern, weil diese auch für das benachbarte Schwaben und für die bei uns wohnenden Thüringer eigentümlich sind.

Manche dieser Heiligtümer sind kahle Hügel, die an die graue Vorzeit gemahnen, andere sind von Burgen überhöht oder es ragen Trümmer von ihnen zum Himmel. Nicht wenige tragen eine Kapelle oder ein Kirchlein auf dem seit alters her geweihten Platz.

Wir beginnen unseren Gang mit dem Besuch einer Stätte im Mittelpunkt des heutigen Schwabenlandes.

a) Der »Stein« bei Cannstatt

Dieser ist eine der frühesten Gerichtssitze in unserem Land, also der eigentliche Kernpunkt der Alamannensiedlungen, des vormaligen Dekumatlandes, das einst den Römern abgerungen wurde. Die denkwürdige Stätte am Mittleren Neckar ist jedenfalls viel älter als die Großstadt Stuttgart in nächster Nähe, und nicht allen Stuttgartern ist sie bekannt.

Wir lassen also das Häusergewirr von Stuttgart hinter uns und besuchen zunächst die Bäderstadt Cannstatt, das alte »Condistat«, mit ihren heilsamen Quellen. Das vornehme Kurhaus mag unser Ausgangspunkt sein. In seiner Nähe sprudelt ein Brunnen auf, der für die Bevölkerung und für die Besucher Cannstatts freigegeben ist, und an dem jeder sich gesund trinken kann.

Der Kern der einstigen württembergischen Landstadt ist von den englischen und amerikanischen Bombenflugzeugen im letzten Weltkrieg nicht so stark getroffen worden wie die Stadtmitte von Stuttgart selbst. Zwar ist das schöne Brückentor am Neckar schon vor der Jahrhundertwende abgerissen worden, aber es ist durchaus denkbar, daß es wieder aufgerichtet wird, wenn der Sinn für geschichtliche Denkmäler bei den Bürgern der Landeshauptstadt und besonders vom Stadtteil Bad Cannstatt wieder auflebt. Die hochragende gotische Stadtkirche, das alte Rathaus und viele behäbige Bürgerhäuser mit steilen Giebeln, teilweise in heimischem Fachwerk erbaut, stehen noch. In wenigen Schritten sind wir am Neckarufer. Den Fluß überqueren wir auf einer schmalen Brücke. Sie hatte schon zur Alamannenzeit ihre hölzerne Vorgängerin (Abb. 30).

Jenseits des Neckar auf dessen linkem Ufer durchmessen wir die enge Straße im alten Stadtgebiet Cannstatts, die sich nun bald in einer Doppelschleife, der »Steig«, zum Hochufer emporwindet. Hier empfängt uns schon eine linke Seitenstraße mit der Bezeichnung: »An der Altenburg«, während rechts auf der nördlichen Straßenseite das Viereck der großen ehemaligen württembergischen Dragonerkaserne aufragt. Sie wurde auf dem Grund des alten römischen Reiterkastells vom damaligen König Wilhelm im Jahre 1908 errichtet, eine eigenartige Neuschöpfung anstelle der einstigen Zwingfeste der Weltmacht Rom gegen unsere Vorfahren, die Sueben und Alamannen. Heute ist eine Einheit der amerikanischen Besatzungsmacht darin untergebracht. Südlich davon lag die ehemalige keltisch-römische Handwerkersiedlung. Wir folgen dem Straßenzug »An der Altenburg« an zwei Schulen vorbei und zweigen nach links zum Steilrand des Neckartals ab, von dem aus unser Blick über die Siedlung Groß-Stuttgart gleitet. Unweit von dieser Stelle, die heute mit vielen Einzelwohnhäusern seit dem Beginn unseres Jahrhunderts überbaut ist, haben wir die ehemalige Gerichtsstätte der Alamannen »Am Stein« zu suchen. In diesem Gelände fand jedenfalls das Gemetzel des Cannstatter Blutbads statt (Abb. 29).

Weiter westlich hinter den Schulen besteht noch der alte Friedhof. Hier wurde einst die erste Martinskirche kurz nach dem Cannstatter Blutgericht erbaut, um die Bevölkerung dem Christentum zuzuführen. Es liegt nahe, dort auch nach dem Massengrab der einst Ermordeten zu suchen. Jedoch wurde das Gelände, das zunächst wellig war, im vorigen Jahrhundert eingeebnet und mit dem Aushub vom oberen Teil in etwa 2 m Mächtigkeit überdeckt. Insofern ist es schwer, durch Grabungen weiteres über das Schicksal der alamannischen Adligen zu erfahren. Beim Ausschachten von Kellern der Wohnhäuser wurden Funde aus der Römer- und Germanenzeit zu Tage gefördert, wobei die Gegenstände aus der Römerzeit überwiegen.

Aus der Alamannenzeit vom 5. bis 8. Jahrhundert sind die Funde recht spärlich. Eine Armspange alamannischer Herkunft aus diesem Bezirk wird im Württembergischen Landesmuseum zu Stuttgart aufbewahrt. Mehrere Einzelgräber aus römischer und alamannischer Zeit wurden im Umkreis von der Altenburg aufgedeckt. Sie sind teils mit Steinplatten, besonders aus dem in der Nähe anstehenden goldgelben Travertin belegt, teils in Trockenmauerwerk aufgeführt.

Ein großer alamannischer Reihenfriedhof befand sich in der Nähe der Ursiedlung von Cannstatt am Uff-Kirchlein, das heute noch als Gebäude aus dem 15. Jahrhundert im gotischen Stil besteht. Weitere Alamannengräber sind in den Nachbardörfern Tunzhausen, Zazenhausen, in Münster und Untertürkheim, dem alten Duringeheim, freigelegt worden (Abb. 18).

Die ergiebigsten Zeugnisse aus der Alamannenzeit im Raum Groß-Stuttgart wurden im Vorort Feuerbach bei der alten evangelischen Kirche und an der Straße nach Weilimdorf geborgen. Hier kamen herrliche Gürtelschnallen, Riemenzungen, ein sehr schönes silbertauschiertes Gürtelschloß mit Flechtbandmuster, eine silbervergoldete

S-förmige Gewandspange mit Edelsteinen zutage, während in Cannstatt Scheibenspangen zum Vorschein kamen.

Alle diese Grabstätten können jedoch mit der Cannstatter Bluttat nicht zusammenhängen, sie stammen durchweg aus früherer Zeit.

Eine mittelalterliche Burg befand sich an der Stelle der »Altenburg« nicht. Ein schwäbischer Ritter hätte an dieser grausigen Stätte wohl kaum seinen Wohnsitz aufgebaut, ganz abgesehen davon, daß das Gelände nach zwei Seiten hin offen war.

Vom »Stein«, der ehemaligen Gerichtsstätte, ist keine Spur mehr vorhanden. Auch ist wegen der starken Bebauung sein Standort nicht mehr genau festzustellen. Manche Anzeichen weisen darauf hin, daß dieser Platz weiter oberhalb am »Burgholz« gelegen war, dort, wo das Gelände steiler zu werden beginnt, und die Häuserzeilen von Cannstatt aufhören. Dort heißt die Flurbezeichnung »Hallschlag«, die sehr alt zu sein scheint.

In der Oberamtsbeschreibung von Cannstatt aus dem Jahr 1895 wird die Gerichtsstätte überhaupt auf die Höhe des Burgholzes verlegt, weil diese ehemals Galgenberg hieß, was auf einen Gerichtsplatz schließen läßt.

Wilhelm Soytter hat im Jahre 1905 ein Buch: »Unser Stuttgart — Geschichte, Sage und Kultur« geschrieben. In diesem finden wir ein Bild der Gerichtsstätte »Am Stein« zur Zeit Karls des Großen, wo fränkische Sendgrafen im Alamannenland Gericht halten. Hier ist noch eine Linde abgebildet, deren Vorhandensein sich wohl auf eine alte Überlieferung stützt. Diese Linde ist am Hang des Burgholzes dargestellt. Wenn dieses Bild auch nicht die genaue Stelle der Gerichtsstätte wiedergibt, so vermittelt es dennoch einen Anhaltspunkt für das mögliche Aussehen und die Lage der alten Landesgerichtsstätte. Daß am »Stein« neben dem Felsblock zur Alamannenzeit tatsächlich eine Gerichtslinde stand, ist nach den vielen Beispielen in Schwaben und anderen deutschen Landschaften durchaus möglich.

Sogar zu fränkischer Zeit, also nach dem unheilvollen Jahr 746, wurde das Gericht am »Stein« beibehalten, aber hierbei führten fränkische Sendgrafen den Vorsitz, die die fränkische Oberherrschaft dauernd überwachten. Zur staufischen Zeit übten Vertraute des Herzogs von

Schwaben die Gerichtshoheit im Namen des Königs aus. Seit dem Ende des 13. Jahrhunderts übernahmen die Grafen von Württemberg dieses Amt. Das letzte Gaugericht auf dem »Stein« fand unter Württembergischer Hoheit im Jahre 1331 statt. Vielleicht stand der Stein damals noch.

Wir folgen nun dem Straßenzug des »Sparrhärmlingsweges«, der uns bald aus den Häuserreihen von Cannstatt hinausführt. Wir wandern auf einem schmalen Fahrweg zwischen Weingärten teils recht steil zur Burgholzhöhe empor, am neuen Robert-Bosch-Krankenhaus vorbei, und kommen schließlich zum Gelände der großen Kaserne, die zur Zeit des 3. Reiches erbaut wurde und derzeit von der amerikanischen Armee als Robinson Barracks genutzt wird. Wir können durchaus nachempfinden, wie damals das Römerlager, das weiter unten lag, das Neckartal beherrscht hat, als die Kelten noch hier saßen.

Gegenüber von der Kaserne ist das Gasthaus »Burgholzhof« in bodenständigem Stil vor nicht allzu langer Zeit erbaut worden. Dessen Fenster und vorgebaute Terrasse eröffnen einen weiten Blick über den Stuttgart-Cannstatter Talkessel, der nun fast vollständig mit Häusern übersät ist. Der nahe Aussichtsturm ist wegen der Anwesenheit der amerikanischen Truppen für deutsche Besucher gesperrt. Immerhin können wir von der teils noch freien Höhe das Gelände des ehemaligen Gerichts »Am Stein« oberhalb der Cannstatter Steige gut überschauen.

Leider ist kein Gedenkstein in der Nähe des schaurigen, für die alamannisch-schwäbische Geschichte so folgenschweren Ereignisses errichtet worden zur Erinnerung an die alamannischen Freien, die damals für ihr Land ihr Leben hingegeben haben. Dennoch werden wir beim Besuch dieser Stätte ihnen ein stilles Gedenken im Herzen bewahren. Wir hoffen, daß den Schwaben und Alemannen künftig ein solches Schicksal erspart bleibt.

b) Der Michaelsberg bei Cleebronn

Oberhalb von Cleebronn im Zabergäu nördlich von Stuttgart erhebt sich ein steiler Berg, an dessen Abhängen rings Weingärten angelegt sind, der Michaelsberg. Schon zu Zeiten der Alamannen war er ein

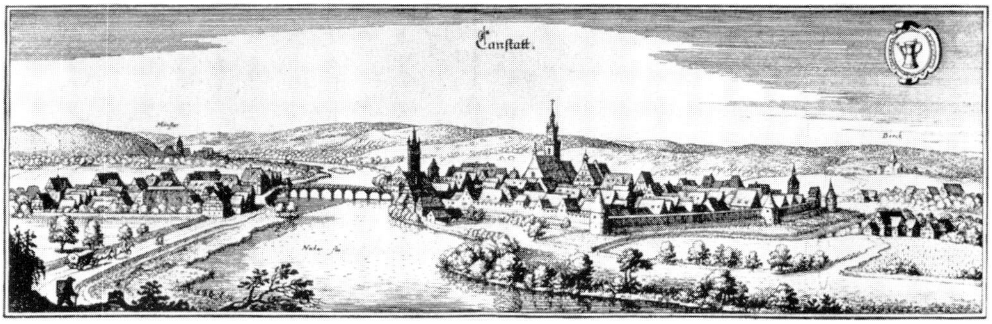

30 Cannstatt im Jahre 1643, Stich von Merian. Ganz links am Bildrand die Stelle des alamannischen Gerichts „Am Stein“

31 Hohen Aschberg = Asen-(Götter)berg des Alamannen bei Ludwigsburg, Württemberg, Stich von Merian, 1643, heute Hohenasperg

32 Michaelsberg bei Cleebronn im Zabergäu, Nordwürttemberg, ehemals Runingenberg, Wodansheiligtum der Alamannen

33 Die Bürg bei Winnenden, Württemberg, ein heiliger Berg der Alamannen

34 Breisach am Oberrhein, Stephansmünster, Hochaltarschrein des Meisters H. L. (1526). Die Himmelsmutter in goldenem Gepränge, ehemals Schutzgöttin des Breisgaus seit der alamannischen Besiedlung

35 Odilienberg im Elsaß, ehem. Heiligtum der suebischen Triboker. Kreuzkapelle. Mittelsäule, staufisch, mit Lebensbaumzier, 12. Jahrhundert

36 Heiligenberg am Bodensee, Schloß. Ehemaliges Heiligtum der alamannischen Lentienser, 785 m, mit Blick auf die Schweizer Alpen

37 Schloß Vaduz im Fürstentum Liechtenstein des südlichen alamannischen Siedlungsgebiets

heiliger Berg. Damals hieß er Runingenberg. Er war dem Göttervater Wodan geweiht, dessen Nachfolge später der Hl. Michael antrat. Der Berg ist von Geheimnissen umwittert. Wahrscheinlich wurden dort Runen geworfen und gelesen.

Nach der Einführung des Christentums wurde auf der Höhe ein Kloster errichtet. Das erhärtet unsere Behauptung eines germanischen Heiligtums zur Alamannenzeit.

Während die staufischen Herzöge über Schwaben geboten, wurde das Kloster ausgebaut. Der Innenraum der Klosterkirche ist noch im ursprünglichen Zustand aus dem 12. Jahrhundert erhalten. Berühmt sind die Säulenhäupter in diesem Gotteshaus. Eine dieser Säulen trägt das berühmte Adler-Kapitell, ein Zeichen dafür, wie eng die Staufer mit den germanischen heiligen Zeichen verbunden waren. Gleichzeitig war der Adler das Sinnbild des großen Heiligen Römischen Reiches Deutscher Nation, das der schwäbische Kaiser Friedrich Rotbart zu höchstem Ansehen im Abendland steigen ließ.

Unser Blick schweift vom Runingenberg weit über das fruchtbare Hügelland des nördlichen Schwaben, das die Franken einst den Alamannen abgerungen hatten, aber seit über 150 Jahren wieder zu Württemberg gehört (Abb. 32).

c) Der Dreifaltigkeitsberg bei Spaichingen

Im Südwesten des Landes Württemberg, in der Nähe des Schwarzwaldes, des Quellgebiets der Donau und des Neckar, erreicht die Schwäbische Alb ihre größte Höhe. Der Gipfel des Lembergs bei Rottweil erhebt sich sogar 1000 Meter über dem Meeresspiegel.

Über die schöne alte Freie Reichsstadt Rottweil mit ihren herrlichen Bauten fahren wir gen Süden in ein Seitental des Oberen Neckar ein und gelangen zur Stadt Spaichingen.

Zu beiden Seiten wird diese langgestreckte Siedlung von hohen Bergen eingesäumt. Im Südwesten ragt der Hohenkarpfen, dahinter der Hohenlupfen auf. Im Nordosten auf der anderen Talseite steigt die Steilwand des Dreifaltigkeitsberges bis zu 965 m in die Höhe.

Diese drei Berge wurden schon zur Alamannenzeit als zusammengehörig betrachtet.

Zwischen den beiden Bergen des Hohenlupfen und des Hohenkarpfen bei den Dörfern Oberflacht und Seitingen wurden die bedeutendsten alamannischen Grabfunde von Württemberg aufgedeckt, wie sie schon im Abschnitt: »Alamannische Kunst« beschrieben wurden. Dort muß damals ein Fürstensitz gewesen sein. Wahrscheinlich waren die drei Berge in dieser Zeit den Göttern geweiht.

Während wir bei den Bergen des Hohenlupfen und des Hohenkarpfen aus den Namen keine Beziehung zu den alten Göttern herauslesen können, so ist uns beim Dreifaltigkeitsberg sein alter Name überliefert. Er hieß damals: Baldensberg. Er war also Balder, dem Sonnengott, des Himmelsvaters Wodan und Sohn, geweiht.

Nach der Einführung des Christentums wurde dieser Berg umgetauft. Sein neuer Name ist sicher nicht zufällig entstanden. Er hat höchstwahrscheinlich eine bereits bestehende göttliche Dreifaltigkeit bei den Alamannen ablösen sollen. Diese ist in den drei Bergen hier jedenfalls vorhanden.

Wir müssen daher annehmen, daß der Hohenkarpfen dem Lichtgott Ziu oder dem Himmelsvater Wodan und der Hohenlupfen der Himmelsmutter Freia oder Njärd = Nerthus geweiht waren. Im Mittelalter wurden auf ihnen Burgen errichtet, jedoch sind nur noch Mauerreste dort zu sehen.

Ein Kirchlein erhielt nur einer dieser Berges-Dreifaltigkeit, der Baldensberg. Zu ihm führt von Spaichingen eine steile schmale Straße hinan. Wir kommen im Waldstück an einer hübsch gefaßten Quelle vorbei. Oben angelangt, öffnet sich vor uns ein weiter Wiesenplan, rings von Wald eingesäumt. Unmittelbar empfinden wir, daß dies seit alter Zeit ein heiliger Ort gewesen war. Hier sind vielleicht Frühlingsfeste zu Ehren von Balder abgehalten worden, woran sich Gauversammlungen anschlossen. Durch ihre unvergleichliche Schönheit eignet sich diese Hochfläche vorzüglich für solche Veranstaltungen. Das Kirchlein mit einem anschließenden kleinen Klostergebäude aus dem Mittelalter hier oben bestätigt uns umso mehr, daß die Stätte schon zur Alamannenzeit unseren Vorfahren als heilig galt.

Der Ausblick von der Felskante ins Spaichinger Tal bis Rottweil und Tuttlingen übertrifft an Vielfalt und Tiefblick viele andere Aussichtspunkte unserer Heimat. Wir grüßen voller Freude die beiden Nachbarberge des Hohenkarpfen und des Hohenlupfen, aber auch den Lemberg, das Klippeneck mit seinem Segelflugplatz und die Berge der Zollernalb.

Im Gegensatz zum »Stein« bei Cannstatt umfängt uns hier eine weihevolle Stille und läßt uns die schwäbische Landschaft in der gleichen Ursprünglichkeit erschauen, wie diese heilige Stätten sich damals unseren Vorfahren darboten.

d) Der Kaiserstuhl

Wir wenden uns bei unserer Rundfahrt zu den alamannischen ehrwürdigen Stätten über die Schwarzwaldhöhen dem Oberen Rheintal zu, weil den Alamannen gerade diese Gegend nach der Vertreibung der Römer besonders am Herzen lag und noch liegt. Hier setzte die Besiedlung frühzeitig ein. Die fruchtbare Ebene beiderseits der Dreisam, den drei Quellbächen entströmend, lud geradezu zur kräftigen Besiedlung ein. Die Kelten hatten ihre Stadt Tarodunum bei dem heutigen Dorf Zarten bei Freiburg verlassen. Nun nannten die sich hier festsetzenden alamannischen Sippen die Landschaft den Breisgau. Zwar hatten die Römer den Felsen am Rhein den Mons Brisiacus genannt, und diese haben den Namen wohl von den Kelten übernommen. Dennoch wagen wir es, bei diesem Gau auch eine eigene germanische Wurzel anzunehmen. Wir halten die Alamannen für wortschöpferisch genug, daß sie dem neu errungenen Gau auch einen ihnen gemäßen Namen gegeben haben.

In der nordischen Sage hieß das goldene Geschmeide der Himmelsmutter Frigga Brisingamen. Hier im Breisgau bot das Gefild ein so prächtiges Bild und verhieß eine so gesegnete Fruchtbarkeit, daß es die Einwanderer mit dem Schmuck ihrer Göttin verglichen haben können. Vielleicht hängt der Name der Stadt Freiburg auch mit dieser alten Überlieferung der Himmelsmutter Frigga oder Freia zusammen. Aus diesem Breisgau tritt nun gegen den Rhein zu nochmals ein Bergstock mit einer Höhe von über 500 m heraus, den unsere Vorfahren schon zu Beginn des Mittelalters den »Kaiserstuhl« nannten. Hie und da löste der Name Kaiserberg oder Kaiserstuhl einen alten Götterberg ab, was wir auch hier vermuten. Seine vielgestaltigen Höhen atmen heute noch eine tiefe Einsamkeit, während unterhalb des Waldgürtels an seinen Hängen sorgsam gepflegte Weingärten sich hinanziehen, deren Trauben eine besondere Süße auszeichnet.

Oben auf den Höhen begegnen wir einem Gipfel: »Zwölfeichen«, ein anderer heißt »Neunlindenberg« auch »Totenkopf« genannt, während der dritte, der Katharinenberg, ein Kapellchen und leider das Metallgerüst eines Funkturmes für die französische Armee trägt. Alle diese Berge sind indessen noch vom Zauber alter Götterverehrung umwoben. Die Aussicht ist nach dem langen mühsamen Anstieg von den Gipfeln bezaubernd schön.

e) Breisach, die alte Stadt am Oberrhein

Wählen wir jedoch den Weg durch die Täler, so werden wir nach dem Besuch der entzückenden alten badischen Weinstädtchen von Endingen und Burkheim schließlich den Felsriegel erreichen, der sich zwischen dem Kaiserstuhl und dem Rhein erstreckt, und auf dem weithin sichtbar die Stadt Breisach erbaut wurde. Im Süden der Stadt erhebt sich ein kahler, niederer Felsklotz, der Eckartstein. Er läßt in seinem Namen ein altes Wodans-Heiligtum vermuten. Denn oft erscheint in der Sage der alte Göttervater unter dem Namen des »Getreuen Eckart«. Auf ihm baute Friedrich von Büren, der Vorfahr der Hohenstaufen, der mit Hildegard von Egisheim aus dem Elsaß verheiratet war, im Jahre 1050 eine Burg. Von ihr bestehen noch die Grundmauern. Damals hieß die Stadt Breisach des Reiches Kleinod und Ruhekissen.

Die Stadt Breisach hat durch den 2. Weltkrieg arg gelitten. Jedoch ist die Bergstadt auf dem langgestreckten Hügel ganz nahe am Rhein ziemlich heilgeblieben. Wir treten durch ein Tor in den inneren Ring der alten Stadt ein und gewinnen allmählich die Höhe. Vor uns ragt das Stephansmünster mit seinen zwei verschieden gestalteten Türmen auf, eine Perle des staufisch-frühgotischen Stils. Im Innern trennt ein Lettner mit feinem Maßwerk aus der Zeit der Hochgotik das Schiff vom Chor. Dieser birgt ein seltenes Kleinod: den überreich geschnitzten und vergoldeten Altar mit der Krönung Marias, der Nachfolgerin der germanischen Himmelsmutter. Der Meister, der dieses Schnitzwerk schuf, verbirgt seinen Namen unter den Anfangsbuchstaben H. L. Ob wir ihn mit dem berühmten bayrischen Meister und Zeitgenossen Hans Leinberger aus Landshut gleichsetzen dürfen, ist vorerst noch eine Mutmaßung. Jedenfalls ist dieses Altarwerk eine der reifsten Schöpfungen der Holzschnitzkunst aus dem Jahre 1526 im gesamten deutschen Sprachraum. Er bildet mit der Darstellung der Marienkrönung sozusagen die Krone des gesamten Breisgaus (Abb. 34).

Martin Schongauer, ebenfalls ein bayrischer Meister, erwarb das Bürgerrecht zu Breisach in seinen letzten Lebensjahren und schuf das große Wandgemälde vom Jüngsten Gericht im Breisacher Münster.

Bei unserem Rundgang durch die ehemals Freie Reichsstadt stoßen wir auf das hohe Radbrunnenhaus mit seinem spitzen Turm inmitten eines langen Platzes. Der alte Radbrunnen führt in einem runden Schacht 42 m tief bis auf die Sohle des Rheintals hinab, von wo die Breisacher in früheren Jahrhunderten ihr Wasser schöpften. Diese Brunnenanlage ist eine hohe technische Leistung der damaligen Zeit. Zwei weitere Tore erheben sich über den Mauerring der Breisacher Altstadt. Auf dem Schloßberg zu Breisach ist eine Freilichtbühne errichtet, auf der Werke der deutschen Schauspieldichtung wie Schiller's Wilhelm Tell jeden Sommer aufgeführt werden.

Die Aussicht von der Breisacher Bergstadt über den Rhein, zu den Gebirgen des Schwarzwaldes und des Wasgenwaldes wie zum nahen Kaiserstuhl ist besonders anmutig, wenn zur Osterzeit die Obstbäume dieses gesegneten Landstriches in zarter Blüte stehen.

f) Der Tuniberg bei Bad Krozingen

Den südlichsten Ausläufer des Kaiserstuhls bildet eine langgestreckte Höhe, die plötzlich steil in die Ebene des Oberen Rheintals bei dem reizenden Bad Krozingen ausläuft. Die Autobahn-Ausfahrt ist ganz in der Nähe. Der nach drei Seiten steil abfallende Hügel am Ende des Höhenzuges heißt Tuniberg. Hier ist die Landschaft noch etwa in dem Zustand, als ihn die Alamannen bei ihrer Landnahme antrafen. In einem Hain am Fuße des Berges liegt ein Quellteich verborgen. Häufig ist eine Quelle mit einem Heiligtum unserer Vorfahren verbunden, so auch hier. Am Rande des Hains zieht sich unweit eines Steinbruchs ein steiler schmaler Pfad, an Weingärten entlang, zur Gipfelfläche empor.

Auf dem höchsten Punkt steht eine Kapelle mit einem schlanken, spitzen Türmchen aus dem 17. Jahrhundert. Vorher war schon eine Kapelle erbaut und der hl. Ehrentrudis geweiht worden. Sie führt uns in die Zeit der Einführung des Christentums zurück. Herrlich ist der Blick von dem Vorplatz der Kapelle über die Rheinebene mit ihren schmucken Dörfern und zu den Schwarzwaldhöhen zur Linken. Was hat es mit dem Tuniberg für eine besondere Bewandtnis? Tuni heißt im Althochdeutschen Gewitter. Wir müssen daher im Tuniberg ein ehemaliges Heiligtum zu Ehren des Gottes Donar sehen. Der Platz war vom Anfang der Besiedlung durch die Alamannen hierzu wie geschaffen. Donar, der Gewittergott, war auch der Herr des Erntesegens. Gerade hier breiten sich schier unermeßliche Felder fruchtbarsten Bodens aus, auf dem jede Fruchtart gedeiht.

So ist es kein Zufall, daß seine Nachfolge die Ährentrude antrat, oder wie sie noch heißt: die Kornmutter, die die Äcker und Wiesen segnet. Ehrentrudis war, von der Kirchengeschichte her gesehen, die Schwester des ersten Erzbischofs von Salzburg, Rupert von Worms, der im 8. Jahrhundert lebte. In den Anfängen ihres Wirkens war die Romkirche klug genug, die Erinnerung an die heiligen Stätten von ehedem nicht gewaltsam auszulöschen sondern ihnen einen Namen zu geben, der der vorher verehrten Gottheit verwandt war und der Bevölkerung einleuchtete.

Wir können daher auf dem Tuniberg die seit Jahrtausenden geheiligte Stätte der Alamannen, die trotz des Glaubenswandels in ihrer Schönheit und Reinheit unversehrt geblieben ist, in voller Ehrfurcht auf uns einwirken lassen.

g) Der Odilienberg im Elsaß

Aus der Kette der Vogesen, des Wasgenwaldes, erhebt sich in der Nähe der reizenden mittelalterlichen Stadt Oberehnheim (französisch Obernai!) ein bewaldeter Berg, Odilienberg genannt. Sein Gipfelfeld trägt die Höhenmarke: 763 m über dem Meere.

Wie schon erwähnt, war er zur Keltenzeit eine Höhenstadt der Mediomatriker, die den Gipfel mit einer 10 km langen und 1,5 m breiten Mauer umgaben. Die Steine wurden mit waagrechten, schwalbenschwanzförmigen Einkerbungen versehen, in die Holzkeile eingestemmt wurden. Einige eigentümliche Felsbildungen wurden in das Befestigungswerk mit eingefügt. Diese vorgeschichtliche Volksburg wurde schon vor der Zeitwende von den suebischen Tribokern eingenommen und ausgebaut. Heute ist diese riesenhafte Heidenmauer an manchen Stellen noch 2—3 Meter hoch und recht gut erhalten. Es lohnt sich, bei einem Rundgang die Kunst der damaligen Burgenbauer kennen zu lernen.

Nach der Einführung des Christentums im 8. Jahrhundert wurde durch den elsässischen Herzog Eticho und seine Tochter Odilia hier oben ein Kloster errichtet, auf dem sie auch beigesetzt wurden. Im Jahre 1045 wurde durch den lothringischen Grafen Bruno aus dem Hause Dagsburg, dem späteren Bischof von Toul und nachmaligen Papst Leo IX., eine Kirche eingeweiht. Von ihr ist keine Spur mehr vorhanden. Dagegen weilte im Jahre 1153 Kaiser Friedrich Barbarossa, der Staufer, auf dem Berg, der damals Hohenburg ließ. Er ließ das Kloster durch seine ihm verwandte Äbtissin Relindis wieder herrichten und ausbauen. Es wurde zu einer hervorragenden Stätte staufischer Kultur. Durch sie wurde die geistvolle Schrift mit wunderschön ausgemalten Bildern, des »Hortus Deliciarum« der Äbtissin Herrat von Landsberg angeregt.

Die Kreuzkapelle wurde in staufischem Stil neu erbaut. Die kräftige Mittelsäule mit reichem Laubwerk am Knauf erinnert an das germanische Sinnbild des Lebensbaums. Ein ähnliches Steinbildwerk ist in der nördlich anschließenden Odilienkapelle der Türsturz auf der Südseite. Der Lebensbaum wird von zwei Blütensternen nach Art der germanischen Hagalrune eingerahmt (Abb. 35).

Bemerkenswert sind die beiden Rundbauten der Tränen- und Engelkapelle am Rande des Steilabbruchs auf der Südseite des Berges, die ebenfalls äußerlich aus der staufischen Zeit stammen. Der Ausblick von der Stelle zwischen den Kapellen über das elsässische Land ist ganz besonders glanzvoll.

Aus der Tribokerzeit etwa um das 6. Jahrhundert stammt der Friedhof mit ausgehauenen Felsengräbern bei der sog. Tränenkapelle. Die heutige Engelkapelle, früher Michaelskapelle, mag mit ihrem Rundbau auf einem ehemaligen Heiligtum zu Ehren des Sturmgottes Wodan stehen, da der Erzengel Michael sehr häufig dessen Nachfolge antrat.

Leider sind die wertvollen geschichtlichen Zeugen auf dem Odilienberg durch Klosterbauten aus neuerer Zeit stark eingeengt. Dennoch ist er einst wie heute der heilige Berg des Elsaß und bleibt dies auch dann, wenn das Elsaß in den französischen Staat eingegliedert ist.

h) Ufnau, die geheimnisvolle Insel im Zürichsee

Am Ostende des langgestreckten Zürichsees in der Schweiz sind dem Ufer zwei Inseln vorgelagert, die Ufnau und die Lützelau. Die Ufnau, das größere der beiden Eilande, wird von einem Höhenrücken aus Nagelfluhgestein gebildet, der nach Norden zum See steil abfällt, und aus einem flachen Vorgelände im Süden. Den Höhenrücken bedeckt ein uralter Eichenwald, während sich zu seinen Füßen ein weiter Wiesenplan hinzieht.

Die Alamannen besetzten in kühnem Vorstoß um das Jahr 450 unserer Zeitrechnung das Land südlich des Hochrheins und stießen zum Zürichsee und bis in die Täler des Berner Oberlands vor.

Ein adeliger Herr gründete am Ufer des Zürichsees das Dorf Raprechtswilare, aus dem sich später die Stadt Rapperswil entwickelte. Unweit davon entstand das Dorf Hombrechtikon.

Die Insel Ufnau galt den Alamannen wegen ihrer Schönheit und Abgeschiedenheit von Anbeginn an als heilig. Sie weihten diese ihrem Sturmgott Wodan. Auf dem höchsten Punkt, dem Arnstein, schufen sie ihm zu Ehren eine heilige Stätte. An besonderen Tagen landeten die rings um den Zürichsee angesiedelten Bauern und Fischer mit ihren Dorfältesten auf der Ufnau. Der Ammann hielt dort Gericht unter dem Schutz der über ihr waltenden Gottheit.

Nach dem Blutgericht von Cannstatt im Jahre 746 überwies Frankenkönig Pippin das Heiligtum auf der Insel der Klosterzelle Einsiedeln im südlich ans Ufer anschließenden Schwyzer Wald. Von dort aus wurde das Christentum verkündet. An der Stelle des Wodansheiligtums errichtete man zur Zeit der Sachsenkaiser eine Kapelle, die dem Hl. Martin geweiht wurde.

Weiter unten im Wiesenplan ließ König Konrad III., der erste Staufer, eine größere Kirche erbauen und den Heiligen Peter und Paul weihen. Ihr Glockenturm mit dem steilen Satteldach ist seitdem das weithin sichtbare Wahrzeichen der Insel geworden. Eine Säule im Obergeschoß des Turmes läßt noch das alte Sinnbild des germanischen Lebensbaums aufleuchten.

Das Gasthaus auf der Insel führt den Namen »Zu den zwei Raben«, den Vögeln, die nach dem Glauben der Alamannen den Allvater Wodan auf seinen Ritten begleiteten.

Huldreich Zwingli, der große Schweizer Reformator, wirkte in den Jahren 1516—18 im Kloster Einsiedeln und lernte von dort aus die Insel Ufnau schätzen und lieben. Er war es auch, der dem flüchtigen Dichter und Künder des Deutschtums, Ulrich von Hutten, die Insel Ufnau als Herberge zuwies, wo Hutten bald darauf im Jahre 1523 starb. Konrad Ferdinand Meyer, der schweizer Dichter, widmete ihm seinen ergreifenden Gesang: »Huttens letzte Tage«.

Wenn wir der Insel Ufnau einen Besuch abstatten, so besteigen wir eins der schmucken Boote der Zürichsee-Schiffahrtsgesellschaft, am besten von Pfäffikon aus, und betreten nun über den Landungssteg von Süden her dieses altertümlich geweihte Fleckchen Erde im Herzen der deutschen Schweiz. Heute ist die ganze Insel Naturschutzgebiet. Unser Weg führt uns am Gasthaus vorbei zum Kirchlein St. Peter mit dem hohen Glockenturm. Über der Eingangspforte ist noch ein altes germanisches Heilszeichen eingemeißelt. Das Innere der Kirche ist sehenswert. Fresken aus der Zeit des 13. bis 16. Jahrhunderts, meist im gotischen Stil, bedecken die Wände. Ein Weihwasserbecken stammt noch aus dem staufischen Zeitalter.

An der Außenseite im Süden befindet sich das Grab Ulrichs von Hutten, das erst kürzlich, nachdem man seine Gebeine entdeckt hatte, mit einer würdevollen Grabplatte versehen wurde. Auf ihr lesen wir die Inschrift:

»Hic eques Auratus jacet
Oratorque disertus
Huttenus vates
Carmine et ense potens
Ulrich von Hutten
1488 — 1523«

Hier ruht der gekrönte
Redner und Dichter Ulrich von Hutten,
des Liedes und der Sprache mächtig,
einsam und verlassen 1488 — 1523.

Darunter ist sein Wappen eingemeißelt.

Wir verweilen an dem Grabe dieses großen Deutschen
in stillem Gedenken.

Weiter führt unser Weg zur einfachen turmlosen Martinskapelle auf der Anhöhe. Auch sie ist seit ihrer Erbauung nur wenig verändert. In ihr sind Fresken aus der Zeit um 1550 mit Lebensbaumzier im Chor kürzlich wieder aufgedeckt worden.

Nun begeben wir uns gegen Westen zur Höhe des Arnsteins. Auf ihm wurde im 16. Jahrhundert ein schlichtes Haus errichtet. Es dient heute der Pilgerunterkunft. Hier oben haben wir einen freien Blick über den Zürichsee und rückwärts über die Insel. Wir können uns in die Stimmung jener Frühzeit versetzen, als die Alamannen sie zu ihrem Heiligtum erwählten. In der Abgeschiedenheit, Reinheit und der geschichtlichen Bedeutung für das ganze Reich ist die Ufnau ein Heiligtum bis in unsere Tage geblieben.

i) Die Bezegg im Bregenzerwald, Vorarlberg.

Dort, wo die Bregenzer Ache von der Paßhöhe des Hochtannbergs sich in vielen Windungen den Weg ins Rheintal und zum Bodensee bahnt, war einst ein unwirtliches, unbewohntes Gelände. Zur Staufenzeit im 12. Jahrhundert wagten tüchtige alamannische Bergbauern, dieses stille Waldtal zu besiedeln. Sie wurden dabei von den Pfullendorfer Grafen und vom Kloster Mehrerau gefördert, das an der Mündung der Bregenzer Ache in den See liegt.

Diese Bauern trotzten dem Landesherrn und dem Kloster umfassende Freiheiten ab. Sie erhielten ein eigenes Gericht, sie durften einen Ammann aus ihrer Mitte wählen und ließen sich alle Rechte für die Verteilung der Maiensäße und der Hochalpen, der Besetzung mit Weidevieh und anderes mehr auf ewige Zeiten zusichern. So entstanden auf den ebenen Flächen im engen Waldtal eine Anzahl stattlicher Dörfer: Alberschwende, Schwarzenberg, Egg, Andelsbuch, Bezau, Bizau, Mellau, Hittisau und viele andere mit rein alamannischen Namen. Die Bregenzerwälder Bauern und Bäuerinnen legten sich eine eigene Männer- und Frauentracht zu, die sie bis heute tragen.

Ihre Gerichtsstätte schufen sie nach germanischem Vorbild auf der *Bezegg*, einer Anhöhe bei Bezau im Mittel-Bregenzerwald. Das Gerichtsgebäude wurde nach altem Brauch in Holz auf mehreren Pfosten erbaut. Vor dem Gebäude errichteten sie eine kunstvoll mit Sinnbildern versehene, geschnitzte Holzsäule, die Bezzegsul, die ihre freie Gerichtsbarkeit bekunden sollte. Zum Gerichtsraum führte eine Leiter. Diese wurde während der Beratungen abgezogen, bis sich die Dorfältesten und der Ammann einig waren. Erst dann durften sie wieder heruntersteigen. Sie verkündeten dann der Volksversammlung auf der Bezegg ihre Beschlüsse, die deren Zustimmung bedurften. Diese Einrichtung währte viele Jahrhunderte lang. Erst nach Einführung einer allgemeinen Verfassung in Österreich des vorigen Jahrhunderts wurde dieser alte Rechtsbrauch abgeschafft.

Das Gerichtsgebäude und die Säule verfielen. Jedoch wurde an deren Stelle Ende des vorigen Jahrhunderts eine Steinsäule in neugotischem Stil errichtet, die ebenfalls Bezeggsul genannt wurde. Die Gerichtsstätte wie auch die Säule genießen bei den Bewohnern des Bregenzerwaldes selbst in unserer Zeit noch eine andächtige Verehrung.

Wenn wir die Bezegg besuchen wollen, verlassen wir die Bregenzerwaldbahn bei der Haltestelle oder den Kraftwagen an der Straße bei Bersbuch und steigen in lichtem Wald auf schmalem Pfad zur Höhe hinan, bis sich zu unserer Überraschung eine fast runde Ebene ausbreitet, deren Rand durch niedrige Felsen gebildet wird, während gegen Norden eine Felswand steil hochsteigt. Es ist ein Anblick seltener Schönheit und Geschlossenheit. Die Bezeggsul steht in der Mitte der Wiese und kündet auf einer Inschrift vom alten Freibauerngericht, das seinen Ursprung von der altalamannischen Zeit herleitet. Wir können den Bregenzerwälder Bauern unsere Achtung vor ihrem Freiheitswillen nicht versagen. In unserer schnellebigen Zeit strahlt dieser Ort eine seltene Ruhe und Würde aus, die wir nur zu gerne auf uns einwirken lassen.

j) Der Bussen, der heilige Berg Oberschwabens.

Schon hat sich die Donau aus den Felsschluchten der Schwäbischen Alb herausgewunden und hat die Ebene bei Hundersingen und Herbertingen durchquert. Weiter unterhalb baut sich am nördlichen Donauufer auf einem Hügel die schöne alte Stadt *Riedlingen* auf, deren Marktplatz mehrere hohe Fachwerkhäuser mit bemalten Ecksäulen zieren. Sie gehörte im Mittelalter zu Vorder-Österreich.

Nun wird auf dem südlichen Donau-Ufer schon von weitem der gewaltige Kegel des Bussen sichtbar, der als einzelner Zeuge einer Urwelt das oberschwäbische Hügelland überragt. Die steile Nord-Westseite wird von Fichtenwald umrahmt, die flachere Südostseite stuft sich allmählich gegen die Niederung ab, trägt aber auf ihrer Schulter das reizende Dorf Offingen, eine alte Alamannensiedlung. Hier wurden zwei Reihenfriedhöfe aus dem 7. Jahrhundert aufgedeckt. Bis zu dieser Höhe können wir auf einer Straße mit dem Kraftwagen fahren. Den Gipfel des Bussen erklimmen wir auf steilem Weg zu Fuß.

Wir betreten den schmalen Grat der höchsten Erhebung und stehen vor der stattlichen Wallfahrtskirche aus dem 14. Jahrhundert in gotischem Stil. Sie wird überragt von dem weithin sichtbaren viereckigen Turm mit einem steilen Satteldach. Uns öffnet sich die lichte Halle der Kirche mit hohen Fenstern. Sie hat eine wertvolle Einrichtung aus mehreren Jahrhunderten erhalten. Die Kirche ist der Himmelsmutter Maria geweiht.

Der Name »Bussen« ist wahrscheinlich ein alamannisches Urwort wie Ipf, Kapf, Buck und Stauf als Bezeichnung für einen steilen Kegel, der aus einer Ebene aufsteigt.

Wir verlassen das Gotteshaus und gehen auf dem schmalen Gipfelfeld fast eben gen Nordosten vorwärts. Der Weg senkt sich zu einem tiefen Graben und steigt wieder an zu einem steinernen Tor der ehemaligen Burg, durch das wir in den Burghof gelangen. Er wird teilweise noch von den alten Mauern der Burg begrenzt. Gegen Südosten erhebt sich der noch zum großen Teil erhaltene viereckige Bergfried, der ersteigbar ist. Hier erweitert sich das Gelände. Die Anlage der alten Gerichtsstätte wird sichtbar, auf der dann später die Burg erbaut wurde. Heute ist dieser ummauerte Wiesenplan wieder recht stimmungsvoll. Wir können uns gut in die Alamannenzeit zurückversetzen (Abb. 42).

Damals war der Bussen als eine der Hauptgerichtsstätten des Landes Eigentum des Alamannenherzogs. Sie hing mit dem Inselheiligtum Buchau im Federsee zusammen. In der ältesten Urkunde wird das Land um den Bussen »Alaholfespar« genannt. Par = Bar = Gerichtsschranke bedeutet stets unmittelbares Herrschaftsgebiet des Herzogs. Die Alaholfesbar war der Ostteil, die Bertoldsbar am Donauursprung der Westteil dieses herzoglichen Gebiets.

Alaholf wird der Hüter des Heiligtums auf dem Bussen gewesen sein. Sein Name, mit den Vorsilben »Alah« läßt dies deutlich werden.

Schon in der Bronzezeit war auf dem Bussengipfel eine befestigte Höhensiedlung. Noch heute sind Spuren des Ringwalls, besonders im Süden, zu erkennen. Auch zur Hallstatt- und Keltenzeit war der Bussengipfel ein befestigter Stützpunkt. Die Römer dagegen haben dem Bussen keine Bedeutung beigemessen.

Nach der zwangsweisen Einführung des Christentums durch die Franken wurde auf dem Bussen eine Kapelle erbaut. Im Jahre 805 übergaben die zwei Söhne eines Bertold aus dem Geschlecht der Alaholfinger diese dem Kloster St. Gallen, jedoch mit dem ausdrücklichen Vorbehalt der Rücklösung. Es sollte damit wohl das Eigentum der Stifter gewahrt bleiben.

Die Erben dieser Alaholfinger bauten im 11. Jahrhundert auf dem nördlichen Bussengipfel eine Burg. Nach dem Aussterben des Geschlechts ging sie in den Besitz der Grafen von Bregenz über.

Zur staufischen Zeit war die Burg auf dem Bussen eine kaiserliche Reichsburg. Als Nachfolger der Staufenkaiser erwarben die Habsburger die Burg. Sie überließen diese dem bedeutenden Geschlecht der Grafen von Waldburg. Sie bauten die Burg zu einem mächtigen Wehrbau aus. Im Jahre 1633 wurde die Burg von den Schweden und Württembergern zerstört, als die Kaiserlichen sich ihrer bemächtigt hatten.

Die Fernsicht vom Bussen aus ist besonders nach Süden und Osten unaussprechlich schön. Oft ist die Alpenkette von hier aus sichtbar. Wenn im Herbst im Tal die Nebel wallen, dann wird der Ausblick vom Bussen auf die schneeüberglänzten Alpenberge ein beglückendes Erlebnis. So gilt der Bussen auch heute noch als der heilige Berg Oberschwabens.

k) Der Auerberg im Allgäu.

Bei unserer Fahrt zum Auerberg wählen wir am besten die hübsche Stadt Marktoberdorf als Ausgangspunkt. Von dort aus fahren wir auf der Straße nach Füssen etwa 8 km nach Stötten. Schon von weitem sehen wir den machtvollen breiten Auerberg vor uns aufragen. Von hier aus dauert der Anstieg auf den Gipfel durch Wiesen und Wald etwa 1½ Stunden. Mit dem Wagen können wir gut ⅔ der Strecke auf schmalem, teils steilen Fahrweg anfahren. Das letzte Stück gehen wir von Norden her auf bequemem Fußweg bis zum höchsten Punkt empor.

Auf dem breiten Gipfelfeld steht eine Wallfahrtskirche. Sie ist dem Hl. Georg, dem Drachentöter, geweiht. Seit Jahrhunderten reiten die Jungbauern aus Bernbeuern und der Umgebung am Georgstag Ende April zum Auerberg hinauf, um das alte Frühlingsfest zu begehen. Bevor das Kirchlein stand, war hier oben ein heidnisches Götterheiligtum. Wahrscheinlich war der Berg einst dem Schwertgott Ziu geweiht, dessen Nachfolger der heilige Georg wurde. Der heilige Ort auf der Bergeshöhe und sein Name führt uns in die alamannische Urzeit zurück.

Wuchtig reckt sich der viereckige Turm der Wallfahrtskirche über die Baumkronen in die Höhe. Er wird von einem steilen Satteldach bedeckt. Der Turm stammt aus staufischer Zeit um das Jahr 1200. Das Kirchlein selber wurde etwa im Jahr 1480 in gotischem Stil erbaut.

Das schöne Netzgewölbe im Chor mit den sinnbildlichen Schlußsteinen zeugt von dem hohen Kunstsinn des Erbauers. Über dem weiten spitzen Bogen am Eingang zum Chor schwebt das herrliche Bild der Himmelsmutter mit ihrem Kind im Strahlenkranz, ein farbiges Meisterwerk des Bildschnitzers Jörg (!) Lederer aus Füssen am Lech, aus der gleichen Zeit des ausgehenden 15. Jahrhunderts.

Reizend ist das kleine Bildwerk über dem Aufgang zum Turm: »Georg mit der befreiten Königstochter«. Es erinnert stark an die Befreiung der Walküre Brunhild durch Siegfried aus unserer Götter- und Heldensage. An der rechten Seite des Chors befindet sich in einer Wandnische ein sehr eigenartiger Leuchter mit Kerbschnittverzierung ebenfalls aus der Zeit vor 1500. Damals muß wohl auch ein Lichtfest gefeiert worden sein.

Die übrige Innenausstattung stammt aus der Barockzeit und ist im sogenannten Prachtstil recht üppig gehalten. Ganz besonders eindrucksvoll ist eine große, bunt bemalte Holzschnitzfigur des Hl. Georg als Drachentöter aus dieser Zeit, der aus der Wand in kühnem Schwung herauszuspringen scheint.

Als Freunde altehrwürdiger Stätten im Alamannen- und Schwabenland lassen wir uns mitreißen von der Schönheit dieses hohen, heiligen Berges. Die Rundsicht ist erhebend und umfassend, sofern die Sonne uns einen Durchblick durch die Wolken erlaubt. Wir schauen nach Osten über den Lech und nach Norden über die Almen und blitzsauberen Dörfer. Im Süden türmen sich die Berge der Ammergauer und Lechtaler Alpen bei Füssen und Hohen-Schwangau vor uns auf mit dem Säuling, dem Brandschrofen und dem Hohen Straußberg von einer Höhe bis zu 2000 Metern. Sie spiegeln sich in den Wassern des aufgestauten Forggensees. Wir verstehen, daß die Alamannen nach der Vertreibung der Römer sich hier rasch heimisch fühlten, denn hier ist Raum und Futter für eine ergiebige Viehzucht.

Etwa 5 km südlich vom Auerberg liegt der freundliche Marktflecken Roßhaupten, nicht weit vom Forggensee entfernt. Der Name verrät uns, daß auch hier in der Gründungszeit ein Heiligtum, wohl eine Opferstätte zu Ehren der Götter, aufgerichtet wurde, die mit einem Roßhaupt geschmückt wurde. Noch eine kurze Strecke weiter südlich von hier überquert die Straße eine tiefe Schlucht, die Drachenschlucht, deren Wasserlauf in den Forggensee mündet. Nach der Sage soll hier ein Drache gehaust haben, den der hl. Magnus getötet haben soll. Auch dieser Sage liegt der Glaube an einen heidnischen Lichthelden zugrunde. Gleich, ob es der Sonnengott Balder, Siegfried, der Schwertgott Ziu oder der Hl. Magnus gewesen sein mag, sie alle sind Gestalten des Volksglaubens, die im Kampf mit den Winterriesen immer wieder den Frühling bringen sollen.

Es ist kein Zufall, daß die bayrischen Könige, besonders der Märchenkönig Ludwig II, sich von dieser Sagenlandschaft angezogen fühlten und sich die kostbar eingerichteten Schlösser Hohenschwangau und Neuschwanstein hoch über dem geheimnisvollen Schwansee erbauen ließen. Es liegt nun einmal ein heiliger Zauber über den Almen, Matten, Seen und Bergen ringsum, dem sich niemand, seien es alteingesessene Bauern oder auswärtige Besucher, entziehen können. Nicht weit vom Auerberg jenseits des Lech liegt Steingaden. Im Kloster mit dem prächtigen Kreuzgang aus dem 12. Jahrhundert ist der Stammbaum des schwäbischen Geschlechts der Welfen aufgemalt, die hier ihren ersten Sitz hatten.

l) Wessobrunn am Hohenpeißenberg

Ostwärts vom Lech erstreckten sich zur ersten Alamannenzeit drei Gaue: der Augstgau, dem die Welfen entstammen, der Keltinstein und der Albegau. Als die Alamannen von den Franken Ende des 5. Jahrhunderts geschlagen worden waren, setzte der Ostgotenkönig Theoderich der Große zwischen den Stämmen der Alamannen und der gleichfalls suebischen Markomannen und Quaden, die sich nun Bajuwaren nannten, die Grenze am Lech entlang fest. Diese Grenze hat sich ziemlich genau durch die Jahrhunderte bis heute erhalten. Doch sind beide Stämme wie die Landschaft diesseits und jenseits des Lech immer noch miteinander verwandt, wenn auch in späterer Zeit die Landesfürsten geistlicher und weltlicher Art die Grenzen schärfer gezogen haben.

In der anmutigen Landschaft zwischen dem Lech und der Ammer am Nordabhang des Hohenpeißenberges unweit von der trutzigen Grenzfeste Landsberg sprudelt ein starker Quell hervor. Die Bayern weihten ihn dem Gott Wodan und nannten ihn Wessobrunn.

Bald nach der Landnahme und ersten Besiedlung nahmen die bayrischen Herzöge den katholischen Glauben an, den sie in der Form der Landeskirche dem althergebrachten Brauchtum anpaßten.

Am Wessobrunnen errichtete Herzog Tassilo III um das Jahr 780 ein Kloster und ließ es mit Mönchen besetzen. Kurz danach wurde Tassilo durch den fränkischen König Karl mit dem Beinamen »der Große« seines Herzogsamts enthoben und mit seinen Angehörigen in ein Kloster gesperrt. Damit starb das altangesehene Herzogsgeschlecht der Agilolfinger aus, das seit Beginn der bayrischen Besiedlung des Landes segensreich gewirkt hatte.

Dennoch verehrten die Bayern ihren letzten angestammten Herzog über seinen Tod hinaus fast wie einen Heiligen. Die Mönche von Wessobrunn schrieben ein heidnisches Gebet auf, dessen Anfang in einer alten Klosterhandschrift erhalten geblieben ist. Es lautet in hochdeutsch übertragen:

»Das erfragte ich unter den Menschen als der Wunder größtes:
Daß die Erde nicht war als drüber der Himmel,
Noch irgendein Baum noch Berg nicht war,
Daß die Sonne nicht schien . . .
Noch der Mond leuchtete noch das herrliche Meer:
Als da noch nichts war von Enden und Wenden,
Da war schon der allmächtige Gott,
Der Männer mildester, und mit ihm viele
Göttliche Geister, und der heilige Gott . . .«

Wir erinnern uns an die Weissagung der Seherin in der Edda im gleichen Stabreim:

»Urzeit war es, da Ymir hauste, nicht Salz noch See noch Salzwogen, Nicht Erde unten noch Himmel oben, Gähnung grundlos, Doch Gras nirgends . . .«

Dieses Gebet wird in der Bayrischen Landesbibliothek zu München als kostbarer Schatz aufbewahrt. Aus ihm erfahren wir, wie die Vorfahren sich den Ursprung der Schöpfung dachten und in Gebeten ehrten. Das Wessobrunner Gebet ist eines der seltenen Zeugnisse altgermanischen Glaubens im deutschen Raum, das der Vernichtung durch den übereifrigen Sohn Karls des Großen, Ludwig, in der Mitte des 9. Jahrhunderts entging.

Dem Andenken Tassilos pflanzten die bayrischen Mönche von Wessobrunn eine Linde, die heute noch etwas abseits am Waldrand und vor dem Absturz in ein tiefes Tal in vollem Laub ergrünt. Sie mißt einen Umfang von etwa 9 Metern, ihr Alter wird auf mindestens 800 Jahre geschätzt.

Das Kloster selbst wurde um das Jahr 1180 ausgebaut. Aus der damaligen Staufer- und Welfenzeit steht noch der wuchtige Glockenturm, in Buckelquadern erbaut und von einem steilen Satteldach gekrönt. Im Volksmund heißt er eingedenk des letzten Agilolfingers und seines traurigen Schicksals der »Graue Herzog«.

Der Wessobrunnen außerhalb der Mauern im Klostergarten wurde vor etwa 250 Jahren neu gefaßt und mit Rundbogengewölben überdeckt.

Dem Kloster selbst war ein wechselvolles Schicksal beschieden. Die alten Gebäude wurden fast vollständig in Kriegsläuften zerstört. Dagegen wurden im 18. Jahrhundert die Gebäude an den Seiten des riesigen Klosterhofs neu erstellt und von dem berühmten Wessobrunner Stukkateurmeister Josef Schmutzer und seiner Schule innen sehr schmuckvoll ausgestattet, wobei manche Pflanzengirlanden sehr an die vorchristlichen Schling- und Pflanzenmuster erinnern. Der Kaisersaal, besonders die Decke, ist mit prächtigem aufwendigem Stuck und Gemälden verziert. Die Gänge und das Treppenhaus sind gleichfalls mit künstlerischem Schwung und feinen Farben gestaltet. Eine im gleichen Zierstil des 18. Jahrhunderts gehaltene kleine Klosterkirche ist innen in hellen Farben meisterlich ausgestattet und mit Bildwerken geschmückt.

Vor dem Klosterhof unter einer Linde ist ein Gedenkstein aufgestellt, in den der Wortlaut des Wessobrunner Gebets in seiner ursprünglichen Fassung eingemeißelt ist (Abb. 38).

So ist das Kloster Wessobrunn am Fuße des altheiligen Peißenbergs ein ehrwürdiges Denkmal der bayrischen Frühzeit und des Kunstsinns vieler Geschlechter über das ganze Mittelalter hindurch bis in unsere Tage.

m) Kloster Scheyern bei Pfaffenhofen an der Ilm

Ein weiteres Kloster wurde in Scheyern bei Pfaffenhofen in Oberbayern angelegt. Wahrscheinlich war der Berg von Scheyern ein Heiligtum der Bajuwaren seit ihrer Inbesitznahme des Gebietes. Die Gründung dieses Klosters hängt mit der germanischen Frühzeit zusammen insofern, als sein Name auf den ostgermanischen Stamm der Skiren hinweist. Nach der Überlieferung des ehemaligen bayrischen Königshauses stammt das Geschlecht der Wittelsbacher von den Skiren ab, bei welchem Volksstamm sie bereits als Fürsten geherrscht haben sollen. Die Wittelsbacher Grafen, die durch Kaiser Friedrich Rotbart das Herzogtum Bayern verliehen bekamen, haben das Kloster Scheyern, wahrscheinlich an der Stelle einer vorher bestehenden Burg, als ihr Hauskloster erbaut und nach den Skiren benannt.

Die Lage dieses Klosters auf einem Bergsporn oberhalb des Ilmtals mit dem weithin sichtbaren Turm, von mehreren Seen umgeben, ist landschaftlich von hohem Reiz.

Im Innern des Klosters ist die Königskapelle der Wittelsbacher ein stimmungsvoller Raum aus dem 14. Jahrhundert in gotischem Stil, der uns in jene sagenhafte früheste bayrische Geschichte zurückversetzt (Abb. 39).

n) Die Gelbe Bürg bei Gunzenhausen in Mittelfranken

Der Hahnenkamm begrenzt mit seinen Höhen gegen Westen das Mittlere Altmühltal und erreicht bei Treuchtlingen (Truchtilinga) seine größte Höhe. Hier wird heute noch der berühmte Treuchtlinger Marmor gebrochen. Dieser Gebirgsstock ist in unserer Zeit immer noch verhältnismäßig wenig besucht und bietet in weiten Teilen das Bild einer ursprünglichen, fast etwas herben Landschaft.

Das Gebiet war einst alamannisch besiedelt. Die Namen der Dörfer Hechlingen, Polsingen usw. bezeugen dies. In einer Senke erstreckt sich ein größerer Ort mit dem Namen Heidenheim. Anscheinend war die Bevölkerung der Einführung des Christentums nicht sonderlich zugeneigt, wenn wir den Sinn des Namens zu ergründen suchen.

Darum wurde hier wohl ein Kloster erbaut. Seine Kirche ist im frühstaufischen Stil des 12. Jahrhunderts mit seinen spitzen Doppeltürmen, seinem breiten Schiff und einer flachen Decke noch rein erhalten.

Das Grab der Hl. Walburg mit einem zierlichen Säulenumgang aus dem 12. Jahrhundert ist ein kunstgeschichtliches Kleinod.

Unmittelbar in die alamannische Frühzeit führt uns der Heidenbrunnen außen an der Nordostecke der Klosterkirche zurück. Er ist schon seit der Klostergründung gefaßt, mit Stufen versehen und mit einem Dach überdeckt. Dieser Brunnen hat damals sicher als Taufbrunnen gedient, hat aber auch schon vorher sein frisches Wasser den Anwohnern gespendet. Wir dürfen daher auf ein Heiligtum aus heidnischer Zeit schließen.

Der Kreuzgang des Klosters aus dem 15. Jahrhundert hat von seiner einstigen Schönheit in den Zeiten nach der Reformation schon etwas eingebüßt. Weitere Klostergebäude stammen aus dem 17. Jahrhundert.

Wir verlassen Heidenheim in nördlicher Richtung und gehen oder fahren auf der Straße nach Dittenheim zunächst an einem Berghang entlang, dann fast eben durch einen Wald. Plötzlich baut sich am Ende des Waldstücks ein kahler, spärlich mit Gras bewachsener Hügel vor uns auf, die *Gelbe Bürg*. Wenn wir mit dem Wagen gekommen sind, steigen wir hier aus und gehen wie alle Fußwanderer auf dem steilen Grashang aufwärts, bis wir an den Rand des flachen Gipfelfelds kommen. Dieses dehnt sich nunmehr in weitem Rund vor uns aus. Am Ostrand wagen sich einzelne Büsche bis zur Hochfläche empor. Einige Vertiefungen, teils mit Geröll ausgefüllt, scheinen künstlich aus dem Gestein herausgebrochen worden zu sein.

Die Gelbe Bürg war in der Zeit nach 500 unserer Ztr. ein alamannischer Fürstensitz. Von seinem damals reichen Bestand an Gebäuden ist nichts mehr zu sehen. Jedoch waren die Ausgrabungen in den Jahren vor dem 2. Weltkrieg überaus ergiebig. Wie kaum an anderer Stelle der Umgebung, kamen Gebrauchsgegenstände, Schmuck, Beschläge und Waffen zutage, die eine einwandfreie Zuweisung an die vorchristliche alamannische Kultur erlauben. Als besonders schön ist eine runde Gürtelschnalle mit der Hagalrune und ein Beschlagstück hervorzuheben, dessen Verzierung noch in die suebische Heimat an der Elbe weist. Es sind mehrere Dutzend aneinandergereihte Hakenkreuze in feiner künstlerischer Formgebung, in Bronze gegossen. Die Gegenstände befinden sich in der Prähistorischen Staatssammlung zu München anschließend an das Bayrische National-Museum in der Prinzregentenstraße.

Wenn wir uns das Geschehen der damaligen Zeit vergegenwärtigen, so scheint uns die Gelbe Bürg ein nach Osten vorgeschobener, festungsartig ausgebauter Höhensitz gewesen zu sein. Ursprünglich hieß diese Stätte die Gebenbürg, wohl als Gründung eines alamannischen Edelmanns mit Namen Gibo oder Gebo. Von hier aus war die Verteidigung leicht, da der Berg rings herum freilag. Einzelne Wallstücke, besonders im Westen, Norden und im Walde gegen Osten, sind noch deutlich erkennbar.

Die Übersicht über das Altmühltal ist von hier aus überaus reizvoll. So erscheint heute die Gelbe Bürg als ein Glanzstück alamannisch-fränkischer Landschaft.

Seit dem 8. und 9. Jahrhundert wurde die alamannische Bevölkerung von den Franken überschichtet. Die zahlreichen Siedlungen am Fuß der Gelben Bürg mit der Endung -»heim« machen dies deutlich, wie z. B. Gnotzheim, Samenheim (Samo!), Dittenheim, Meinheim, Markt Berolzheim (Berholdesheim) usw., die inmitten fruchtbarer Äcker und Wiesen liegen. Jenseits von ihrer Flur ist das breite Band der grünblau schimmernden Altmühl zu erkennen. Sie hieß in früherer Zeit Almonia, woraus der Zusammenhang mit den Stammesnamen der Alamannen hervorgeht.

So sind wir auf der Gelben Bürg, die später nie als Burg oder Siedlung überbaut wurde, an einer Stelle, an der die alamannische Vorzeit unmittelbar und eindringlich zu uns spricht.

Das Altmühltal beginnt unterhalb von Treuchtlingen in vielen Windungen den Bergzug der Schwäbisch-Fränkischen Alb zu durchbrechen. An einer solchen Windung liegt das hübsche alte Städtchen Pappenheim mit der Burg des ruhmreichen Geschlechts der Pappenheim. Unterhalb von Eichstädt, dem verwunschenen Bischofssitz an der

Stelle eines ehemaligen Heiligtums, einer Eiche, die wahrscheinlich auf der Höhe oberhalb einer weiteren Flußschleife an der Willibaldsburg stand, befindet sich ein anderer Platz früher alamannischer Kultur: der Michaelsberg. Er erhebt sich oberhalb des Städtchens Kipfenberg gegenüber der schön erhaltenen Burg.

Der Michaelsberg bildet oben eine ebene Fläche, die in steilen Felsen zum Altmühltal abbricht. Sie ist von herrlichem Laubwald umgeben. Hier oben fand man Siedlungsreste und Gerätschaften aus der Zeit von etwa 500—700 unserer Zeitrechnung, die die Wissenschaft dem suebischen Teilstamm der Juthungen zuweist. Wahrscheinlich wurde hier der germanische Gott Wodan verehrt, wie aus dem Namen: Michaelsberg hervorgeht. Die Juthungen haben sich mit den Alamannen verschmolzen, als der Großangriff auf die Römer beschlossen wurde.

o) Thüringische Heiligtümer in Franken

Nach der gewaltsamen Abtrennung Thüringens vom deutschen Hauptgebiet infolge des verlorenen 2. Weltkrieges blieben drei Landstriche aus dem Bereich ehemaliger thüringischer Fürstentümer innerhalb der amerikanischen Besatzungszone und damit später im Bundesgebiet:

1. die Gegend um Ostheim in der Rhön,
2. die Landschaft um Königsberg in den Haßbergen bei Zeil am Main,
3. das Herzogtum Coburg. Dieses kam schon nach dem 1. Weltkrieg durch Abstimmung an Bayern.

Wenn auch die Bevölkerung der drei ehemals thüringischen Gebiete im fränkischen Volkstum aufgegangen ist, so sind die Erinnerungen an die Zugehörigkeit zu Thüringen hier noch durchaus lebendig.

Der ganze Bereich gehörte bis zum 8. Jahrhundert zum Siedlungsraum der Südhermunduren, ja die Grenze gegen das Land der Nordhermunduren und Thüringer war hier völlig offen. Die Franken haben damals diese Landschaft am Main wohl besetzt und zusätzlich besiedelt, aber die Hermunduren und Thüringer blieben in ihren Dörfern und haben die Verbindung zu Thüringen stets wachgehalten. Gerade die spätere Zugehörigkeit zu thüringischen Herrschaftsbereichen erklärt sich hieraus. Freilich überragt das Coburger Land an Umfang und Bedeutung die anderen kleinen thüringischen Landsplitter.

Jedoch alle drei ehemals thüringischen Gebiete und die fränkische Landschaft am Main bergen alte Heiligtümer aus der vorchristlichen Zeit. Die bekannteste heilige Stätte ist die Veste Coburg, von den thüringischen Herzögen im Mittelalter großzügig ausgebaut und heute noch im alten Zustand erhalten. Sie hieß ursprünglich vielleicht Godburg oder Hochburg.

Die anderen thüringischen Einsprengsel haben gleichfalls reizvolle Landschaftsheiligtümer, so besonders die Burg zu Königsberg und die Lichtenburg bei Ostheim.

Die altertümliche Stadt Königsberg ist in ihrem Stadtkern fast vollständig erhalten geblieben und wird gern das »Klein-Rothenburg« genannt. Zwei Stadttore, die große gotische Hallenkirche und das Rathaus mit dem Roland am Marktplatz weisen im Stil thüringische Merkmale auf. Prächtige Fachwerkhäuser, darunter das Geburtshaus des bedeutenden Geographen A. Müller gen. Regiomontanus d. h. Königsberger, aus dem 16. und 17. Jahrhundert säumen die Straße zur Burg ein, zu der wir nun auf jener hinaufsteigen.

Auf der Höhe ist ein Heldenfriedhof angelegt, wohl einer der schönsten und stimmungsvollsten im ganzen Bundesgebiet. Wir befinden uns auf dem Königsberg, einem ehemaligen thüringischen Götterberg mit einer geräumigen Gerichts- und Versammlungsstätte. Von der mittelalterlichen Burg ist nicht viel übrig geblieben. Im einstigen Amtshaus befindet sich heute eine Gastwirtschaft. Der Blick vom Rand des Gipfelfeldes auf die Stadt Königsberg und die fränkisch-thüringische Landschaft ist hinreißend. Hier wurden und werden noch Sonnwendfeuer abgebrannt, deren Schein weithin sichtbar ist.

Weitere Heiligtümer aus althermundurischer Zeit sind der Staffelstein bei Lichtenfels und der Lichtenstein bei der unterfränkischen Kreisstadt Ebern. Sowohl das Städtchen Staffelstein wie auch Ebern haben außergewöhnlich prächtige Fachwerkrathäuser aus dem 17. Jahrhundert. Der *Staffelstein* oberhalb der 1000-jährigen Gerichtslinde ist ein vorgeschobener Felsklotz des Fränkischen Jura gegen den Main und zeichnet sich durch seine gewaltigen Felstürme unterhalb des Gipfels aus. Die weitgestreckte Ebene auf der Höhe des Staffelsteins trägt heute eine christliche Kapelle, ein sicheres Zeichen dafür, daß dieser Berg in der Hermundurenzeit ein Heiligtum gewesen ist. Der Ausblick über das Maintal, auf die Wallfahrtskirche Vierzehnheiligen und das gegenüberliegende Schloß Banz ist umfassend. Der benachbarte Ansberg = Asenberg läßt in seinem Namen ebenfalls einen Göttersitz zur Hermundurenzeit vermuten.

Der *Lichtenstein* nördlich von Ebern, auf einer steilen Felskuppe gelegen, birgt auf seiner Höhe ein seltsames Heiligtum, einen Felsen in Gestalt eines Ebers. Um diesen wurde im Mittelalter eine Burg herumgebaut. Das Heiligtum war somit derart ehrwürdig, daß man in christlicher Zeit nicht wagte, es zu zerstören. Ein Felsenraum im Bereich der Burg enthält eine Öffnung, die zum Sonnenuntergangspunkt der Sommersonnenwende geortet ist. In die Felswand sind geheimnisvolle Zeichen eingeritzt, unter denen eine Odals-Rune zu erkennen ist. Die Burgherrin Frau Lotte von Rotenhan aus dem hier altansässigen Geschlecht hat diesen Felsenraum, der verschüttet war, erst wieder ausgraben lassen und überhaupt viel zur Erhaltung dieses Burggeländes und der Denkmäler aus der Frühzeit getan. Damit hat sie sich ein hohes Verdienst für die alte Geschichte dieses Landes erworben.

Weiter westlich liegt die hübsche Stadt *Ostheim* bei Mellrichstadt nahe am Grenzübergang nach Meiningen, ehemals durch eine Bahnlinie mit Thüringen, Erfurt, Weimar, Halle, Leipzig und Berlin in lebhaftem Verkehr verbunden. Heute ist dieser Winkel Frankens abgeschieden und wird zu Unrecht nur selten besucht.

In der Stadt Ostheim ist eine mittelalterliche Kirchenburg mit Mauern, Toren und Türmen noch vollständig erhalten. Innen an der Mauer sind noch die alten Speicher und Vorratskammern der Ostheimer Bürger zu sehen, die für den Fall einer Belagerung angelegt worden sind. Sie erinnern an die Siebenbürger Kirchenbauten im heutigen Rumänien.

In der Mitte des Burggeländes ragt die Hallenkirche auf, ein selten schönes Bauwerk aus der reifsten Zeit der Gotik um das Jahr 1500, das viele Erinnerungen an die germanische Frühzeit weckt.

Über der Stadt Ostheim thront auf einem hohen Berg die Lichtenburg unweit von der Zonengrenze. Diese ehemalig Henneberg'sche Burg ist leider zum Teil zerstört. Dennoch sind die Grundmauern und die Wände der Gebäude zum Teil stehen geblieben. Ein Eingangstor aus dem 17. Jahrhundert läßt uns in den Burghof ein, der von den teilweise noch aufrechten mehrgeschossigen Baulichkeiten umrahmt wird. Ein einstöckiger Mittelbau ist noch bewohnt.

Auch diesem Berg sehen wir die heilige Bedeutung aus der thüringischen Frühzeit sofort an.

Der Nachbarberg der Lichtenburg heißt Königsburg, obwohl heute keine Burg mehr auf diesem steht. Auch er gehört zum heiligen Bezirk dieser Landschaft. Wahrscheinlich war die Lichtenburg ein Heiligtum des Lichtgottes Ziu, der bei allen Suebenstämmen hoch in Ehren stand. In unserer Zeit wird die Erinnerung an die große Vergangenheit der Lichtenburg durch die Burgserenade wachgehalten, einem Konzert des weltbekannten Keller-Quartetts, das jedes Jahr Ende Juli vor versammelten Gästen spielt und in seinem Stimmungsgehalt von anderen musikalische Darbietungen selten übertroffen wird.

Als eine der wenigen thüringischen heiligen Stätten auf westdeutschem Gebiet verdient die Lichtenburg gerade im Hinblick auf die bedeutende suebisch-alamannische Geschichte unseren Besuch, und niemand wird sich dem erhabenen Reiz dieser Stätte im Herzen Deutschlands entziehen können.

p) Der Ipf bei Bopfingen, Württemberg

Nördlich von der ehemaligen Freien Reichsstadt Bopfingen unweit vom breiten Kessel des Rieses erhebt ein breiter, stumpfer Kegel sein kahles Haupt, der Ipf. Auch er hat eine Geschichte, die weit in die Vorzeit hereinreicht, als noch die Kelten das Land besetzt hielten, und sich danach die Römer in der Gegend nördlich der Donau eingenistet hatten. Ein dreifacher Ringwall aus vorkeltischer und keltischer Zeit umgürtet das runde geräumige Gipfelfeld, das eine bedeutende Ansiedlung getragen haben muß. Ausgrabungen haben dies nachgewiesen. Nach der Vertreibung der Römer durch die Alamannen um das Jahr 260 wurden auch im Ries und im benachbarten Gebiet um den Ipf zahlreiche Dörfer gegründet, wie sie durch die Endung »-ingen« ausgewiesen sind: Bopfingen, Trochtelfingen, Kerkingen, Itzlingen, Zöbingen usw.

Der Ipf wurde zu dieser Zeit für die Anwohner ein heiliger Berg. Hier machen wir eine eigenartige Beobachtung. Die Landschaft um den Ipf wurde nicht einer Gottheit allein geweiht sondern einem heiligen Bezirk eingegliedert, der auch die Nachbarberge umfaßt.

In der Nähe ragt ein kahler Fels in die Höhe, heute durch einen großartigen Steinbruch kenntlich, Wössinger Berg genannt, und in seiner Nähe breitet sich das Dorf Wössingen aus. Durch eine Senke getrennt, erhebt sich im Westen ein anderer steiler Berg, der Baldernerberg, den die machtvolle Burg Baldern aus dem 12. und 17. Jahrhundert krönt. Sie wird noch von einem runden Bergfried überragt. Auf dem Sattel, der den Berg mit anderen Bergen der Schwäbischen Alb verbindet, zieht sich das schmucke Dorf Baldern entlang.

Zwischen den drei Bergen des Ipf, des Wössinger Bergs und des Balderner Bergs befand sich bis in die jüngste Zeit nur ein Hof mit dem seltsamen Namen Meisterstall. Hier scheint eine göttliche Dreiheit zu walten: Wodan auf dem Wössinger Berg, der Sonnengott Balder auf dem höchsten Gipfel, dem Balderner Berg, und die Himmelsmutter Freya oder Nerthus auf dem Ipf. Bis in die Mitte des vorigen Jahrhunderts wurde auf ihm jedes Jahr ein Frühlingstanz zu Ostern aufgeführt, ein alter Brauch, der auf eine ehemalige weibliche Gottheit schließen läßt, zu deren Ehren der Tanz stattfand. Der Meisterstall mag indessen die heiligen Rosse beherbergt haben, die bei Umzügen zur Huldigung der Götter mitgeführt wurden.

Keine Burg erhob sich jemals auf dem Ipf, was auch darauf hinweist, daß der Berg als heilig galt. Auf dem benachbarten Flochberg dagegen war im Mittelalter eine Burg erbaut worden. Sie liegt jedoch schon lange in Trümmern, und die Mauerreste heben sich gegen den Himmel wie ein Gespensterschiff ab.

Erst König Wilhelm I von Württemberg besuchte im Jahr 1820 den Ipf. Ihm zu Ehren wurde von Osten her ein Sträßchen angelegt und diese beiderseits mit Bäumen bepflanzt. Am Ostrand der Gipfelfläche konnten sich einige zerzauste Kiefern im Gestein festkrallen.

Sie geben dem Ipf an seinem Haupt einen eigenartigen Schmuck, der von weitem einem Federbusch ähnlich sieht. Dieser macht den Berg schon von der Ferne aus kenntlich.
Zur Sonnwendzeit im Sommer wird auf dem Ipf ein großes Feuer entzündet, und die Jugend erklimmt in langem Zug mit Fackeln die Höhe. Vom Tal aus bietet sich dann den Bopfinger Bürgern und den Gästen ein herrliches Schauspiel dar.
So ist am Ipf und in seinem Umkreis noch ein Hauch alamannischer Frühzeit zu spüren. Der Blick von seiner Hochfläche in die Täler und über die Höhen bis ins Ries hinüber wird für jeden Besucher, der den Aufstieg nicht scheut, zu einem unauslöschlichen Erlebnis, selbst dann, wenn ein kühler Wind oben über die Steintrümmer streicht.
Das Schloß Baldern dagegen ist noch vollständig erhalten. Es gehört seit etwa 200 Jahren den Fürsten von Öttingen-Wallerstein. Es birgt eine reichhaltige Waffensammlung mit Rüstungen und Panzern aus dem Mittelalter. Die Innenausstattung stammt aus mehreren Jahrhunderten und enthält manche Prachtstücke. Der Festsaal im Obergeschoß ist mit reizenden Stuckgirlanden verziert.

q) Die Landschaft um den Hohenstaufen

Wir sind wieder im Herzland von Schwaben angelangt, wenn wir vom Fils- oder Remstal her den mächtigen Felsklotz des Hohenstaufen sich zum Himmel türmen sehen, der sich tief in die alamannisch-schwäbische und in die Reichsgeschichte eingeprägt hat.
Die Kelten- und Römerzeit hat hier wenige Spuren hinterlassen. Seit dem Beginn der Alamannensiedlung etwa vom 5. Jahrhundert ab wurde der Hohenstaufen als Götterberg verehrt.
Auch hier erscheint der Staufen nicht allein als ein Sitz der himmlischen Gewalten, sondern wieder ist es eine heilige Dreiheit der Berggestalten, zu denen unsere Vorfahren in scheuer Verehrung aufblickten.
Dem Hohenstaufen benachbart ist der Rechberg, noch einige Meter höher als jener, während einsam und etwas abseits gegen Osten der Stuifen seinen Gipfel der Sonne zuwendet. An der Schulter des Rechbergs erhebt sich die Burg Hohenrechberg. Dieser Vorberg ist durch

einen tiefen Graben vom Hauptgipfel getrennt. Bis zur Mitte des vorigen Jahrhunderts war die Burg bewohnt, ehe ein Blitz ihre Gebäude leider zum großen Teil einäscherte. Selbst in ihrem jetzigen Zustand bietet die Burg noch ein Bild kraftvoller Wehrhaftigkeit. Sie ist im Besitz des heute noch blühenden Geschlechts der Grafen von Rechberg.

Wir streben zum Gipfel des Rechbergs, der auf breitem Weg leicht erreichbar ist. Von ihm grüßt eine Wallfahrtskirche aus dem 17. und 18. Jahrhundert zu uns herab. Der große freie Platz auf der Höhe des Rechbergs wird außer der Kirche von mehreren Gebäuden aus früheren Jahrhunderten umsäumt. Er scheint in der Anlage sehr alt zu sein, was die hohen Lindenbäume an seinem Rande noch betonen. So ist zu vermuten, daß vor der Erbauung der Wallfahrtskirche eine Gerichtsstätte dort oben angelegt war. Der Name Rechberg = Rechtberg weist uns ebenfalls darauf hin.

Den Stuifen deckt bis zu seiner länglich-runden Kuppe ein dichtes Waldkleid, das jedoch erst im vorigen Jahrhundert angelegt worden sein soll.

Ein Flurname am Nordhang des Stuifen hieß »Urgarten«. Danach könnte hier in früheren Zeiten Auerwild gehegt worden sein.

Am Fuß des Stuifen liegt das Dorf Wißgoldingen, in Obstgärten eingebettet, mit dem auffallend schönen Namen. Er könnte seinen Ursprung von einer Frauengestalt haben, denn wir kennen aus den nordischen Sagen Walküren mit ähnlichen Namen, z. B. Alwis, Swanwis, Wisgunna. Ob in der Nähe der drei Götterberge eine Seherin mit dem Namen Wißgold gewohnt hat? Dann erhöht sie die heilige Bedeutung dieser Landschaft. Orte, die nach einem weiblichen Vornamen benannt wurden, sind im germanischen Bereich nicht ganz selten, so z. B. Hildburghausen in Thüringen, Bad Mergentheim (Marigundesheim) in Nordwürttemberg und Wilgartswiesen in der Rheinpfalz.

Zwischen dem Rechberg und dem Hohenstaufen dehnt sich ein breiter Höhenrücken aus, Asenrücken genannt. Auf ihm ritten nach der Sage die Götter nächtlich zu ihren Sitzen, und mancher hat geglaubt, die funkelnden Speerspitzen und Helme vom Tal aus sehen zu können.

Von den drei Götterbergen im Schwabenland wird dennoch der Hohenstaufen immer der großartigste bleiben nicht nur wegen seiner gleichmäßigen Gestalt, nein auch deshalb, weil er dem bedeutendsten schwäbischen Geschlecht seinen Namen gab.

Auf ihm baute Friedrich von Büren, Herzog von Schwaben, genannt der Einäugige, Gemahl der Kaisertochter Agnes, und Enkel der Hildegard von Egisheim, im Jahre 1080 eine Burg und nannte sich seitdem Friedrich von Hohenstaufen. Ihm folgte der Ruf, daß er in seinem Herzogtum stets eine Burg auf dem Schweif seines Rosses hinterherzöge, was wohl bedeuten soll, daß er sehr viele Burgen errichten ließ. Dessen Enkel wiederum war Kaiser Friedrich I, genannt Rotbart, der als einer der bedeutendsten Gestalten des Mittelalters in die schwäbische und deutsche Geschichte einging. Er selbst weilte nur selten auf der Burg seiner Väter. Die Kapelle am Fuß des Berges oberhalb des Dorfes Hohenstaufen birgt eine Inschrift, wonach der Kaiser diese im Jahre 1181 besucht haben soll.

Wie die Burg einst aussah, wissen wir nur aus wenigen Bildern. Das bedeutendste ist ein Wandgemälde in der Oberhofenkirche zu Göppingen, welche Stadt von Beginn an zum Hausbesitz der Staufer gehörte.

Der Burgvogt Jörg Staufer von Bloßenstaufen, der aus der Gegend von Giengen an der Brenz stammt und mit den Staufen nicht verwandt ist, hatte durch harte Maßnahmen den Zorn der Bauern erregt. Deswegen wurde die Burg Hohenstaufen im Jahr 1525 von einem Bauernhaufen niedergebrannt. Nur wenige Grundmauern lassen ihren einstigen Umfang erahnen (Abb. 43).

Wenn wir dem Hohenstaufengipfel unsere Ehrerbietung erweisen und ihn ersteigen, wählen wir den Anstieg vom Dorf Hohenstaufen, heute zur Stadt Göppingen gehörend, das sich südlich an den Berg anschmiegt. Zu ihm führt eine gute Fahrstraße von Norden, von Schwäbisch Gmünd aus, und im Süden von Göppingen her. Wir erreichen über die steile Dorfstraße binnen kurzem die schlichte Dorfkirche, deren Anfänge in die Hohenstaufenzeit zurückreichen. Sie wurde im 15. Jahrhundert im gotischen Stil ausgebaut, und seitdem blieb ihr Antlitz bis zur Gegenwart unverändert. Am Westgiebel sind die Wappen der Länder eingemeißelt, die zur Hohenstaufenzeit zum Reich gehörten, so u. a.: Polen, Lothringen, Holland, Burgund, Mailand und Neapel.

Dann folgen wir dem breiten Gehweg durch den Gürtel von Laubwald, der den steilen Kegel umsäumt, bis zur kahlen Höhe. Der ebene freie Platz, auf dem sich die Staufenburg erhob, ist nicht allzu geräumig.

Wir können den Umfang der ehemaligen Burglage ungefähr erkennen. Die Außenmauern umspannten das Gipfelfeld in Form eines Eirunds. In der Mitte war der Burghof durch eine Quermauer abgeteilt. Gegen Westen zu erhoben sich einst die Wohngebäude, im Osten befanden sich die Häuser der Burgmannschaft, die Ställe und der Brunnen. Der viereckige Bergfried aus dicken Buckelquadern, Mannsturm genannt, stand in der Mitte gegen Süden zu. An ihn schloß sich die Burgkapelle an. Im Westen schützte die Burg ein kleiner Turm, Bubenturm genannt.

Ausgrabungen in den Jahren 1935—37 konnten die Grundmauern der Burg wieder erfassen. Sie wurden in den Jahren 1967—71 unter der Leitung von Dr. Ing. Lipp, Göppingen, bis zu einer Höhe von 2 Metern wieder aufgerichtet und geben ein anschauliches Bild von dem großartigen Bauwerk aus früher Zeit.

Der Schwäbische Albverein hat nebst vielen Freunden der staufischen Geschichte die Anregung zur Wiederherstellung der Grundmauern gegeben, das Landesamt für Denkmalspflege in Stuttgart führte die Arbeiten vorbildlich durch. Schon im Jahre 1904 hat der Schwäbische Albverein eine stilvolle Unterkunftshütte hier oben geschaffen, in dessen Innenraum eine silberne Gedenkplatte zum Andenken an die Staufenkönige und -kaiser angebracht ist.

Die Burg Hohenstaufen war von den Bauern nicht ganz zerstört worden. Viele Jahrzehnte standen noch wesentliche Gebäudeteile, die beiden Türme und die Mauern, wie dies auf der Abbildung 43 aus dem Jahre 1535 deutlich zu sehen ist. Erst der Württembergische Herzog Christian ließ die Mauern abreißen und verwandte sie zum Bau seines Stadtschlosses zu Göppingen. Dieses steht heute noch — sauber vor wenigen Jahren wiederhergerichtet — als schöner Bau des

Fürstenstils aus den Jahren um 1570. Sehenswert ist besonders — vom Hof aus zugänglich — die Wendeltreppe in Form eines großen Lebensbaumes, die sogenannte Rebstiege.

Auf dem Hohenstaufen treten wir durch einen Lindenhain nach Westen vor. Hier befand sich vielleicht das ehemalige alamannische Heiligtum. Über eine Vorkuppe hinweg bietet sich die schönste Aussicht in die Täler der Fils und der Rems. Aber auch der Blick nach Osten gegen den Rechberg und den Stuifen ist bezaubernd.

Fürwahr, der Hohenstaufen ist ein beherrschender Berg, dessen Burg einstmals die Mitte eines großen europäischen Reiches bildete! Nicht ohne Vorbedacht hatte der einäugige Herzog von Schwaben diesen Berg für seine Burg ausgewählt!

Nach dem Abstieg sollten wir unbedingt ein kostbares Denkmal aus der Staufenzeit aufsuchen: Das Wäscherschloß oberhalb des Dorfes Wäschenbeuren, dem wahrscheinlichen Stammsitz der Herren von Büren. Wir erreichen es vom Staufengipfel zu Fuß in nordwestlicher Richtung in etwa 3/4 Stunden. Mit dem Kraftwagen fahren wir vom Dorf Hohenstaufen nach Norden und biegen am Ausgang des Dorfes in die Nebenstraße nach Wäschenbeuren ein.

Das Wäscherschloß liegt etwa 1 km nordöstlich vom Dorfrand von Wäschenbeuren in einer Wiese knapp nördlich vom Wäscherhof, einer freundlichen Gastwirtschaft. Dort, wo das Gelände steil nach Norden ins Beutental abfällt, ragt jene alte Burg aus der Staufenzeit auf. Mächtige Mauern aus Buckelquadern des 12. Jahrhunderts umschließen einen malerischen Innenhof, der nach Süden über einem gemauerten Erdgeschoß durch einen breiten zweigeschossigen Fachwerkbau abgeschlossen wird. Wir haben hier in den Grundfesten eine echte Stauferburg vor uns, und manche Anzeichen deuten darauf hin, daß sie von einem staufischen Herzog von Schwaben um das Jahr 1150 erbaut wurde. Eine andere Lesart besagt, daß ein staufischer Dienstmann, Egino von Wäschern, diese enge Burg zu Ende der Staufenzeit habe errichten lassen.

Jedenfalls verkörpert dieser Bau, wenigstens im Erdgeschoß, noch ganz jene große Kaiserzeit, und wir sind glücklich, daß er die unruhigen nachfolgenden Jahrhunderte überdauert hat und nicht wie die eigentliche Hohenstaufenburg dem Haß einer blindwütigen Bauernschaft zum Opfer gefallen ist.

Die beiden Obergeschosse im Fachwerkbau unter dem breiten Satteldach bergen heute ein Staufenmuseum, kunstvoll eingerichtet von Herrn Kaiser, dem Besitzer des Wäscherhofs. Wir sollten es unbedingt anschauen, denn in ihm sind viele bedeutende Gegenstände, Stiche, Gemälde und Abbildungen aus der Staufenzeit mit großem Fleiß gesammelt. Wir betrachten dabei auch den herrlichen weiten Saal im zweiten Obergeschoß, ein hervorragendes Werk der Zimmermannskunst aus dem 16. und 17. Jahrhundert.

Drei eindrucksvolle Bauten aus der Stauferzeit in der Umgebung der Stammburg sind die Johanneskirche zu Schwäbisch Gmünd, die Kirche zu Faurndau bei Göppingen und das Kloster Lorch im Remstal. Die Johanneskirche hat außen einen reichen Steinbildschmuck erhalten, der zum Teil germanische Vorbilder erkennen läßt. In dem umlaufenden Fries sind Menschen-, Tierköpfe und Lebensbaumsinnbilder aus dem Stein herausgearbeitet.

Die Kirche zu Faurndau aus der gleichen Zeit der Staufer ist gleichfalls außen mit zierlichem Steinbildwerk in einer seltenen Fülle und mit germanischen Sinnbildern versehen. Das Innere der Kirche überrascht durch seine edlen Maße und die Ausgestaltung der Säulenhäupter in der Art der Weltensäule, der Irminsul, aus der suebischen Vorzeit.

Das Kloster Lorch wurde im Jahre 1102 von Friedrich dem Einäugigen gegründet mit der Kirche als Grablege für sein Geschlecht. Hoch über dem Remstal dehnt sich die weiträumige Anlage aus, die vielleicht auf dem alten Drachenheiligtum der Alamannen errichtet wurde. Dieser Berg war einst der Mittelpunkt des Drachgaues aus der Zeit der alamannischen Landnahme.

Am Eingang des Klosters befindet sich das ehemalige Amtshaus mit einem herrlichen hohen Fachwerkgiebel in bester schwäbischer Zimmermannskunst aus dem Ende des 16. Jahrhunderts.

Der runde, spitz zulaufende Turm und das Mittelschiff der Klosterkirche stammen noch aus der ersten Staufenzeit des frühen 12. Jahrhunderts, während der lichte, erhöhte Chor die wundervolle Leistung

38 Wessobrunn, Oberbayern, Gedenkstein mit dem Wessobrunner Gebet, entstanden um das Jahr 780 n. Ztw. unter Herzog Tassilo III

39 Scheyern bei Pfaffenhofen an der Ilm, Oberbayern, Königskapelle der Wittelsbacher. Heiligtum der Nachkommen der Skirenfürsten, 14. Jahrhundert

40 Stift Kremsmünster, Ober-Österreich, Tassilo-Kelch um 777 n. Ztw. In den Zwickeln am oberen Rand und am Fuß germanisches Rankenmuster mit Tierköpfen

41 Totenmaske der staufischen Stammutter Hildegard von Büren, geb. Gräfin von Egisheim, gest. 1095 zu Schlettstadt im Elsaß

42 Der Bussen, 767 m, der heilige Berg Oberschwabens

43 Burg „Hohenstaufen“ mit Dorf von Süden um das Jahr 1534 nach dem Brand, damals noch die „Krone“ des schwäbischen Landes

44 Rottenburg, Württemberg: Aus Holz geschnitzte Fasnachtsmaske des Ahland, mit einem Schaffell verziert, aus dem jahrhundertealten alamannischen Brauchtum

eines schwäbischen Baumeisters im gotischen Stil aus dem 15. Jahrhundert ist. An den Pfeilern und Halbsäulen erkennen wir jenes Flechtband- und Rankenwerk aus der Alamannenzeit, das die Stauferherrscher wieder aufleben ließen.

In der Mitte des weihevollen Raumes unter der Vierung ist der steinerne Sarkophag der Staufer aufgerichtet, ein Meisterwerk im gotischen Stil, unter dem Abt Schenk von Arberg im Jahre 1473 geschaffen. Er birgt die Gebeine des ersten Herzogs von Schwaben, Friedrich von Büren und seiner Gemahlin Agnes, seine Kinder und Nachkömmlinge. Auch die unglückliche Gattin Irene des zu Bamberg ermordeten Königs Philipp von Hohenstaufen, des Sohnes von Friedrich Rotbart, und deren Tochter Beatrix ruhen hier.

Leider sind fast alle staufischen Könige und Kaiser in fremder Erde begraben. Nur Konrad III, der Vorgänger von Friedrich I, genannt Rotbart, wurde in der Gruft des Domes zu Bamberg beigesetzt, wo er gestorben war.

Das staufische Wappen mit den drei übereinander abgebildeten Löwen, das auf der Deckplatte eingemeißelt ist, wird an den Ecken des hohen Sarges von vier fein herausgearbeiteten Gestalten getragen. An den viereckigen Pfeilern des Mittelschiffes ließ der württembergische Herzog die Gestalten der großen staufischen Könige und Kaiser in Freskotechnik aufmalen.

Diese Königshalle zu Lorch atmet staufischen Geist in seltener Reinheit und Größe. In ihm lebt, noch gewaltig überhöht, das große alamannisch-suebische Erbe der Frühzeit. So scheint es uns, als seien die Hohenstaufen von einer höheren Macht dazu berufen gewesen, die hohe Zeit der Sueben und Alamannen zu vollenden und damit dem Deutschen Reich für alle Zeiten ein bleibendes Mahnmal zu setzen, das auch für uns Nachfahren verpflichtend bleibt.

61. Das alamannische Brauchtum

Aus den Quellen der ursprünglichen Volks- und Stammesheimat der Sueben fließt auch das Brauchtum, jene Lebensäußerungen beim Lied, beim Spiel, bei Tracht und Tanz, bei Geburt, Hochzeit und Tod.

Ihre Sitten, Bräuche, ihre Kunstauffassung und ihre Rechtsgrundsätze haben die Alamannen bei der Einnahme des Neckar-, Rhein- und Donaulandes schon mitgebracht. Keineswegs haben sie diese von fremden Vorgängern, etwa den Kelten oder Römern übernommen.

Sehr viel altes Brauchtum ging bei der gewaltsamen Einführung des Christentums verloren. Doch manche Sitten und Bräuche haben sich auch in der nachfolgenden Zeit behaupten können und sind erst durch die neuzeitliche Technik und ausländische Mode allmählich verdrängt worden.

Dennoch besteht in Deutschland, auch in Schwaben und im engeren alemannischen Gebiet noch vielerorts ein lebendiges Brauchtum, und es erscheint daher im Rahmen dieser Schrift notwendig, in kurzen Zügen einige dieser Bräuche aufzuzeigen. Freilich, alle diese zu schildern, würde ein mehrbändiges Werk erfordern, das aber mehr der Vergangenheit als der Gegenwart gerecht würde. Daher beschränken wir uns im Rahmen dieser Schrift darauf, einige besonders augenfällige und schöne Beispiele des noch lebendigen alemannischen Brauchtums herauszustellen.

Das Lied

Die Sangesfreudigkeit der Schwaben und Alemannen ist eine so wesentliche Stammeseigenschaft, daß sie sich durch noch so aufdringliche Sendungen internationaler Art im Fernsehen, im Rundfunk, in Filmen und Zeitschriften nicht ausrotten läßt. Davon zeugt die schier unübersehbare Zahl der Gesangvereine, der Liederkränze, der Chöre, selbst in kleinen Dörfern, in denen fleißig einstimmig und mehrstimmig mit Jungen und Mädeln, Männern und Frauen geübt und gesungen wird. Die Stiftungs- und Gründungsfeste werden nach einer entsprechenden Zahl von Jahren regelmäßig wiederholt.

Gerade das Volkslied ist in Schwaben seit alters her beliebt.

Unbekannte oder bekannte Meister haben eine Unzahl inniger oder lustiger Weisen hervorgebracht.

Bei wenigen Liedern gelingt es, den Zusammenhang mit der frühen Alamannenzeit herzustellen. Als ein solches Beispiel sei hier das Lied angeführt:

„Rita, (Reite!) Rita, Rößle,
Z' Basel steht ein Schlößle
Z' Basel steht ein Glockenhaus
Lugen drei Mareien draus.
D' eine spinnt Seide,
D' andre flicht Weide,
D' dritte schneid't Haberstroh.
B' hüt mein Kindel, liebe, liebe Frau!"

Unter den drei Mareien oder Jungfrauen sind die Nornen verborgen, die nach dem Glauben der germanischen Frühzeit die Schicksalsfäden spinnen. Sie erscheinen in dem Lied freilich in märchenhaftem Gewand, und die germanischen Vorbilder sind den Sängern und Sängerinnen dieses Liedes kaum mehr bewußt. Immerhin sind sie noch vorhanden.

In anderen Volksliedern, besonders fröhlichen Brautwerbungsliedern, kommt die Sehnsucht nach einer ebenbürtigen Gefährtin zum Ausdruck. Sie darf nicht schwarz oder dunkel sein, hellrote Wangen, lichtes Haar und blaue Augen soll sie haben, so wie die alamannischen Jungfrauen einstmals aussahen:

Oberschwäbisches Tanzlied

1. Rosestock, Holderblüh',
Wenn i mei Dirndl sieh,
Lacht mir vor lauter Freud
S' Herzerl im Leib. Valera . . .

2. G'sichterl wie Milch und Blut,
S' Dirndel ist gar so gut,
Rund und um dockerlnett,
Wenn i 's nur hätt!

3. Wenn i ins dunkelblau,
Funkelhell Äugerl schau,
Mein i, i schau
In mei Himmelreich nei.

Sehr alt ist der Jodler als Ausdrucksform der Gottverbundenheit und der unbekümmerten Lebensfreude. Ursprünglich war der Jodler ein Anruf an die Himmelsmächte. Das geht klar aus dem bayrischen Andachtsjodler mit seinen Silben: »Loridi« hervor. Hlorridi aber war, wie die Edda uns berichtet, der andere Name für Thor oder im Süden für Donar, den Wettergott und Schützer der Ehe. Der Jodler ist in allen Alpenländern, in Österreich, Bayern, Bayrisch Schwaben, Württembergisch Schwaben, im alemannischen Gebiet und in der Schweiz zuhause. Manchmal ist er abgeschwächt, aber er ist immer noch da. Wir erinnern uns an das Lied:

»Horch, was kommt von draußen 'rein, holla hi, holla ho . . . . «

und an den Kehrreim in dem Schweizer Lied:

»Von Luzern auf Weggis zue, holderi, holdero . . . .«
Trägt ma weder Strümpf noch Schuh, holderi, holdero«

Das Alphornblasen geht auf einen uralten Brauch zurück. Man hat dieses Horn schon mit bronzezeitlichen Luren verglichen. Lure ist das schwedische Wort für Alphorn. Von der Leier, die in dem Grab eines alamannischen Sängers bei Oberflacht gefunden wurde, war schon die Rede. Die Zither in Oberbayern ist der Leier verwandt. Auch beim Alphornblasen gehören zwei Bläser in verschiedenen Stimmen zusammen. Ihr tiefer Klang ist von besonderem Wohllaut und erschallt weit über Berge und Täler.

Der Tanz

Auch der Tanz ist eine jener uralten Lebensformen, die im Alamannenland wie in anderen Ländern mit germanischer Bevölkerung von jeher gepflegt wurden. Zuerst war es der Reigen oder der Reihen, ein Gruppen- oder Ringtanz, meist mit Zweigen oder Blumengebinden der Tänzerinnen ausgeschmückt. Dieser Reihen ist mit dem Laich verwandt, jener Art von Sinnspiel verschiedener Mitwirkender und Altersgruppen, wobei rechte Geburt, Hochzeit, Tod, Ehre und Treue von den Spielern vorgeführt werden. Hier ist noch der angestammte Glaube der Vorfahren sicht- und erlebbar.

Als Kinderreigen ist uns noch das uralte Tanzliedchen geläufig:

»Ringel, Ringel, Reihe,
Wir sind der Kinder dreie . . .«

Aus der Alamannenzeit stammt sicher die Sonderart des Schwerttanzes. Dies gilt auch dann, wenn die erste schriftliche Überlieferung einer späteren Zeit angehört.

In Überlingen am Bodensee wird er selbst in unserer Zeit noch als »Schwertletanz« am 1. Fasnachtstag oder nach einem guten Weinjahr durchgeführt. Er ist ein reiner Männertanz.

Zwei Trommler und zwei Pfeifer bilden die Spitze des Zuges. Die Platzmeister und der Fähnrich als Fahnenschwinger, danach die ganze Kompanie ziehen zum berühmten Rathaus und bitten den Bürgermeister um Erlaubnis zum Tanz, eine alte Sitte. Dieser gewährt gerne die Erlaubnis. Dann setzt der Schwertlemarsch ein, und der Tanz beginnt.

1. Runde: Mit gestreckter Degenspitze tanzen die Paare von links nach rechts in großen Bogen, dann in Schlangenlinien, schließlich im Achter.

2. Runde: der *Maschen*. Die letzten Platzmeister bleiben stehen, kreuzen die Degen in der Höhe. Paar um Paar tanzt mit schräg gehaltenen Degen hindurch, bleibt mit gekreuzten Degen stehen, sodaß ein großer Maschen gebildet wird. Der Fähnrich schwingt die Fahne über der Gruppe, Trommler schlagen Wirbel.

3. Runde: Zwei Achter mit gestreckten Degenspitzen wie 1.

4. Runde: *Degensprung*. Die zwei hinteren Platzmeister bleiben stehen und halten die Degen waagrecht in Kniehöhe. Alle Tänzer springen paarweise nacheinander darüber und stellen sich vor dem vorigen Paar auf.

5. Runde: Achter wie 1. Schluß.

Als Tracht wird dazu getragen: Lange blaue Röcke, rote Westen, kurze schwarze Hosen, weiße Strümpfe, Schnallenschuhe. Auf dem Kopf schwarzer Dreispitz, Rosmarienstrauß an der Brust. Platzmeister und Fähnrich tragen gelbrote Schärpen.

In ähnlicher Weise waren und sind Schwerttänze in vielen Orten Alamanniens einschließlich der Schweiz und des Elsaß üblich, z. B. in St. Gallen.

Aus Vorarlberg sind die beiden alten Tänze: »Gibele, Gäbele, Rechezahn« und »Der G'schlöfte« überliefert. Auf diesem Gebiet haben sich Pfarrer Pommer und Lehrer Schmid sehr verdient gemacht.

Im schwäbischen Unterland ist der Schäferlauf von Markgröningen weit und breit berühmt. Selbst auswärtige Gäste und Ausländer kommen Ende August in die alte ehemalige Freie Reichsstadt, um dem großartigen Schauspiel beizuwohnen. Dieser Schäferlauf erhält dadurch noch sein besonderes malerisches Gepräge, weil er vom Rathaus ausgeht, wohl dem schönsten und besterhaltenen Rathaus im heimischen Fachwerkstil des ganzen Landes neben Backnang, Eßlingen und Groß-Bottwar.

Seit Jahrhunderten treffen sich Schäfer und Schäferinnen des ganzen Landes an diesem Tag in Markgröningen. Früher spielte das Zunfttreffen noch eine größere Rolle mit Tagung, eigener Gerichtsbarkeit, Wollmarkt, Auszahlung der Leggelder und Übergabe der Meisterbriefe.

Der Schäferlauf beginnt mit dem Festzug durch die Stadt vom Rathaus und Marktbrunnen aus unter den Klängen der Musikkapelle und der Ladenpfeifer in alter Tracht. Draußen auf einem Stoppelfeld ist der Wettlauf der Schäfer und Schäferstöchter in ihrer kleidsamen Tracht. Das wesentliche ist, daß die Wettläufer und -läuferinnen den Lauf barfuß zurücklegen müssen, eine harte Probe für ihren schweren Beruf, der mit allen Witterungsunbilden zu rechnen hat. Die schnellste Läuferin und der rascheste Läufer werden als Schäferkönigin und -könig mit einer Krone ausgezeichnet. Dann erfolgt als Dank der Schäfertanz des Paares und aller anderen Teilnehmer und Teilnehmerinnen in den hübschen bunten Trachten. Die Männertracht besteht aus blauem Schäferwams, roter Weste, schwarzer Kniehose, weißen Strümpfen und schwarzen Halbschuhen; ein schwarzer, runder, niederer Filzhut bedeckt den Kopf. Die Mädeltracht besteht aus weißer Bluse, schwarzem Mieder, blauem oder rotem Rock, weißer Schürze und schwarzer, um den Hals gebundener Haube. Mit Dudelsack, dem alten Schäferklangwerkzeug, und Pfeifen, geht der Schäferzug zurück zur Stadt. Hier wird das Festspiel vom treuen Schäfer aufgeführt. Anschließend ist allgemeiner Tanz.

Markgröningen hat dadurch geschichtliche Bedeutung erlangt, daß die Reichssturmfahne seit dem Jahre 1336 dauernd mit dieser Stadt verbunden war. Sie ist eine der wenigen Orte Württembergs, die während des 2. Weltkrieges keine schweren Bombenschäden davongetragen hat und deshalb noch ein sehr einheitliches schönes Stadtbild mit vielen Fachwerkhäusern zur Schau trägt.

Beim Festspiel der Kinderzeche in Dinkelsbühl an der schwäbisch-fränkischen Grenze wird jährlich im Juli ein Schwerttanz und ein Zunftreigen aufgeführt.

Heute ist Tanzmeister Klaus Wager, Stuttgart, im Volkstanz für das ganze Bundesgebiet führend. Überall, wo Schwaben wohnen, zeigt er mit seiner Tanzgruppe Volkstänze und bildet Tanzgruppen aus. Seine Fahrten erreichen sogar Südafrika und Südamerika, wo der Volkstanz stellenweise eifriger gepflegt wird als hier im Lande.

Zum Tanz gehört die *Tracht.*

Die Tracht war bis ins vorige Jahrhundert die Kleidung der Männer und Frauen, der Burschen und Mädel. Ihrer kunstvollen und stilgerechten Anfertigung wurde der größte Wert beigemessen. Die Festtagstrachten hielten dann allerdings jahrelang. Mit der Fertigkleidung der Kleiderfabriken nach der jeweiligen kurzlebigen Mode ausländischer Herkunft und dem Verkauf in Warenhäusern wurden die Trachten in den einzelnen deutschen Landschaften allmählich verdrängt.

Über das Alter und den Ursprung der Trachten gehen die Ansichten der Forscher und Forscherinnen auseinander. Sicher ist, daß im Laufe der Jahrhunderte Wandlungen eintraten. Auch waren Unterschiede in der ländlichen und der städtischen Tracht durchaus vorhanden. Aber ebenso gewiß wie die Trachten nach Landschaften verschieden sind, ist es, daß sie ihren Ursprung in dem Bewußtwerden der deutschen Stämme haben, und diese ihrer Eigenart auch in der Tracht Ausdruck geben wollten. Wie wir gesehen haben, reicht die Bildung der deutschen Stämme und somit des Suebenstammes, aus dem später die Alamannen, Thüringer, Bayern hervorgingen, sehr weit zurück, und wir werden Ansätze für die Trachtenbildung bald nach der Landnahme der einzelnen Stämme zu suchen haben. So sind gewisse Grundformen der Trachten schon sehr früh, mindestens seit etwa den Jahren um 500 unserer Zeitrechnung, ausgeprägt worden. Freilich sind Webstoffe vergänglich, jedoch gewisse Stoffreste sind in manchen Gräbern gefunden worden, die einen Schluß auf ihre damalige Kleidung ziehen lassen.

Aber selbst in den einzelnen Gauen der verschiedenen deutschen Stämme, ebenso in Schwaben und Alamannien, waren die Trachten nicht einheitlich, sondern ihre Bewohner haben bald Sonderformen entwickelt, sodaß das Bild der Volkstrachten im deutschen Sprachraum überaus vielfältig ist. Sogar nach ihrer Auswanderung im 18. Jahrhundert haben z. B. die Banater Schwaben ihre Tracht in Südungarn eigenständig weitergebildet.

Trotz der Modeerscheinungen unserer Zeit gibt es in Schwaben und Alemannien Gegenden, in denen noch Tracht getragen wird. Im Ries, dem fruchtbaren Gau im nördlichen Bayrischen Schwaben rings um die Freie Reichsstadt Nördlingen, wird von den Männern manchmal noch der Kittel aus blauem Leinen getragen, auf dem ein weißes Muster eingestickt ist.

Als Kopfbedeckung dient die runde flache Mütze mit seitlich herabhängender Quaste. Eine schwarze Bundhose und Lederschaftstiefel vervollständigen die Rieser Tracht. Im württembergischen Ostalbkreis war diese Tracht bis vor kurzem noch der Brauch. Es bestehen Bestrebungen, sie wieder aufleben zu lassen.

Die Betzinger Frauentracht bei Reutlingen in Württemberg besteht aus einem bunten Mieder mit Schnüren, die das Brusttuch zusammenhalten, dunklem Rock mit breiter bestickter Borte am Rocksaum, weißer Bluse und weißer Schürze.

Die Allgäuer Männertracht mit langem grünen oder braunem Rock, Lederbundhosen und weißen Strümpfen ist gegenüber der bekannten oberbayrischen Tracht mit grünem Janker, kurzen Lederhosen und Wadelstrümpfen durchaus eigenständig. Allerdings wird sie im Allgäu leider nicht mehr allzu oft getragen.

Sehr reichhaltig sind die Trachten im alemannischen Gebiet, besonders im Schwarzwald. Im Kinzigtal, Gutachtal, Glottertal, in Oberharmersbach, im Prechtal, im Mühlenbachtal werden von den Frauen und Mädeln noch vielfach Trachten getragen. In St. Märgen und

Neustadt besteht der Schmuck am Kopf aus einem Strohhut mit gewundenen Bändern, die hinten herabhängen. Die Brautkrone wird herrlich aufgeputzt und mit buntem, goldglänzenden Flitter verziert.
Am bekanntesten und für die Schwarzwälder Tracht am bezeichnendsten ist der Bollenhut der Gutach- und Glottertälerinnen. Hier werden auf einem Strohhut wollene Kugeln in mehreren Farben, besonders in rot, über- und aneinandergenäht. Über einer weißen Bluse wird das gestickte Mieder getragen. Zum dunklen Rock stehen die weißen Strümpfe in freundlichem Gegensatz.
Im österreichischen Vorarlberg sind besonders im Kleinen und Großen Walsertal, im Bregenzerwald und im Montafon die Trachten noch lebendig. Bei den Mädeln im Bregenzerwald ist das Schäppeli als Kopfbedeckung das Hauptschaustück. Über der roten Haube ist ein Busch aus goldnem Flitterwerk angebracht nach Art eines Krönleins. Das Brusttuch, in der Bregenzerwälder Mundart auch »Bleatz« oder Fürtuch genannt, ist durch kunstvolle Nadelarbeit fein geziert. Dieses wird am Hals durch den Goller, ein viereckiges Kragenstück abgeschlossen. Den Rock bildet im Bregenzerwald die Juppe, ein langer schwarzer Faltenrock, der fast bis zur Brust hinaufreicht. Darüber wird eine blaue Schürze getragen.
Im Inner-Walgau des Landes Vorarlberg ist die Radhaube ein besonders schönes Zierstück der Frauen- und Mädchentracht.
Die Männertracht im Bregenzerwald besteht aus violettem Rock, roter Weste, schwarzer Lederbundhose, weißen Strümpfen und einem breitkrämpigen Hut, dagegen wird im Vorarlberger Unterland, z. B. in Rankweil, ein blauer Langrock über der schwarzen Bundhose getragen.
Zu Egg im Bregenzerwald wird an besonderen Festtagen in Erinnerung an ihren Sieg über die Schweden eine weiße Tracht angelegt, während die Alltagstracht dunkel ist. Hier ist auffallend, daß die Festtracht weiß ist, was ihren altsuebischen Ursprung erweist. Im Norden Germaniens lebt dieser Brauch ebenfalls heute noch.
Die Schwarzenberger Trachtenkapelle im Bregenzerwald in der schwarz-rot-weißen Männertracht ist weit und breit beliebt und begehrt.

Die Liechtensteiner und Schweizer Trachten sind den Vorarlberger Trachten in vielen Einzelheiten verwandt. So sind der Goller am Hals, das Fürtuch und das Mieder bei den Frauen auch dort als Trachtenstücke geläufig. Aber auch in den Städten werden Bürgertrachten an Festtagen von den Frauen gern angelegt. Hier leuchtet die Goldhaube über der Stirn in hellem Glanz, während das Kleid meist aus einfarbiger, gestickter Seide besteht.
Sehr häufig wird in das Mieder ein Lebensbaummuster eingestickt.

Trachtenvereine

In Baden-Württemberg sind die Heimat- und Trachtenverbände zu einem Landesverband zusammengeschlossen. Ihr Vorsitzender ist Friedrich Weber-Benzing in Villingen. Die Trachtenvereine veranstalten jeden Sommer ein Gautrachtentreffen wie z. B. im Jahre 1974 zu Hirrlingen Krs. Tübingen, wobei 1000 — 1200 Trachtenträger und -trägerinnen ihre kleidsamen Gewänder zeigen und viele Trachtenfreunde heranlocken, selbst wenn sie selbst nicht in Tracht erscheinen.
186 Trachtenvereine bestehen allein in Baden-Württemberg. Ungezählt sind die Dorffeste, bei denen Volkstänze und Laienspiele gepflegt werden. Die Trachtenbewegung hat in den letzten Jahren trotz aller Gegenströmungen sich wieder gefestigt.

Brauchtum im Jahreslauf.

Im alemannischen Gebiet sind bei besonderen Festen im Jahreslauf noch viele alte Bräuche lebendig. Einen Höhepunkt bildet die Fasnet (Fasnacht). Sie hat mit dem heutigen Rummel der Großstädte wenig zu tun. Bei den Volksbräuchen geht es um die Austreibung des Winters und die Freude über den herannahenden Frühling. Manche Masken werden dabei getragen, und auch Lärm wird geschlagen. Alle diese Bräuche haben aber den Sinn der Überwindung der wüsten Unholde des Winters und die Zuneigung zu den holden Geistern des Frühlings.
In Rottenburg am Neckar hat die Fasnacht eine sehr alte Überlieferung. Am schmotzigen Dausteg (Donnerstag) schüren die Hexen

in ihrer Verkleidung auf dem Marktplatz ihren Braukessel und umtanzen ihn mit fürchterlichem Geheul. Dann stürmen die Männer, als Ahlande verkleidet, aus dem Rathaustor und verjagen in tollem Wirbel die Hexen. Sobald diese verschwunden sind, tanzen sie einen Freudentanz (Abb. 44).

Am Fasnachtsonntag ist der Große Narrenumzug mit etwa 600 Maskenträgern und Musikkapellen. Allerhand lustig geschmückte Wagen folgen hinterdrein. Hier ist das alamannische Brauchtum noch höchst lebendig.

Über den Ursprung des Wortes »Ahland« ist schon viel geschrieben worden. Wir möchten den Ahland als den alamannischen Heiland, den guten Geist des Stammes deuten, der ein Abkömmling des Lichtgottes Ziu ist.

Ähnliche Fasnachtveranstaltungen mit geschnitzten Masken finden in allen Städten des Oberen Neckartals und im badischen Schwarzwald, besonders auch in Villingen, statt.

In Überlingen am Bodensee ziehen die Hänsele zur Fasnet, junge Burschen in Verkleidung mit weißen Leinenkitteln, Hosen aus bunten Tuchstreifen und Kapuzen mit Augenlöchern mit Karbatschen oder Ratschen durch die Straßen und lassen sie kräftig schnellen. Sie wollen damit die widrigen Wintermächte austreiben.

Am Sonntag nach der Fasnet, dem Funkensunntig, herrscht rings um den Bodensee bis hinauf nach Ulm großer Betrieb. Schon vorher ziehen Buben durch die Straßen mit dem Ruf in Überlingen:

»Werfet e Schitli Holz vo oba ra (herunter) zum Wäwere!«

Dagegen in Dornbirn (Vorarlberg):

»Pfifa, pfifa ho, Buschla oder Stroh, so wird der Funko hoh!«

Die Errichtung des Funkens, des Funko, ist eine Kunst, die meist von einer besonderen Zunft ausgeübt wird. Jede will den höchsten und größten Funken aufrichten. So sind die Holzstöße bis zu 15 Meter hoch, und ein Durchmesser von 9 Metern ist keine Seltenheit. Am Funkenplatz wird in der Mitte ein Pfahl in die Erde gerammt. Um diesen wird unten Scheiterholz geschichtet, während am oberen Teil Reisig (Buschla) zusammengebunden wird. Oben wird eine Hexe aus Stroh aufgestellt, die einen Besen in der Hand hält.

Unter großem Hallo der umstehenden Jugend wird vom Zunftmeister der Funken entzündet. Eine Musikkapelle läßt manchmal ihre Weisen ertönen, Buben schwingen Fackeln, Raketen werden in die Lüfte gejagt, und es stört kaum, wenn der Himmel fleißig Schneeflocken über das Land und die Berge ausschüttet.

Am Funkensonntag werden hie und da noch Scheiben geschlagen. Burschen sägen von gefällten Tannenbäumen, die fein entastet und geschält sind, schmale Scheiben ab. Diese werden durchbohrt. Mit langen Haselruten werden sie ins Feuer gehalten, bis sie glühen. Dann werden sie auf ein Brett aufgesetzt, das schon am Abhang schräg befestigt wurde. Nun sausen die Scheiben wie feurige Räder den Berg hinunter. Die Scheiben erhalten oft die Namen der Geliebten.

Nach dem Abbrennen des Funkens springen Buben und Mädel über die Glut, meist sind es künftige Paare.

Als ein weiterer Frühlingsbrauch werden am Palmsonntag Tännchen, Birken oder Weidensträucher mit farbigen Bändern und Goldpapier behängt und in die Kirche zur Weihe getragen oder gleich am Haustor angesteckt. Diese Bäumchen sollen dem Hof Schutz vor Blitzgefahr und Erntesegen bringen. So lebt im Unterbewußtsein der Bauernfamilien noch der Glauben an den einstigen Donnergott. Dieser Brauch ist gewiß sehr alt.

In vielen schwäbischen Landschaften, besonders aber in Bayern, wird auf dem Dorfplatz am Vorabend vor dem ersten Maientag der Maibaum errichtet und neu geschmückt. Eine hohe Tanne wird am unteren Stamm entastet und geschält, während der grüne Wipfel belassen wird. Ein geschmückter Tannenkranz wird unter dem Wipfel angehängt, der Stamm wird mit Tannengirlanden umwunden. Um ihn scharen sich am 1. Mai die Burschen und Mädel des Dorfes zum Maitanz.

In der Sommersonnenwendnacht werden nach altem germanischen Volksbrauch auf den Bergen Feuer abgebrannt. Der Höhepunkt des Jahreslaufs wird festlich begangen. Der Anführer der jungen Mannschaft spricht den Flammenspruch und wirft die Fackel in den Holzstoß. Auch an diesem Fest springen die Paare über die verlöschende Glut. Früher wurden die Feuer so angelegt, daß ihr Schein von Berg zu Berg sichtbar leuchtete. Es war ein Fest der großen Gemeinschaft, auch über die Stammesgrenzen hinaus, überall in deutschen Landen. Im Jahre 1401 tanzte der Bayernherzog mit seiner Gemahlin und dem Volke um das Sonnwendfeuer. Erzherzog Philipp von Österreich führte im Jahre 1496 die Bürgerstochter Ursula Neidhart in Augsburg zum Reigentanz am Sonnwendfeuer (Wörterbuch der deutschen Volkskunde, Stuttgart, 1955 S. 376). So wird es auch an anderen Orten Schwabens und des Alamannengebietes durch das ganze Mittelalter hindurch zugegangen sein. In den Städten wurde der Sonnwendabend mit Umzügen, Spielen und Festlichkeiten begangen.

Aber der Brauch des Abbrennens eines Sonnwendfeuers besteht auch heute noch vielerorts im schwäbisch-alamannischen Raum. Besonders die Jugend freut sich schon lange auf diesen Tag und schafft bereitwillig Holz den Berg hinauf, auf dem das Feuer entzündet wird.

Auf die anstrengenden Wochen der Getreideernte folgte in alter Zeit wieder ein Fest, die Sichelhenke oder der Kornmuttertag. Meist fiel er am 15. August mit dem Fest von Mariä Himmelfahrt zusammen. Die Sichelhenke wurde verschönt mit der Herstellung eines bunten Erntekranzes aus den Ähren der verschiedenen Getreidearten, mit Kornblumen, Mohn und bunten Bändern geschmückt, oder einer kunstvollen Erntekrone, um die dann der Erntetanz unter freiem Himmel oder in einem Saal unter den Klängen der Dorfmusikkapelle getanzt wurde. Dieser Brauch ist heute nicht mehr sehr weit verbreitet.

Die nächste Feier fand in der Alamannenzeit zur Tag- und Nachtgleiche Ende September statt. Dies war die große Zeit der Ratsversammlungen an den Gerichtsstätten, die meist dem Gott Ziu oder Wodan geweiht waren. Da wurde Recht gesprochen, und wichtige Beschlüsse wurden gefaßt. Später entwickelte sich daraus das große Erntedankfest, an dem die Früchte des Feldes und der Gärten, besonders Äpfel, der Gottheit dargebracht wurden.

An diesem Tag wird in wenigen Schweizer Kantonen noch die allgemeine Landesversammlung abgehalten, die der Ammann leitet. Zustimmung wird durch Zuruf, Ablehnung durch Murren kundgetan.

Der Monat November, früher Nebelmond genannt, galt dem Gedenken der Toten. Die Gräber der Angehörigen wurden geschmückt,

Kränze wurden niedergelegt. Noch heute wird dieser Brauch überall in Schwaben und im Alemannenland beibehalten, wenn auch je nach dem Bekenntnis an verschiedenen Tagen des Nebelung.

Im Winter wurde bei den Bauern das Getreide gedroschen. Aus Thüringen ist ein sehr alter, wertvoller Brauch des Einsingens beim Dreschen überliefert, um den gleichmäßigen Takt der Drescher zu erreichen.

Der Bauer bittet den 1. Drescher:

„Mein lieber Hans, drisch mir mein Korn,
Es ist fein kalt, hat hart gefror'n.
Puff, puff, puff, puff, schlag tapfer druff!
Mein Flegel tut mir dennoch gut,
Hat mich ernährt, Wie's Gott beschert,
Dem sag' ich Dank mein Leben lang,
Er stärket mich gewaltiglich.
Gar wohl ich weiß, wie manchem heiß
Der Flegel scheint, und ist ihm feind.
Er sieht ihn hang'n, will ihn nit lang'n.
Nichts er erwirbt, drum gar verdirbt.
Puff, puff, puff, puff, puff."

Dann kommt der 2. Mann (Sohn oder Knecht) an die Reihe mit doppelt so raschem Takt (Zweischlag). Als dritter tritt der Marten an mit dem Dreischlag im Walzertakt, bis schließlich der Fritz mit dem Vierschlag einsetzt, der nun rasch singt:

„Speck in Töpfen, laßt uns höpfen,
Liebe Tropfen, laßt uns klopfen,
Bum, Bum, bum, bum."
Stimmheft des Nik. Weisbeck zu Mühlhausen 1617.

Wenn auch dieser Brauch ausgestorben ist, so erinnere ich mich aus meiner Bauernzeit in Schwaben, wie wir beim Dreschen zum Einlegen der Garben und eintönigen Brummen des Dreschkastens im Viervierteltakt ein Lied vor uns hinträllerten, um die langweilige Arbeit zur Freude werden zu lassen.

Im letzten Monat des Jahres ist schon wieder alles auf das Herannahen der Wintersonnenwende eingestellt. Die Kinder stellen Schuhe am Vorabend des Rupprechttages, am 5. Dezember, außerhalb am Fenster auf, damit der Schimmelreiter aus seinem Säcklein Gebäck und Nüsse nächtens hineinlegen kann. Gewiß vergessen die Kinder nicht, Heu für das Schimmelchen hinauszulegen, damit es seinen Ritt zu den guten Kindern fortsetzen kann. Hier ist noch ganz leise ein Anklang an Wodan zu sehen, dem einstigen Himmelsvater, der nächtlich um die Weihnachtszeit mit seinem Heer der Toten, dem Wuotesheer, durch die Lüfte braust. Vielen Kindern ist diese gütige Gestalt aus Sagen und Märchen wohl bekannt.

Die zwölf heiligen Nächte zwischen der Wintersonnenwende und Dreikönig sind der winterliche Höhepunkt des Jahreslaufs. In Bayern wird der 6. Januar als Perchtentag auf besonderen Umzügen mit Masken gefeiert.

Das Weihnachtsfest wird nach dem alten Brauch aus der Sueben- und Alamannenzeit wie auch des übrigen Germaniens heute noch von Jung und Alt mit Freuden begangen, und die verschiedensten Bräuche sind dabei noch lebendig, auch dann, wenn das Fest später mit der Geburt des Heilands zusammengelegt wurde. Bezeichnend ist, daß der Weihnachtsbaum, mit bunten Kugeln, Äpfeln und Nüssen geschmückt, und mit Kerzen besteckt, zuerst im alemannischen Elsaß etwa im Jahr 1440 schriftlich bezeugt ist. Dieser Brauch ist aber zweifellos älter und geht auf die vorchristliche Zeit zurück.

Im alemannischen Gebiet verjagen auch heute noch junge Burschen mit Trommeln, Glocken, Kesseln und Pfeifen meist am Dreikönigstag auf ihrem Umzug durch die Stadt oder das Dorf die winterlichen Unholde. »Heliwog«, heilkräftiges Wasser, wird am Bodensee in der Weihnacht aus dem Brunnen geschöpft und Haustür und Vieh damit besprengt. Dieser Brauch wurde später auf Dreikönig verlegt.

So schloß sich der Jahreslauf in der Zeit der Alamannen. Wenn auch in unserer Zeit der Sinn der alten Bräuche vielfach verloren ging, so haben sie sich hie und da, besonders im Süden unseres Landes, bis heute erhalten, und es liegt an uns, ob wir sie ganz absterben lassen oder mit neuem Leben erfüllen sollen. Deswegen müssen sie keineswegs durchweg als »abgestanden«, »überholt« oder »unzeitgemäß« abgetan werden. Es kommt nur darauf an, sie auf unsere Zeit so abzuwandeln, daß ihr ewiger Sinn, der Einklang mit den Lebensmächten, gewahrt bleibt, und verstiegene Altertümelei von unseren Festen und unserer Lebensgestaltung ferngehalten wird.

Eine eigenartige Einrichtung mag unsere Abhandlung über das alemannische Brauchtum beschließen. Es ist dies das alte Freibauerngericht der *Waibelhube*. Wir legen dieser Rechtssatzung deshalb besonderen Wert bei, weil sie in der Nähe des Hohenstaufen geschaffen wurde in einem Gebiet, wo das eigenständige alamannische Volkstum sich auch nach dem Cannstatter Blutbad in einiger Freiheit entwickeln konnte, das nachher den Aufstieg des Hauses Hohenstaufen ermöglichte.

In den Gemeinden nördlich von Schwäbisch Gmünd um Ruppertshofen, Tonolzbronn (Donarsquelle) und Frickenhofen bestand über das ganze Mittelalter hindurch die Waibelhube, ein Freibauerngericht nach alamannischer Sitte. Dort trat das Bauerngericht alljährlich zusammen. Der Waibel rief es auf und führte den Vorsitz. Hier wurde die niedere Gerichtsbarkeit abseits der behördlichen Obrigkeit und der Geistlichkeit ausgeübt, und die Streitfälle wurden selbst erledigt. Geheimnisvolle Höhlenbildungen in dem weichen Gestein in der Nähe des Leintales wie die »Götzenhohl« und eine weitere Höhle, bei der ein Quell entspringt, zeigen, daß sich hier eine noch fast unberührte Landschaft erhalten hat, deren Ursprünge in die Alamannenzeit zurückgehen, und deren Bräuche bis zum Beginn des vorigen Jahrhunderts noch sehr selbstherrlich waren.

62. Ausklang

Wir haben unseren Gang zu einigen ehrwürdigen Stätten aus der Alamannenzeit und unseren Streifzug durch das alemannische Brauchtum, soweit es noch lebensfähig ist, beendet. Viele andere weihevolle Stätten liegen noch in verborgenen Tälern oder auf einsamen Höhen. Bei unserer Auswahl haben wir bewußt jene Stätten herausgegriffen, bei denen der Pulsschlag der hohen Sueben- oder Alamannenzeit noch spürbar ist. Leider ist der Zugang zum suebischen Stamm der Thüringer durch eine willkürliche Stacheldraht- und Minengrenze derzeit sehr erschwert.

Aber überall, wo noch in den stillen Tälern des Schwarzwalds, im Allgäu, im Bregenzerwald und in anderen Gegenden noch die kleidsamen alemannischen Trachten getragen werden, wo noch das breite Schindeldach des Schwarzwaldhofes hervorlugt, da verspüren wir noch die lebendige Verbindung zur Gründungszeit des suebischen und alamannischen Stammes.

Dort, wo wie im Allgäu, in der Nordschweiz, in Vorarlberg der warme Holzton der Hauswände, teils bemalt oder beschnitzt, uns empfängt, wo das mit Schindeln beschlagene Dach und der von der Sonne gebräunte Hausgiebel uns entgegenleuchtet, wo auf der Schwäbischen Alb die hell verputzten Bauernhäuser mit ihren bunten Fensterläden freundlich dreinschauen, wo das Leben noch ruhiger dahinfließt, da schlägt unser Herz höher, und wir sehen dabei den Einklang mit der Landschaft, mit der heißerkämpften schwäbisch-alemannischen Heimat.

Wir sollten unsere Sinne offenhalten für die bunte Vielfalt echten, gesunden Volkstums, das uns unser Väter- und Mütterland abseits von den großen Straßen noch in reichem Maße bietet.

Solange wir aus diesen Quellen schöpfen können, solange besteht noch die Hoffnung, daß einstmals aus den beiden getrennten deutschen Teilstaaten, in denen hüben und drüben Sueben und deren Nachfolgestämme sitzen, samt der einstigen Reichshauptstadt Berlin eines Tages wieder ein einiges freies Deutschland entstehen kann.

Dann wird auch der bittere Beigeschmack, der von jeder Besatzungszeit im Schwabenland und im Gesamtdeutschen Raum nun einmal herrührt, und das Gedächtnis an die Morde an unseren Vorfahren zugunsten fremder geistlicher und weltlicher Mächte an Schärfe verlieren. Dann wird der Weg frei für eine geistige und künstlerische Entfaltung des deutschen Volkes inmitten eines immer mehr zu einer Einheit zusammenwachsenden Abendlandes benachbarter, befreundeter, teils verwandter Staaten und Völker.

Umsomehr müssen aber wir Deutsche als Volk der Mitte unserer eigenen Geschichte bewußt bleiben, die zwar von Niederbrüchen und Meinungsverschiedenheiten nicht frei, aber in allen Jahrhunderten getragen ist von einer überwältigenden Menge tüchtiger, treuer, aufrechter, opferbereiter Männer, Frauen und Jugendlicher. Gerade dadurch sind wir berechtigt, aber auch verpflichtet, unsere eigene Freiheit wieder zu erringen, als Nation neben anderen Völkern des Abendlandes zu bestehen und zur Gesamtentfaltung der schöpferischen Kräfte auf dieser Erde wesentlich beizutragen.

63. Schrifttum

Akermann/Schmoldt, In den Fußtapfen der Geschichte des Landkreises Göppingen, Weißenhorn 1964

Beschreibung des Oberamts Cannstatt, Stuttgart 1895

Akermann, Manfred, Hohenstaufen 1971

Dahn, Felix, Die Völkerwanderung, Neudruck, Berlin 1960

Dannheimer, Hermann, Germanische Denkmäler der Völkerwanderungszeit, Die Alamannen, Berlin 1968

Düwel, Klaus, Runenkunde, Stuttgart 1968

Edda, Die, übersetzt von Felix Genzmer, Köln 1964

Frank, Ernst, Die Besiedlungsgeschichte der Sudetenländer, Leipzig 1935

Franken, Marlis, Die Alamannen zwischen Iller und Lech, Berlin 1949

Goeßler, Peter, Vor- und Frühgeschichte Stuttgarts, Stuttgart 1920

Gut, Ulrich, Ufnau, Die Insel im Zürichsee, Zürich 1971

Hammerbacher, Hans Wilh., Unvergängliche deutsche Landschaft, Heusenstamm 1971

Hammerbacher, Hans Wilh., Die Donar-Eiche, Heusenstamm 1968

Helbok, Adolf, Deutsche Volksgeschichte, 1 + 2 Tübingen 1964/67

Hohenrechberg, Die Burg und ihre Geschichte, Göppingen 1969

Hotz, Walter, Handbuch der Kunstdenkmäler, Elsaß-Lothringen, München 1970

Hubensteiner, Bayrische Geschichte, 5, Aufl., München 1972

Ilg, Karl, Landes- und Volksgeschichte Vorarlbergs, Innsbruck 1968

Jahn, Martin, Die Bewaffnung der Germanen, Würzburg 1916

Jordan, Karl, Friedrich Barbarossa, Göttingen 1957

Kinkelin, Wilhelm, Cannstatt, die Tragödie des schwäbischen Stammes, Berlin 1935

Kirschmer, Karl, Geschichte der Stadt Göppingen, Göppingen 1936

Kleine Vor- und Frühgeschichte Württembergs im Gang durch das Württembergische Landesmuseum, Stuttgart 1963

Kluge, Ethymologisches Wörterbuch, 20. Aufl., Berlin 1963

Kossinna, Gustaf, Die deutsche Vorgeschichte, Würzburg 1914

Konstanz, Stadtführer, 5. Aufl., Konstanz 1968

Kunstwerke der Welt, im Bayr. Nationalmuseum, München o. J.

Ludwig, Massenmorde der Weltgeschichte, Stuttgart 1953

Mayer, Theodor, Friedrich I und Heinrich d. Löwe, Darmstadt 1957

Moosbrugger-Leu, Die Schweiz z. Merowingerzeit 2 Bde., Berlin 1971

Müller-Karpe, Hermann, Das vorgeschichtliche Europa, Baden-Baden 1968

Noelle, Hermann, Der Wall der 1000 Türme, Bodman, 1963

Obermüller, Christoph, Die deutschen Stämme, Bielefeld 1941

Paret, Oscar, Die frühschwäbischen Gräberfelder von Groß-Stuttgart und ihre Zeit, Stuttgart 1937

Pastenaci, Kurt, Volksgeschichte der Germanen, Berlin 1936

Paulsen, Peter und Helga Schach/Dörges, Holzhandwerk der Alamannen, Stuttgart 1972

Peschedk, Christian, Vor- und Frühzeit Unterfrankens, Würzburg 1968

Ploetz, Karl, Auszug aus der Geschichte, 27. Aufl., Würzburg 1969

Reinerth, Hans, 50 Jahre Pfahlbauten Unteruhldingen, Überlingen 1973

Retzlaff, Erich, Deutsche Trachten, Königstein 1937

Rottenburger Fasnacht, Rottenburg 1973

Rilling, Albert, Cannstatt seit 6000 Jahren, Stuttgart 1967

Schwabstedt, 4000-jährige Geschichte v. Meyer, Schleswig 1965

Schleswig-Holstein, Führer zu Vor- und Frühgeschichtlichen Denkmälern, Mainz 1968

Schmid-Noerr, Die Hohenstaufen, Stuttgart, 1955

Schultz, Wolfgang, Altgerman. Kultur in Wort u. Bild, München 1934

Soytter, Wilhelm, Unser Stuttgart in der Geschichte, Stuttgart 1903

Staufen, Sage und Kultur und der Ob. Breisgau, Karlsruhe 1967

Stein, Fr., Geschichte Frankens, 2 Bände Nachdruck, Aalen 1885

Suchenwirth, Richard, Deutsche Geschichte, Leipzig 1936

Tacitus, Publius Cornelius, Germania, Nachdruck Stuttgart 1956

Tacitius, Publius Cornelius, Annalen, Nachdruck Lippoldsberg 1963

Überlingen und der Linzgau am Bodensee, Aalen 1972

Vorgeschichte der deutschen Stämme, Leipzig 1940
Band 1 Franken von Dr. Rud. Stampfuß, Dortmund
Band 2 Sueben oder Altschwaben von Prof. Matthes, Hamburg
Band 3 Die Thüringer von Prof. Walter Schulz, Halle

Weitnauer, Alfred, Schwäbische Trachten, Kempten 1957

Wais, Julius, Führer durch die Schwäb. Alb, Bd. 1 + 2, Stuttgart 1963/72

Weller, Karl, und Arnold, Württembergische Geschichte im süddeutschen Raum, Stuttgart 1963/72

Wittislingen, Festschrift zur Markterhebung, Dillingen 1955

Zoellner, Geschichte der Franken bis zur Mitte des 6. Jahrhunderts, München 1970

Den Herren Dr. Hermann Vietzen, ehem. Leiter des Stadtarchivs, Stuttgart, und Albert Schneider, Nürnberg, sei für die Besorgung vieler vergriffener Bücher herzlich gedankt.

64. Stammtafel der Hohenstaufen

und Weiterführung der weiblichen Linie zu führenden Geschlechtern des Deutschen Ostens (n. Frhr. v. Fragstein)

Mafrit I Graf von Orléans 815, † 837	
Mafrit II Graf im Eifelgau, 843—867	
N. Graf von Metz	
Matfried III Graf von Metz bis 926	*Hugo I von Elsaß, † vor 940, Graf im elsässischen Nordgau*
Gerhard Graf von Metz	
Bertha Gräfin von Metz	*Eberhard I Graf von Elsaß, † 8. 12. 966*
Hugo III von Egisheim, Graf im Unterelsaß 966, † vor 986	*Gerhard I Graf im Elsaß 980, Vogt vom Remiremont*
Hugo IV von Egisheim, Graf im Unterelsaß 990/95, Heilwig Gräfin von Dagsburg, geb. um 970, Erbin der Grafschaft Dagsburg	*Adalbert I Graf im Saargau, † vor 1033, Graf von Metz 1020—26, verh. 976 mit Jutta v. N.*
N. Gräfin von Egisheim (Schwester des Papstes Leo IX., Bruno Graf von Egisheim, † 1054 u. d. Bitzlila, verh. mit Adalbert II. Graf v. Calw), verh. Otto Pfalzgraf v. Lothringen 1035, † 1047, Herzog von Schwaben und Kärnten 1045	*Gerhard II Graf im Elsaß 1033—44, † vor 1046, verh. mit Gisela v. N.*
Hildegard, Pfalzgräfin von Lothringen, Herzogin von Schwaben und Kärnten, verheiratet mit Friedrich Edler von Büren, gest. in Schlettstadt im Elsaß 1095, Friedrich v. Büren, † 1094	*Gerhard III Graf im Elsaß, gest. zu Remiremont am 6. 3. 1070, Graf von Chantenois, Herzog von Oberlothringen 1048, verh. mit Hedwig Gräfin von Namur, gest. 28. 1. nach 1067, Tochter des Adalbert I Graf von Namur, gest. vor 1071 und der Adelheid, Herzogin von Niederlothringen.*
Friedrich I von Staufen, Herzog von Schwaben, 1079, erbaute 1080 die Burg auf dem Hohenstaufen bei Göppingen (684 m), geb. um 1050, † 6. 4. 1105, verh. mit Agnes Prinzessin von Franken, Tochter des Kaisers Heinrich IV, im Jahr 1089, geb. 1074/75, † 24. 9. 1143 (verh. z. 2. Mal 1106 mit Leopold III, Markgraf der Ostmark, von Babenberg, † 15. 11. 1136)	*Dietrich I Herzog von Oberlothringen 1070, 23. 11. 1115, verh. I um 1076 mit Hedwig Gräfin von Formbach, geb. um 1050, † vor 1095 (verh. I um 1072 mit Gerhard von Supplinburg, Graf im Harzgau, gefallen an der Unstrut am 9. 6. 1075) Tochter des Friedrich Graf von Formbach, verh. II im August 1095 mit Gertrud Gräfin von Flandern, geb. um 1070, † 1117 (verh. I mit Heinrich III Grafen von Löwen, † 5. 2. 1095)*

Friedrich II von Hohenstaufen, Herzog von Schwaben 1105, geb. 1090, † 6. 4. 1147, verh. I. um 1121 mit Judith Herzogin von Bayern, geb. um 1100, † 22. 2. nach 1130, Tochter Heinrichs des Schwarzen, Herzog von Bayern und der Wulfhild Herzogin von Sachsen aus der Linie Hermann Billung

Friedrich III (I) von Hohenstaufen, geb. 1122, † 10. 6. 1190 (ertrunken im Fluß Saleph (Göhsu) bei Silifke in Anatolien), Herzog von Schwaben 1147, deutscher König 4. 3. 1152, röm. Kaiser 13. 6. 1155, verh. I mit Adelheid Markgräfin von Vohburg 1153, Tochter Diepolds III Markgrafen von Vohburg, verh. II am 10./16. 6. 1156 mit Beatrix Gräfin von Burgund, geb. 1143, † 15. 11. 1184, Tochter Rainalds III Grafen von Burgund und der Agathe, Herzogin von Lothringen.

Heinrich VI von Hohenstaufen, Deutscher König und Kaiser 1190 — 1197, verh. m. Konstanze von Sizilien

Philipp von Hohenstaufen, geb. um 1176, † 21. 6. 1208 (ermordet von Otto von Wittelsbach) Bischof von Würzburg 1191, Herzog von Spoleto 1195, Herzog von Schwaben 1196, deutscher König 8. 3. 1198, verh. mit Irene Angelos Prinzessin von Byzanz, geb. 1172, † 27. 12. 1208 (verh. I 1191 mit Roger König von Apulien, † 1193), Tochter Isaaks II Angelos Kaiser von Byzanz und Irene Prinzessin v.

Friedrich II, Sohn Heinrichs VI, Deutscher König und Kaiser, herrschte von 1212—1250, verh. I mit Konstanze von Aragon, verh. II mit Jolanthe von Brienne, deren Söhne: Heinrich VII, deutscher König herrschte von 1222—1235 verh. mit Margarethe von Österreich, Konrad IV, deutscher König von 1250 bis 1254, verh. mit Elisabeth von Bayern, dessen Sohn: Konradin, Herzog von Schwaben, geb. 1252, enthauptet zu Neapel im Jahre 1268.

Simon I Herzog von Lothringen 1115, geb. um 1077, † 14. 1. 1138, Herr von Bitsch (Lothringen) 1128, verh. mit Adelheid Gräfin von Hennegau, Tochter des Baldwin Grafen v. Hennegau

Matthäus I Herzog von Lothringen 1138, † 13. 5. 1176, verh. um 1138 mit Judith Herzogin von Schwaben, † 4. 4. nach 1202, Tochter des Friedrich II Herzog von Schwaben und Judith, Herzogin von Bayern

Friedrich I Herzog von Lothringen, Graf von Bitsch 1205/6, geb. vor 1152, † 1207, verh. 1170 mit Ludmilla Herzogin von Großpolen, geb. um 1150, † 1223, Tochter von Mieczyslaw III Herzog von Großpolen und der Elisabeth Prinzessin von Ungarn

Friedrich II Herzog von Lothringen, 1206, † 10. 10. 1213, verh. 1188 mit Agnes Gräfin von Bar (Lothringen), † 21. 6. 1226, Tochter des Theobald Grafen von Bar

Matthäus II Herzog von Lothringen 1220, † 24. 7. 1251, verh. im September 1225 mit Katharina Herzogin von Limburg, † 1255, Tochter des Walram IV, Herzog von Limburg und der Ermesine, Gräfin von Namur und Luxemburg

Adelinde Herzogin von Lothringen, † vor 1281, verh. mit Ludwig I Graf von Savoyen-Vaud, 1285, geb. um 1254, † nach 10. 1. 1302

Ludwig II Graf von Savoyen-Vaud † 1350, verh. 9. 7. 1309 Isabell von Chalons zu Arbay, † 1352/9 Tochter des Johann I von Chalons

Guta Gräfin von Savoyen-Vaud, † 2. 3. 1342, verh. vor 21. 11. 1321 mit Bolko Herzog von Schlesien zu Fürstenberg und Münsterberg, geb. 1298, † 11. 6. 1341

Kunigunde Prinzessin von Hohenstaufen, geb. 1200, † 13. 9. 1248, verh. 1224 mit Wenzel I, König von Böhmen, geb. 1205, † 22. 9. 1253, Tochter Philips v. Hohenstaufen

Beatrix Prinzessin von Böhmen, geb. 25. 5. 1226, verh. 6. 1243 mit Otto III Markgrafen von Brandenburg 1220, † 9. 10. 1267

Otto V der Lange, Markgraf von Brandenburg, 1267, † 23. 7. 1299 (Vormund des Königs Wenzel II von Böhmen 1278 bis 1283) verh. 22. 10. 1268 mit Judith Gräfin von Henneberg, erbt 1291 Coburg und Schmalkalden, † 8. 5. 1327, Tochter von Hermann I Grafen von Henneberg und Margarethe Gräfin von Holland

Beatrix Markgräfin von Brandenburg, geb. 1270, † vor 26. 4. 1316, verh. II nach 20. 9. 1308 Wladyislaw Herzog von Schweden zu Beuthen und Cosel, † nach 16. 11. 1351

Boleslaw Herzog von Schlesien zu Beuthen und Cosel, † vor 4. 10. 1355, verh. 1347 mit Margarethe Freiin von Sternberg, † nach 8. 5. 1358, Tochter des Jaroslaw II Frhr. v. Sternberg

Nikolaus Herzog von Schlesien und Münsterberg, † 23. 4. 1358, verh. vor 23. 10. 1343 mit Agnes Ernestine von Leuchtenberg, † 16. 7. 1370

Bolko III Herzog von Schlesien zu Münsterberg, † 13. 6. 1410, verh. vor 26. 3. 1370 mit Euphemia Herzogin von Schlesien zu Beuthen und Cosel, † 26. 8. 1411, Tochter des Boleslaw Herzog von Schlesien zu Beuthen und Cosel und der Margarethe Freiin von Sternberg.

65. Lichtbildnachweis

Farbiger Schutzumschlag: „Kunstwerke der Welt" im Bayr. Nat. Mus., München, Lambert Müller Verlag, München

Bild 1: Dr. A. Schultze-Naumburg, Grassau, Obb.
Bild 2, 4, 5: Schleswig-Holsteinisches Landesmuseum, Schloß Gottorp
Bild 3: Stöckel, Hannover
Bild 6: Christian Pescheck, Würzburg aus: Vor- und Frühzeit Unterfrankens
Bild 7: Gustaf Kossinna, Die deutsche Vorgeschichte, Würzburg
Bild 8, 9, 18, 21, 22, 23, 24, 25, 26, 27, 30, 31, 43: Landesbildstelle Württemberg, Stuttgart
Bild 10: Edmund von König, Heidelberg
Bild 11: Gustav Hübner, König/Odw.
Bild 12, 39: Kohlbauer, Pfronten/Allg.
Bild 13: Josef Hospe, Staffelstein
Bild 14, 29: Staatliche graphische Sammlung, München
Bild 15: Zerreiß & Co., Nürnberg
Bild 16: Deutscher Kunstverlag, München
Bild 17, 28, 35: Bildarchiv Foto Marburg
Bild 19, 20: Gebr. Metz, Tübingen
Bild 32: Hermann & Co., Stuttgart
Bild 33: Walter Dangel, Stuttgart
Bild 34: Karl Alber, Freiburg
Bild 36: Morlock und Sturm, Heiligenberg
Bild 37: Eberle, Triesenberg
Bild 38: Gg. Victor, Wessobrunn
Bild 40: Heinz Kunosz, Linz, Ober.-Öst.
Bild 41: Städt. Museum, Göppingen
Bild 42: Schulze, Bussen
Bild 44: Verkehrsamt Rottenburg

66. Stichwortverzeichnis

B

C

D

G

H

I

N

O

P

Q

R

S

Sch

St

T

U

V

W

X

Y

Z

Inhalt